陕西省社会科学基金项目（2017J030）

地铁·公共艺术·符号
METRO PUBLIC ARTS SYMBOLS

地铁空间地域性艺术符号设计理论
The Design Theory of Regional Artistic Symbols in Metro Space

汤雅莉 著

中国建筑工业出版社

图书在版编目（CIP）数据

地铁·公共艺术·符号：地铁空间地域性艺术符号设计理论／汤雅莉著．—北京：中国建筑工业出版社，2018.6
ISBN 978-7-112-22110-3

Ⅰ.①地… Ⅱ.①汤… Ⅲ.①地下铁道车站–环境设计–研究 Ⅳ.①U231.4

中国版本图书馆CIP数据核字（2018）第079293号

责任编辑：张幼平　费海玲
版式设计：锋尚制版
责任校对：王　瑞

地铁·公共艺术·符号
地铁空间地域性艺术符号设计理论
汤雅莉　著

*

中国建筑工业出版社出版、发行（北京海淀三里河路9号）
各地新华书店、建筑书店经销
北京锋尚制版有限公司制版
北京中科印刷有限公司印刷

*

开本：787×1092毫米　1/16　印张：23¼　字数：458千字
2018年7月第一版　　2018年7月第一次印刷
定价：68.00元
ISBN 978 – 7 – 112 – 22110 – 3
（31923）

版权所有　翻印必究
如有印装质量问题，可寄本社退换
（邮政编码100037）

序
一

地铁是城市的加速器,助推了城市交通格局的发展,刷新了城市经济的发展速度,影响了行政区划的调整和产业聚焦的变革。

1863年,伦敦开始建设世界第一条地铁。1965年,北京开始建设我国第一条地铁,目前,我国的城市轨道交通运营里程已经跃居世界第一。随着近年来地铁建设速度的加快和环境艺术设计的介入及艺术院校的参与设计,地铁空间环境的艺术水准和社会整体审美意识进入了一个新的阶段。公众逐步开始对地铁空间环境的艺术设计有了更多的关注,并有了一些参与其中的话语权。

本书作者汤雅莉老师和她的团队在地铁环境艺术设计领域的研究中,确立了地铁空间地域性人文景观艺术研究的专门课题,通过西安地铁等一系列的工程实践,形成了一本专业领域的学术著作,这对我国地铁空间环境的理论研究及创作实践均具有重要的参考价值。

作者以独特的视角将地铁空间环境艺术提升到一定的理论高度,运用"虚实相生"、理论与实践相结合的方式阐释了地铁空间设计的"道和理"。其中的"实"即"实地",深入行业实践,把握行业动向,洞察行业现状,了解行业存在问题,结合工程实际,据实而著;"虚"即"抽象的理论",作者通过对实际工程的参与、考察、分析和判断,采用跨学科的研究方法,从西方符号学与中国传统"符号"思维出发,建构城市人文精神是地下空间艺术设计的"灵魂"这一观点和理论构架,从整体空间入手,不孤立地研究某一领域,如单独对应环境艺术、导向系统、公共艺术等,而是着眼于"人—城市—地铁空间"这个整体环境,提出"地域性意义符号"这一学术观点,强调城市人文在地铁空间环境中的重要性,以此为基础,建构引领行业发展的理论研究模式和框架。这一新的研究视角和整体的思维方法,对其他相关专业领域的研究都有着启发和引导作用。

本书在理论、实践两方面均有独到的见解,未来在城市轨道交通信息化技术、大数据、"互联网+"及智慧地铁等未来科技与艺术设计研究领域将加大力度。地铁的运营管理、数据互联共享正沿着智慧化方向发展。基于大数据、云计算、物联网的城市轨道交通数字化平台对传统的二维图像、文字信息等传播方式的冲击,会大大改变现在的地铁空间形象,面对更加高效、直观、科学的数字化传播方式,地铁空间环境艺术应该如何应对?这个问题已经摆在面前,在科技高速发展的未来,我们还有很多可为之事。

地铁建设已进入高速发展的时代,本书的出版对地铁人文景观环境设计的研究具有重要的指导意义,推动了艺术设计在地下交通空间的应用,发挥了文化研究的导向作用。面对全球化发展的机遇和挑战、我国的经济和文化崛起,尤其在十九大报告中提出"坚定文化自信,推动社会主义文化繁荣兴盛"的形势下,本书主张只有具备原创观念、弘扬民族精神、传播地域特色的地铁环境艺术,才能创建具有中国文化特色的交通空间。《地铁·公共艺术·符号——地铁空间地域性艺术符号设计理论》一书将为增强文化自信和竞争力,推动中国地铁走向世界,让地下轨道交通系统更好地为人民服务贡献一份力量。

杨豪中 教授

2018 年 3 月 12 日

序二

随着城市化进程的加速，地铁和地下空间的发展，已经成为21世纪城市发展的主题。城市变迁的历史，事实上就是城市公共交通的发展史。人类走出了原始社会的穴居、奴隶社会的水道、封建社会的陵墓和石窟、工业革命的地铁、两次世界战争的掩体和工事，开始进入现代社会的地下超级综合体。这期间，从原始步行到古代城市的马车、近代城市的火车、现代城市的汽车和疾驰在现代大都市中的地铁，无一不在书写着城市历史的变迁。

如果说19世纪是"桥"的世纪，20世纪是"高层建筑"的世纪，那么，21世纪则是"地下空间"的世纪。因为人们在地面上索取了太多的资源，拥挤的地面道路、挤占上空的高层建筑和高架路，大量使用的机动交通工具，都加剧着大气和噪声的污染。在城市面临巨大环境污染和交通堵塞压力的背景下，发展以地下铁道为主的城市骨干交通，无疑是构建和谐社会的城市生态环境和可持续发展道路的最佳途径之一，它代表着城市交通与经济可持续发展今天与未来的方向和要求。

本书在大量理论研究和工程实践的基础上，对地铁空间的人文性和地域性作了较为深入的论述。在我看来，已经走出"艺术"进入"符号"和"哲学"领域，用中国传统造物审美观和西方意义符号的概念对人文性地铁空间环境进行了多角度的地域文化、人文精神等方面的阐释。

地铁改变生活

事实上，我国是一个人多、可用地少、资源短缺的国家，更适合以高密度、集约化使用土地的城市发展和规划建设道路。地铁这种具有大运量、高密度、低能耗、占地少、准点率高、安全性好等优势的交通设施，是我国城市空间发展的最佳选择。地铁除了有助于解决城市交通压力、减少城市中心区人口压力之外，在带动沿线旧城区改造和新城区开发，以及拉动城市经济等方面也都有着极大的益处。

近年来，地铁在国内发展非常迅速，目前已有不少城市拥有了地铁，更多的城市也在积极规划中和建设中。地铁已经成为众多城市人们出行首选的交通方式。它的功能已不仅仅局限于一个城市的交通工具，现代城市的发展更赋予了它文化传播的重要使命，正一步一步改变着人们的物质与精神生活。地铁在人们心目中的变化，给我们提出了地铁文化建设的新问题，营造地铁人文环境成为我们需要关注的重点，也是今天新的研究领域。当今时代是一个物质文化渐渐丰富的时代，而精神文化也随之迎来了发展的春天，这就促使人们对历史、文化的渴望更加强烈。

地铁作为城市发展的新血液，连接城市交通、地下与地上，作为文化传播载体有着得天独厚的优势，因此，当我们将目光集中在地铁上时，具有美学价值、人文气息、历史内涵的地铁文化将成为城市文化的阐释。作者用多年积累的理论知识，结合许多世界地铁人文环境营造的经典案例和西安地铁人文景观项目实践，透过大量案例分析和实际项目应用及数据调查，给我们诠释了城市人文特性在地下交通空间环境设计中的重要意义。

艺术符号的隐喻

"艺术"是一个高雅而抽象的词汇，艺术与普通人的距离感是在世界文明不断发展过程中逐渐产生的。古色斑斓的器物雕塑，道不尽的唐宋山水，笔法多变的书法，殊不知这正是中国传统文化遗产的精髓，是用情感、观念创造出的历史印证，一件件器物就是艺术，它源于生活，又归于生活。因此，艺术并非遥不可及，而是与我们息息相关。作者以地铁为载体，用"意义符号"的概念演绎城市的历史和文化，用具体的地铁空间艺术符号讲述艺术和人文精神，探索人性理念和哲学思辨在地铁符号空间世界中所发挥的积极作用。

从中国古老的图腾崇拜开始，用不同的图案代表一个氏族、一个信仰，以图达意的方式今天看来均可称之为一种艺术符号，中西方历史虽然在发展和形成中千差万别，但是都蕴含着意义符号的思想。地铁空间环境艺术引入意义符号的概念，传达"形色达意"、"图文解意"和"观景得意"的意理。西安地铁以周秦汉唐文明为依托，根据历史遗迹和文化遗存，提炼形、色、图、文等元素，抽象成艺术符号，使地铁在承载交通功能的同时，成为一个现代科技与艺术展示的多维空间，突显具有人文精神的光芒。

人文地铁空间

作者将哲学思想中"意义符号"理念引入地铁公共艺术的研究，洞察地铁功能性背后的地域性和人文性的城市地下交通空间概念，关注城市文化与交通空间的融合，文化要素与艺术符号的融合，并深入工程实践当中，结合行业实践经验，采用虚实相生的理论研究方法，提出了"地域性意义符号"的观点，对地铁、人、城市的关系进行梳理整合。作者以其独到的艺术想象力、跨学科的研究方法、详实的项目资料对人文性地铁空间环境进行了深入的剖析。洋溢在书中的人文关怀态度和重视符号与人的行为互动关系的这一科学研究方法，让本书相关叙述彰显出理论的深度和高度。

现代城市高速发展，城市交通不断完善，地铁已经成为城市经济发展到一定程度的重要标志，功能性地铁向人文性地铁的转化是各专业领域都需要关注的重要层面。这对时代、对个人而言既是机遇也是挑战，一条地铁在演绎着城市，数个城市见证着文化自信和美丽的中国。作为科研人员，唯有继续砥砺前行，不忘初心，着眼当下，坚持原创精神，在艺术和学术科研道路上以执着的探索精神、创新的实践态度，才能设计出表现城市意象、展现城市精神的地铁公共艺术空间。如何将城市地铁演绎成艺术的展览馆、人文的会客厅，让地铁公共交通环境作为一张"城市名片"呈现给世界，是当下每一位设计实践者和相关研究人员需要共同深入思考和不断探索的新课题。

郭线庐 教授
2018 年 3 月 28 日

目录

序一（杨豪中）
序二（郭线庐）

导言

世界地铁建设百年历史与中国地铁高速建设势态　　| 3
我国地铁公共艺术的登场　　| 6
从中西方"意义符号"思维方式中探讨地铁公共艺术设计　　| 7

第1章　地铁与地铁空间

关于地铁　　| 15
地铁对城市空间发展的影响　　| 19
地铁车站空间结构、布局及功能组织　　| 23
地铁空间环境与行为　　| 32

第2章　地铁符号空间

意义符号　　| 43
物质技术语"言"的地铁建筑　　| 55
视觉图"象"的地铁空间　　| 59
城市"意"象的地铁文化　　| 64
地铁符号空间逻辑结构　　| 68

第3章　地铁公共艺术符号

公共艺术符号　　| 73
地铁公共艺术符号的形成与演变　　| 76
地铁公共艺术符号的性能分析　　| 85
地铁公共艺术符号的意指功能　　| 88
地铁公共艺术符号的语义层级　　| 94

第4章　使用者行为需求与地铁公共艺术符号设计体系

地铁使用者的行为需求　　| 105
行为需求下的符号设计类别　　| 111
符号设计的基本要素和要求　　| 122
符号设计的认定作用　　| 125
国际规范性原则与城市地域性原则　　| 128
地铁公共艺术符号设计体系的建立　　| 132

第5章　地铁公共艺术符号的语构与识别设计

符号的信息与传达　　| 139
符号的分类与联系　　| 146
符号的功能表达形式及其相对性　　| 149
符号的约束性和差异性互补作用　　| 154
"形、色达意"的色彩符号识别设计　　| 158
"图、文解意"的标识符号识别设计　　| 166
"观景得意"的景观符号识别设计　　| 174

第6章　世界地铁公共艺术符号的语义与风格

成长过渡期:"新艺术"语义风格　　| 189
战争时期:"现代主义"语义风格　　| 198
再发展期:"国际现代主义"语义风格　　| 212
快速发展期:"后现代主义"语义风格　　| 222
成熟期:"新现代主义"语义风格　　| 231

21世纪地铁公共艺术设计取向　　| 244

第7章　西安地铁公共艺术设计案例

西安城市发展与地铁建设规划概况　　| 255
西安地铁文化景观体系的建构及意义　　| 264
西安地铁符号空间的语义构成　　| 267
西安地铁符号空间中的"形色达意"语义设计　　| 273
西安地铁符号空间中的"图文解意"语义设计　　| 280
西安地铁符号空间中的"观景得意"语义设计　　| 290
西安地铁1、2、3号线部分站名标识符号　　| 304
西安地铁1、2、3号线部分人文景观墙艺术品　　| 309
西安地铁1、2、3号线空间景观符号和功能设施符号　　| 316

结语

主要参考文献　　| 327

附录一：针对西安地铁2号线使用者及其寻路信息调查　　| 333

附录二：西安地铁钟楼站行动观察的行为分类记录表　　| 336

附录三：西安地铁2号线标识系统使用后综合评价研究　　| 337

附录四：西安地铁2号线景观装饰艺术调查研究问卷（以凤城五路站为例）　　| 343

附录五：西安地铁2号线标识系统可意象性评价研究　　| 345

附录六：西安地铁2号线站名图形标识调查研究问卷　　| 353

附录七：针对西安地铁2号线使用者对地铁熟悉度的调查　　| 354

后记　　| 356

"最亮丽的伦敦地铁"
图片来源:http://t.cn/Rc134rp

海报以鲜艳的色彩和装饰艺术手法,展现美丽的伦敦地铁和人们乘坐地铁的喜悦景象,体现地铁给人们带来的便利。

导言

导言

城市公共交通系统如同人的血管，是一个城市的生命线。地铁犹如加速器，不但可解决城市拥堵问题，也成了现代大都市的理想交通方式。

地铁为城市发展创造了前所未有的机遇。城市发展和轨道交通的发展是相互促进、相互作用的。城市人口的增加和城市规模的扩大需要采用轨道交通这种大运量的交通方式来满足人们交通出行的需求；轨道交通的发展反作用于城市发展，可以更进一步促进城市发展，引导城市向大规模、高人口密度、低能耗、少占地的方向发展。20世纪初，国外一些发达城市开始利用轨道交通开发城市副中心，形成了多中心的卫星城市结构，产生了"城市群"、"城市圈"的概念，即"多中心结构"放射性走廊的城市空间形态。目前我国一线、二线城市正在向以轨道交通为支撑的"主轴—网络状"理想城市空间结构方向发展，因此地铁建设具有重大意义。

世界地铁建设百年历史与中国地铁高速建设势态

地铁是人类历史发展的产物，是人类的伟大发明创造，是城市文明的象征符号，是城市经济发展的引擎，甚至是城市经济、文化发展生产链中的一环。地铁的出现让人类拥有了人人平等的权利。

世界地铁发展已有百年历史。英国伦敦是世界上第一个拥有地铁的城市,从19世纪30年代开始,由于工业高速发展,城市化进程不断加快,伦敦城市人口成倍增加,城市街道拥挤现状日益突出。伦敦市向交通委员会征集问题解决方案,有人提出修建"伦敦中央火车站"的设想,将火车通到城市中心;另有一部分人则提出在伦敦修建一条地下道路的构想。伦敦最终决定将两种设想结合,这就形成了最初"地下通行火车"的概念。就因为这个原初的想法,人类既创造了地铁本身,又为全世界构建了新的交通运输工具和运输形式。

1863年1月10日,利用明挖法施工,蒸汽机驱动列车的首条地铁——"大都市铁道"终于在伦敦诞生。线路全长6.5公里,当天乘客达到4万人次,第一年运载乘客950万人,平均每天有2.65万人次乘坐。该条线路成为伦敦历史上第一个为市民大众服务的公共交通工具。至此,人类开始迈入城市地铁交通时代。

1863~1899年,世界范围内有7个城市修建了地铁。美国芝加哥、波士顿,法国巴黎,德国柏林,匈牙利布达佩斯,奥地利维也纳都进行了地铁建设。这一时期是地铁发展的探索期。1900~1924年,欧美等国城市地铁进入增长期。1925~1949年,受两次世界大战的影响,世界地铁建设进入停滞萎缩期,仅有5个城市修建了地铁。

第二次世界大战后,伴随着各国城市的快速发展,地铁建设随着经济恢复而加快步伐。20世纪60年代和70年代,是各国地铁建设高峰期。到20世纪末,英、美、法、德、日、西班牙等发达国家以及俄罗斯的地铁总运行里程达2840公里左右,其中一半以上为战后建设。20世纪80年代,纽约、华盛顿、芝加哥、伦敦、巴黎、柏林、东京、莫斯科等城市基本完成了地铁网络建设。日本是亚洲最早修建地铁的国家,战前东京建成16.5公里,战后建成213.8公里;大阪战前仅有8.8公里,战后建成84.2公里,而且大部分是在20世纪60年代以后建成的。香港1977年开通第一条地铁。相比而言,亚洲地铁兴建的高潮比欧美发达国家晚了10年[1]。20世纪90年代开始,第三世界国家的地铁建设发展迅速,中国进入地铁全面建设时期,并以惊人的速度跃居世界运营总里程排行榜首位。

世界各国地铁各具特色。莫斯科地铁、巴黎地铁、伦敦地铁、纽约地铁、斯德哥尔摩地铁、新加坡地铁、香港地铁等,其车站空间不仅能够满足交通功能,而且与城市文化发展协调,成为城市形象的重要组成部分。莫斯科地铁宛如一座座地下宫殿,向世界展现了"权力美

---

[1] 杨冰. 地铁建筑室内设计 [M]. 北京:中国建筑工业出版社,2005.4.

学";巴黎地铁以浪漫的艺术想象力,表述了贵族的"优雅风度";位于地中海的海法城铁以"历史感"创造的"地点感",让人印象深刻;伦敦地铁以工业革命的严谨与细腻,向世界展现了优雅、庄严和决心;新加坡地铁有着阳光般的开敞和舒适,斯德哥尔摩地铁创造了洞穴式的原始艺术空间。纵览各国各城市的各线路地铁,车站空间设计相互之间既有共同的交通空间属性,又有各自城市文化个性,它们成了城市形象的"现代地标"。

国内第一条地铁是北京地铁的一期工程,始建于1965年,建成通车于1969年,当时的建设定位是战备防御为主,兼顾交通功能。早期不对市民开放,只能凭介绍信参观乘坐,直到1981年才正式投入运营。北京地铁一期工程的运营在国内地铁建设中具有划时代历史意义。

国内地铁建设至今已有近50年历史,大致可分为两个阶段:第一阶段从1965年至1995年,由于社会环境条件制约,这30年是缓慢发展期;第二阶段是1995至未来的2020年,中国经济的崛起使我国全面进入地铁修建的高潮期,地铁建设迎来前所未有的蓬勃发展期,这是中国地铁"黄金20年"的高速发展期。从世界范围看,我国城市地铁建设虽起步较晚,但建设速度惊人。2000年以前,全国只有北京、上海、广州三个城市拥有地铁。然而,仅仅十余年,"截至2011年年底,已有14个城市拥有56条地铁线路,总里程达2000公里左右"[1]。2009年,国务院批复了22个城市79条线路规划。2012年,国家发改委获批全国25项地铁规划,涉及19个城市,总投资8000亿。从2012年至今,我国开通运营轨道交通线路的城市由17座增加到27座,运营线路里程由1740公里增长至3169公里。据不完全统计数据显示,2017年,中国有北京、广州、深圳、佛山、中山、南京、苏州、青岛、杭州、无锡、合肥、福州、宁波、常州、芜湖、南通、绍兴、天津、太原、呼和浩特、包头、洛阳、重庆、成都、长沙、郑州、长春、大连、吉林、西安等30座城市轨道交通新增63条即将开工线路,合计里程1581.35公里,车站826座,总投资额11480.21亿元。到2020年,预计城市轨道交通运营里程将达到6000公里[2]。据统计,除国家已批复建设轨道交通的城市外,正在规划轨道交通的城市已超100座。因此,中国即将成为世界上地铁建设里程最长、速度最快、拥有城市最多的国家,中国地铁建设速度将使更多的省、市、地级城市全面跨入地铁时代。

总之,地铁建设至20世纪末,发达国家已形成立体化快速轨道交通的格局,多数城市地铁系统已不再是单纯"地下"铁道,而是由地面铁路、高架铁路和地下铁道组成的快速轨道交

---

[1] 中国城市轨道交通与设备行业投资分析及前景预测报告(2013—2017).
[2] RT轨道交通网

通系统。同时，地下商业建筑、城市休闲空间一并引入地铁空间，已成为当今城市可持续发展的潮流。我国城市地铁建设尽管起步较晚，但经济发展、城市化进程加快、人口和车辆不断增加，使得城市之间争相建设地铁的局面全面展开，积极发展城市地铁，无疑对地铁的运输和服务水平提出了新的要求。

我国地铁公共艺术的登场

在世界地铁百余年的发展历程中，各个国家的地铁公共艺术都有自己的发展轨迹和风格。我国地铁建设起步虽然较晚，但从建设初期公共艺术就已经介入其中，并随着地铁建设的高速发展，在形式、材料、主题等方面不断探索实践，逐步形成了自己独具特色的发展路径和艺术特征。

我国地铁公共艺术从北京地铁二号线的壁画开启，与各大城市地铁的开工建设同步。随着地铁建设进程的加快，新材料和新技术的出现，大众对地铁公共艺术的关注和思考越来越多，地铁公共艺术从单一的墙面壁画延伸到地面、顶棚、导向标识、公共设施等领域，艺术形式和材料语言越来越丰富，地铁公共艺术创作高峰期已经到来。

我国地铁公共艺术的发展历程大致可分为三个阶段：第一个阶段为探索期（20世纪70年代初至80年代末），地铁公共艺术以壁画艺术为开端。最早的地铁公共艺术主要以壁画的形式出现，设置于站台空间中，以北京地铁二号线壁画作品为代表。这一时期已经意识到壁画与建筑环境的结合，采用陶板高温釉工艺技术，突破了当时的材料和技术手段。第二个阶段为成长期（20世纪90年代初至2000年初）。地铁公共艺术仍以壁画为主，但主题和材料趋于丰富，开始设置于站厅。这个时期的壁画表现手法丰富，采用搪瓷、面砖、玻璃、不锈钢、大理石、花岗石等多种材料，主题与站点地上文化相对应，启发了其他城市地铁公共艺术的创作。第三个阶段为高速发展期（2000年初至今）。地铁建设全面进入高速发展期，地铁公共艺术的发展也从单一的壁画转向空间环境装饰、雕塑小品、互动装置、新媒体艺术、文化活动等多种形式共同发展。

在地铁发展的过程中，地铁公共艺术随着科技的发展，从孤立的空间装饰艺术品发展到关照空间环境、时间维度和乘客心理，趋向于整体空间意象的营造，注重与乘客心理沟通的互动体验。新媒体艺术让传统的地铁空间焕发出新的生机，通过空间互动、媒体互联等手段将艺术—人—空间有机联系起来，设计形式从静态到动态，设计意图从单向的传播转向双向的互动，数字媒体给未来地铁空间艺术带来了无限可能，而地铁从追求技术到人文的过程，也给公共艺术的发展提供了舞台。

我国地铁公共艺术从20世纪70年代发展至今，有近50年时间，与国外150多年的地铁公共艺术发展历史相比，还处于借鉴、探索阶段。我国地铁公共艺术的制度建设也在不断的发展中。随着我国地铁进入高速发展阶段，地铁硬件建造技术已经趋于成熟，而地铁的软实力部分即公共文化艺术建设方面仍然有可提升的空间，地铁空间环境中将不断出现可关注、可探索、可发挥的领域，地铁公共艺术设计将在我国交通轨道建设和城市文化建设当中起到重要作用。

从中西方"意义符号"思维方式中探讨地铁公共艺术设计

"意义符号"是人们科学把握物理世界的重要认识手段。"意义符号"问题不仅是哲学范畴的重要问题，也是人类创造文化秩序和进行理性设计创新的宝贵思想。

1．中国古典"立象以尽意"造物审美观的启发

"道"是中国哲学的最高范畴，体道、悟道是中国古代知识分子追求的最高价值理想。然而"道"这种形而上的特性，一直以来被认为是非言辞所能把握的。如何解决此问题呢？如何看待形式与内容的关系问题呢？

中国哲人们尝试两种方法来解决此矛盾：其一是倡导"得意忘言"，其二是采用"立象以尽意"的方法。至此，语义分析问题经历了从"言不尽意"到"言尽意"再到"立象以尽言"（有条件的）辩证统一的发展过程，从本质上明晰了"象"或"意象"是"道"的表现形式，是达到"道"、通向"道"的天然纽带和桥梁，进而化解了对万物之宗"道"的高度认识和理解，解决了哲学本体论"物质和意识"的第一性基本问题。"立象以尽意"的思想，成为中国古典意义理论的一个重要源头。

严可均辑《全晋文》卷107录《艺文类聚》卷十九西晋欧阳建论言："诚以理得于心，非言不畅；物定于彼，非名不辩。言不畅志，则无以相接；名不辩物，则鉴识不显。鉴识显而名品殊，言称接而情志畅……欲辩其实，则殊其名；欲宣其志，则立其称。"[1] 即认为语言是社会交流的工具，没有"名""言"这些外化符号工具，就无法与人们交流思想，名称是用来分辨外界事物的，没有名称就无法辨认事物。"理"和"心"属于"意"一类的东西，意义要得

---

[1] 转引自：苟志效.意义与符号[M].广州：广东人民出版社，1999.5.

到传达，须借助于"言""称"等外化的符号工具。符号是为表达某种信息而存在的具有传达意义的工具。

程颐"体用一源，显微无间"的观点指出了符号是意义与符号形式本身的统一体。意（理）为"至微者"，为"体"为"本"，无形无象，且难以直接感知，因而是形而上者；而符号本身是"至著者"，万物万象的目的是为"用"，因而是形而下者，是感觉器官可以直接感知的形式。"意"（理）存在于"象"（符号）之中，"象"则以"意"为其存在的根据，二者相融无间，既不可分割，又不能混为一谈。

圣人"立象以尽意"的思想观点明确指出："意"是抽象的，是感觉、思维和心理的认知过程，"象"是具体的个别事物。抽象的事物离不开对具体事物的概括，抽象的"意"是具体事物的反映，"意"和"象"是对立统一"体"。其确切的论证观点可归纳为三点：一是指出"言"、"象"、"意"三者一致性关系，明确"言"、"象"是表意的工具；二是指明"言"不可以直接表"意"，需借助于"象"来完成；三是"象"是刺激行为反应的符号。

由言入象的超越历程中，人们在"立象以尽意"的高度抽象概括中，达到了"明意悟道"的最高艺术境界。"不拘于技，不存心于象"，以"意"（体）为人类认识和把握世界的第一因本源，人们探索外在世界的眼光和视野就完全超出了日常经验的层面，同时建构了言与意、形与神、情与景的形而下与形而上、内与外统一的整体艺术美规律。

2. 西方现代"意义符号"文化特性的启发

现代符号学在人类思想史发展过程中始终担当重要角色，也是当今文化思想分析中的重要研究方法。符号学作为象征性的综合科学，承担着"组织科学"的重任，其中的城市符号学，从社会历史角度研究空间文化形式的精神象征。

在西方学术界，不同时代众多学者从哲学、心理学、语言学、行为学、传播学等不同角度出发，对符号的本质和功能进行了各种不同的论述。圣·奥古斯丁从事物之间和心理角度的关系给符号以这样的定义："一个符号是这样一种东西，它除了本义以外还可以在思想中表示其他东西。"[1] 恩斯特·卡西尔（Enst Cassirer）对符号的定义是：符号是一种"人的哲学"，"我们应当把人定义为符号的动物，而不是理性的动物。只有这样，我们才能揭示出人的独特性，也才能理解人类面临的一条新的路——文化之路"[2]。正是因为人能使用符号并能创造符号而

---

[1] 罗兰·巴尔特. 符号学原理 [M]. 北京：中国人民大学出版社，2008.19.
[2] 恩斯特·卡西尔. 人论 [M]. 北京：西苑出版社，2009.36.

动物则不能，所以卡西尔说人是"符号"的动物。美国著名文化人类学家莱斯利·怀特（Leslie A. White）把文化理解为人类所创造的符号的总和。他说："人类的行为是符号的行为；符号行为属于人的行为，符号就是人性之全体。即符号是一切人类行为和人类文明的单元。"[1]怀特这段话语将符号本体意义带入了非符号的领域——意义世界。

卡西尔以世界是人化了的世界和符号化的世界、整体先于部分的符号美学观，强调符号渗透了人的文化积淀和情感因素，是一个有机的整体、生命的整体。认为每一种有机形式都包含着诗意，这些有机体的符号不可能是纯客观地再现世界，一切符号都是表现的，是人化了的。将"多"表现为"一"，"多"可理解为感觉材料，"一"指理性的基本形式，而不是它的各种表现。指出"理性的基本形式和基本规律为'一'，中国人所谓'其理也一'，归根结底，是一种逻辑的规则，各种感觉材料组合于逻辑的规则之中，成为各种科学命题或科学知识"[2]。卡西尔的这种统一理性符号观，既是对"意义符号"的特别解释，也阐明了"意义符号"是感觉材料和理性意义有机和谐的统一体。

不难看出，西方的"意义符号"理论在关注"符号的本体化"的致思趋向中，特别是在卡西尔和怀特那里，已经认为意义符号是人类维持和象征自己生存和发展的根本因素，反映了现代符号学从逻辑结构主义向人类文化学的转变。

马克思主义哲学中一个重要原理是意识对物质的能动作用。人在"劳动过程中和结束时就已经在劳动者的表象中存在着，即已经观念地存在着"。在这里，观念即意识。观念伴随着实践劳动的整个过程，无论是实践前、实践中和实践后，都始终渗透着意识的主观导向、统摄、支配和规范作用。观念（意识）和实践如同钱币的两面，紧密联系在一起。观念不仅是实践后得到的经验和总结，其本身也具有不断积累、延续、沉淀和发展的特征。马克思的"意识对物质的能动作用"这一观点，阐释了意识的自主性、目的性和计划性，是意识主观能动性的重要体现。

本书在研究中提出了"地域性意义符号"的概念，即在特定历史时期，从有目的性的生存实践出发，为某种意图而存在的物质对象，其在主客体的世界交际过程中，"达到了传达客观世界或交际过程中的任何一方意志及情感、美感、在地感等内在体验这一目的"时，它就成为一个具有解释特定地域文化特性的意义符号。所有能够以具体象征意义的形象（包括形、声、

---

[1] L. A. 怀特. 文化的科学[M]. 济南：山东人民出版社，1988.22.
[2] 叶秀山. 思·史·诗[M]. 北京：人民出版社，2010.11.

色、质等）表达思想、概念的物质实在，皆为意义符号。

概而言之，尽管中西方哲学在致思趋向、分析方法、思维方式和文化传统上存在着极大差异，但对"意义符号"问题的探究却有着惊人的相似处。二者作为意义符号的两个不同源头，其终极目的和价值取向始终是一致的。"立象以尽意"的审美思想观，对开拓地铁公共艺术设计理论的研究具有重要意义。符号系统的形象设计固然重要，但是，无论如何都不可忽视"象为尽意"而存在之目的。

本书将地域性意义符号的概念引入地铁公共艺术符号研究中，目的是从地铁文化特色和地下空间先天不足的自然条件出发，以城市生态环境的可持续性发展为前提，尊重人的物质与精神需求，重视意识的能动作用，充分发挥人的主观能动创造性，既遵循国家标准规范，又解放思想，以人、城市、线路、站域、车站的"地域性意义符号"作为"主体"思想观念，探索"人—车站空间—艺术符号—站域城市空间"相互作用的整体关系，以自觉能动的设计立场和态度，去创造适合城市自我发展的主观与客观、形式与内容统一的地铁站域环境。该书研究意义体现为以下两点：

1. 为地铁空间环境的"城市人文"建设提供理论方法

我国地铁车站空间设计，在吸收已有城市地铁经验基础上，已经进入一个崭新的阶段。车站空间视觉、功能设施以及公共艺术设计均有所提高，地铁空间宽敞明亮、整齐大方，在满足人流疏导集散功能的同时，有些城市地铁的环境设计甚至能够很好地彰显城市地方文化特色，它们以全新的设计理念，结合新的材料与工艺手段，在地下交通环境中营造出了新的文化气象，这些城市不断地引领着国内地铁文化建设的发展潮流。

当下我国的地铁建设已经进入高速发展期，从国内的线路里程和城市开通数量来看，地铁建设正逐步进入稳步、有序和快速发展的黄金期，从发展速度、规模和现代化水平来看，在世界范围内也突显出了后发优势。但是，与其他发达国家大城市的地铁发展现状相比，还欠缺一些有力度、有特色、有人文艺术特征的经典车站。在工程建设方面，目前新建地铁的城市，由于缺乏经验，往往吸收和借鉴已有城市的建设经验和模式，难免出现城市之间"泛化式"工程应用现象；在地铁空间环境的文化建设方面，总体上还处于实用化、标准化的"功能主义"阶段。究其缘由，一是因为没有充分发挥地铁公共艺术的功能，二是针对地铁"城市人文"特质的理论性研究还极度缺乏。

伴随经济全球化以及地铁建设的高速发展，我国地铁的建设发展无论是在硬件还是在文化艺术高度上都将对世界地铁的发展产生深远影响。讲求实用化、标准化的"功能主义"虽然创造了众多的奇迹，但历史文脉与建筑语言构建出的独特城市文化视觉体验，也是地铁环境空间设计必须关注的。具有城市人文特征的地铁车站能够避免孤立与同质化，并与城市整体空间及文化环境相协调。公共艺术设计的本质目的是促进人、事物与环境的沟通，如何使地铁公共空间满足使用者心理需求、审美需求、行为需求和归属需求，如何在地铁空间中发挥公共艺术应有的作用，在地铁空间环境设计中融入人文精神，由单纯的视觉传达功能上升为功能与精神的完美融合，营造具有"城市人文"特质的空间环境，是本书提出的问题和研究内容之一。

2．为地铁空间环境的"地下与地上有机联系"提供优化方案

地铁与城市空间的相互作用以及地铁作为城市骨干交通，引导城市空间的拓展变化，形成地下、地上一体化多功能复合的空间格局，使得地铁空间不断从垂直模式向周边辐射蔓延，成为当下城市空间"和谐发展"的现实和必然趋势。随着地铁相关技术的成熟发展，我国地铁车站空间已经解决了基本交通运输功能，但地下车站空间与站域城市文脉仍然缺乏有机联系。在孤立的现代化车站空间环境中，站域文化认同感和场所感缺乏会给人们出行带来更多迷惘和困惑。公共艺术符号作为联系地铁站域的重要环境信息和城市形象设施，在解决车站内部交通信息传达的功能基础上，更要担负起传达城市文脉的功能。

如何发挥公共艺术符号的"软性引导"功能，使公共艺术符号与车站空间形成有机联系，并从站域整体空间的引导方式着手，来突显艺术与功能和谐统一的站域场所特征，成为当前必须解决的新课题。因此，利用地铁公共艺术符号的连续性、动态性、灵活性、艺术性和功能性，从站域空间物质形态与场所精神两个角度，构建地下车站与地面场所之间的紧密联系，消除人们在地下空间中的冷漠、隔离感，是本书具有现实意义的研究内容之一。

"速度"
图片来源：http://t.cn/Rc134rp

海报以隐喻的语言和现代构成艺术手法，体现出伦敦地铁的高效、快速和便利。

第1章 地铁与地铁空间

第1章　地铁与地铁空间

作为城市基础设施，地铁缓解了城市交通压力，改善了城市环境，给城市空间整体性发展带来了多种挑战，也提供了新的契机。地铁站点以其自身交通功能的核心力和集聚效应，引导城市空间资源围绕站域范围走向立体化发展，这种变化既是现实也是未来趋势。站域内城市公共空间与地铁站点的整合，形成了多种功能集合的空间综合体，成为城市最基本和最生动的活动核心区域。地铁车站不再是一个点的关系，而是一个更加立体化、综合化和一体化的"域"的关系。

本章以此为线索，认为地铁空间是城市空间的延伸体，明确地铁空间与城市空间相互作用、整体发展的研究前提和背景，同时对地铁空间环境行为特征进行梳理。

关于地铁

地铁是由诸多车站串联而成的交通线路，车站与道路周边城市环境和设施融为一体，共同形成城市景观环境，这一点与担负着对外交通的城市道路有很大的差异。只有将地铁纳为城市空间的内在有机部分，明确其树立城市地标的重要作用，才能找回它应有的地位。

地铁的概念

地铁是大众运输系统中特殊的城市专用道路交通设施，主要修建于地下，是一种使用隧道、轨道和电力牵引列车进行大运量乘客运送的城市内部公共交通系统。从狭义上看，地铁是指在地下运行的轨道交通系统，但在实际情况中，有部分路段会在地上或高架桥上运行，因此广义上的地铁涵盖了城市及城郊的高密度交通运输系统，较为正式的名称应该是"城市轨道交通"。但地铁又不完全等同于城市轨道交通，后者还包括市郊铁路、地铁、单轨、直线电机车辆以及磁悬浮系统等。

目前，国际上对地铁的称呼各不相同。美国各大城市均称为Subway；伦敦地铁称为Tube或者Underground；法国和中国大陆地区称为Metro；新加坡和中国台湾地区称为"捷运"（全称"大众捷运系统"），源自英语"Mass Rapid Transit"（简称MRT）；中国香港地区和北京地铁均称为MTR。严格意义上讲，地铁特指"城市地下铁道交通系统"或"地下铁"，为了方便，本书中统称为"地铁"。

地铁的属性和特征

地铁具有大运量、低污染、低噪声、低能耗、高速度以及占地少、运行有规律等特点，在缓解城市交通拥堵、优化城市空间布局、节约城市空间资源、改善城市环境、促进社会经济发展、解决大量人群快速通行等方面有得天独厚的优势。除此之外，还具有以下三个重要属性。

1. "城市走廊"的属性

从地铁线路的构成形态上看，地铁是由各个车站串联而成的线路和线网。从地铁建筑实体上看，地下空间特征使其不能像其他建筑物那样以清晰的轮廓展现于人们视野之中，而是由序列式的车站和行车区间连续性地围合构成。车站和行车区间形成一个反复出现的"收—放—收—放"的空间组织形态，收的形态往往因站域的不同特征而形成差异，放的形态与各个车站的规模和城市地理位置有直接关系，因此形成了"穿行式的地下城市走廊空间"。

另外，地铁与城市对外交通设施，如火车站、机场等交通建筑有着本质上的不同，因为车站出入口直接对应的是城市外部空间，并紧贴城市道路边界，因此地铁又具有城市"街道"的特征，成为城市景观的一个组成部分，是"城市空间中的经过性通行空间"。明确地铁具有城市"街道"这一本质属性，有利于形成对地铁空间的实质性理解。然而，无论它是穿行于城市空间内部的地下交通走廊,还是城市空间中的经过性通行空间,"城市走廊"始终是地铁特有的定位和属性。

2. 城市公共空间的组成部分特征

从社会属性看,地铁是城市的公共空间。地铁作为公共建筑参与城市空间,功能上体现了公众参与性本质。每日大运量的乘客运输,满足了城市公共活动需要,支持着社会交往。自地铁诞生之日起,其功能属性就是为大众服务,无论是强调公众参与性,还是公共建筑性,甚或从城市空间的社会属性和物理属性两方面来理解,地铁均是城市公共空间的组成部分。准

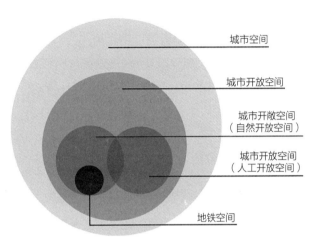

图1-1 地铁与城市公共空间的关系示意

确地说,地铁是城市中人工开放的为公众参与的公共空间。地铁空间与城市空间的关系如图1-1。

3. "城市橱窗"特征

地铁作为一种昂贵的地下建筑,巨额的投资和社会影响力使其成为创造性扭转城市交通方式的重大形象工程,很多时候被人们赋予塑造城市新形象的重要功能。如1930年苏联的莫斯科地铁,其工程建设,无论是建筑构造还是站内环境艺术,甚或是国防工事,都被世人称为最坚固和最美丽的车站。从1970年起,地铁成为第三世界国家解决城市交通拥堵问题的灵丹妙药,地铁车站也因此成为反映现代化交通水平的城市地标。

地铁所积累出的"历史美学"是记录一座城市最为生动的"城市橱窗"。无论把地铁作为一个昂贵的重大工程来看,还是从长期运营的过程来看,不同时代的美学风潮和城市品位都将让其经历新建、扩建、整建、修建和重建的过程。地铁以其坚固性、持续性和美学性为城市留下了不同时代的历史痕迹,其积累的独特的"历史美学"特征在城市留下了深深烙印,并成为重要的形象工程。如1863年通车的伦敦地铁"都会线"(Metropolitan Line)、1900年通车的巴黎地铁1号线以及1904年通车的纽约"跨区地铁线"(Interborough Rapid Transit),在经历了两次世界大战与2011年"9·11"事件的冲击后,仍然是城市最重要的运输主干和城市

地标形象。

总之，对地铁及地铁空间的理解和定位，除了明确它拥有城市道路交通专用路权以外，也要确认它是城市"街道"走廊的人工开放的公共空间。不同的是地铁的"街道"走廊不能像地面街道那样，让人们身在其中感受到充分的"自主性"和"共有性"[1]，而是需要更多人工因素的引导，这是由于地铁特殊的地下封闭环境因素造成的。所以，只有把握了地铁在整个城市道路系统中的内在属性以及城市形象建设中的地位和作用，才能构建城市"街道"走廊的文化内涵，才能保持和体现城市景观的总体风格，最终达到反映"城市精神"、树立城市形象的目的。

地铁的时代效应

地铁发展至今，已经成为由地面铁路、高架铁路和地铁组成的快速轨道交通系统，并与地下、地上商业建筑、城市休闲广场等相互连接，构成了一个整体的、开放的公共空间，成为整个城市空间的一部分。地铁进入人们的日常生活，承担着大量的交通运输功能，对城市的区域交流、人口分布、空间区域划分、经济发展、文化传播等方面产生了重大影响。

首先，地铁增强了城市公共空间的可达性、开放性和公共性。从地铁的定义可以看出，地铁最基本的功能是交通运输。地铁可以远距离运行，缩短和减弱了时间和空间上的距离感，使得公众能够获得更大的城市活动范围。城市公共空间也因其强大的可达性，而变得更加开放和更具有公共性。

其次，地铁推动了城市空间布局和区域重新划分的合理性。地铁拉近了城市内部区域的距离，拓展了人们的生存空间。便利的交通分散了人们的居住空间和活动空间，让城市人口分布不再密集，区域划分、资源配置和城市功能开始向合理、优质和完善的方向发展，形成"中心城市—轨道交通网络—卫星城市"的发展格局。

最后，地铁促进了城市经济的发展。地铁建设带动和提升了周边区域的商业价值，也拉动了区域经济的繁荣。空间的拓展让城市不再被产业集群、商业中心所限制，逐渐形成更多中心的格局。随着区域的扩大，人群分布的合理，城市内部不同区域的经济发展也趋向于均衡。地铁周边物业升值，地铁线路本身形成的商业圈和经济带，均对城市经济产生了不可估量的社会效应。

---

[1] 杨冰.地铁建筑室内设计[M].北京：中国建筑工业出版社，2005.34.

地铁对城市空间发展的影响

地铁与城市空间的和谐发展

人类进入知识经济时代以来,城市空间发展也进入不断变化和调整的新阶段。地铁作为一种快捷、安全、环保的交通工具,无论是在一线城市的空间发展中,还是在二、三线大城市的空间变化趋势中,都已成为引导城市空间走向"和谐发展"的重要评价标准。

可持续发展是指在保持社会与经济发展的同时不对环境造成破坏的发展模式。城市发展坚持可持续发展思想观,体现为城市社会、经济、生态、环境、交通、社区、空间等合并为一个有机整体的"和谐城市"发展模式。"和谐城市"包括三个主要内涵,即城市应该是人与自然的和谐、人与人的和谐、历史与未来的和谐。从城市空间层面理解"和谐城市"的涵义,它既包括人工环境与自然环境的融合互动,也包括城市中不同文化背景的社会集团与居民生活空间之间的社会和谐,同时还包括现代城市空间和历史环境延续之间的融合与促进。

20世纪80年代开始,西方发达国家的大部分城市地铁已形成立体化格局,城市空间发展呈现出新的面貌,尤其是在环境可持续发展观的影响下,"城市功能分布由二维扩张模式逐渐转入竖向组织模式,多目标复合开发开始受到关注;轨道交通与城市住宅空间、商业及办公空间等发生紧密结合;在现代城市发展与城市历史传统的和谐观影响下,越来越多的城市历史环境与现代城市环境发生了紧密的融合与互动"[1]。当下,我国城市地铁建设处于前所未有的高速发展阶段,地铁与城市空间的相互渗透关系以及地铁给沿线周边区域带来的经济效益等,使地铁成为这个时代进程中的重要变量。在城市可持续发展的背景下,地铁空间环境发生了最为直观生动的变化,地铁紧密连接城市住宅空间和商业办公空间的变化,都无一不显示出地铁与城市空间环境的多种因素彼此结合的趋势,这不仅是事实,也是未来发展趋势。

然而,如何让地铁这个同时具有因变量和自变量的公共交通系统,在构建和谐社会发展的过程中,发挥出最大引导作用?只有"保持城市发展过程中历史的延续性,保护文化遗产和传统生活方式,促进新技术在城市发展中的运用并使之为大众服务,努力追求城市文化遗产保护与新的科学技术运用之间的协调"[2],才是地铁这个变量因素的重要评价标准,也是21世纪走

---

[1] 范文莉. 当代城市空间发展的前瞻性理论与设计 [M]. 南京:东南大学出版社,2011.6.
[2] 吴志强. 世博规划中关于"和谐城市"的哲学思考 [J]. 时代建筑,2005(5):18–23.

向"和谐城市"发展的根本立场和价值取向。

地铁枢纽空间的城市综合体发展

早期的地铁枢纽空间相对独立，城市地上建筑和地下街只是作为附属使用空间而已。大约在1970年后，随着经济技术发展，以及城市可持续发展观念的形成和地下空间多功能的拓展，地铁枢纽空间逐渐向竖向组织模式发展。地铁枢纽区的地下空间，不仅有疏散人流的作用，也将城市交通、商业、办公、公共空间等多项功能空间一并整合，进而形成了地下、地上一体化多功能复合的城市空间综合体系格局。

日本是亚洲最早建设地铁的国家，1927年东京第一条地铁通车。1930年东京上野火车站出现了地下街，当时主要用作地铁车站人流集散的过街地道，只是顺便在地道两侧设置了简单的小店铺。初期的地下综合体仅仅是地下步道连接两侧的商店及地面建筑的一个"地下室"而已。到了20世纪70年代，随着地下空间的不断开发利用，地下街与地铁车站、公交车站、地下休闲广场、停车场以及其他地下市政设施进行了综合开发，发展为集多功能于一体的地下建筑综合体。由于日本国土狭窄，在地下空间的综合利用方面虽起步晚于北欧等国，但其地下建设规模的成熟度处于世界领先地位。

继东京、大阪之后，名古屋市地铁在1957年开通。名古屋市"荣"地铁站可作为当今现代化城市综合交通枢纽站的典型代表。"荣"地铁站位于城市中心，于2002年10月建成启用。这座枢纽站在垂直空间上共分6层，其中地下3层是地铁名城线，半地下层是大型公交汽车站，地上一层是主题公园，并与爱知县文化艺术中心入口直接相接。屋顶层是下沉开启式广场，人们可以在此戏水散步，并网罗多种城市功能。大型地下商业街是"荣"站最大特点，它是集交通、购物、娱乐、休憩、集会等于一体的多功能复合式城市空间综合体（图1-2）。地铁站在有限的基础上，创造出巨大的实用公共空间，使这座城市中心充满了无限的活力和魅力。

历史文化名城巴黎的列·阿莱地区，处于城市核心部位，西南侧有卢浮宫，东南方向有巴黎圣母院，东部是1977年建成的蓬皮杜艺术文化中心，南邻塞纳河。列·阿莱地区在保存传统的现代化改造中，通过立体化再开发，充分利用地下空间，将交通、商业、文娱、体育等多功能统一安排在广场的地下空间。广场共有4层，建筑总面积超过20万平方米，共有200多家商店，每日吸引顾客15万人。列·阿莱地下综合体是世界最大也是最复杂的地下综合体，市中心的多种交通系统全被转入地下，并能够在综合体内实现换乘（图1-3）。

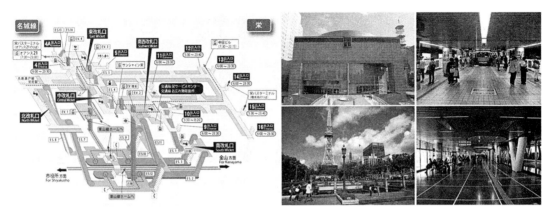

图1-2 日本名古屋市中央公园"荣"地下综合体图
来源：https://ja.wikipedia.org/wiki/（爱知县）

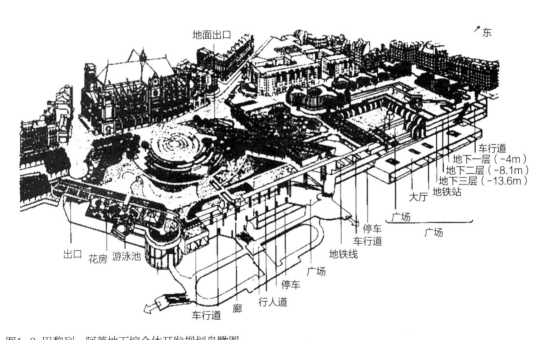

图1-3 巴黎列·阿莱地下综合体开发规划鸟瞰图
来源：童林旭.地下建筑图说100例[M].北京：中国建筑工业出版社，2007.148.

国外地铁枢纽站综合体发展的成功经验，对我国地铁建设有着很好的启迪。中国大连胜利广场地下综合体、广州英雄广场地下综合体、西安钟鼓楼广场地下综合体、上海人民广场地下综合体等均是我国近些年来城市地铁建设中的典型案例。在地铁新时代下，以地铁枢纽站为基点，从城市视角出发，借助地下街、下沉广场等要素向地面和周围地区辐射发展，形成城市"地下"与"地上"空间的有机整合，是当下城市空间"和谐发展"的现实和必然趋势。

地铁站域"内力"与"外力"的相互作用

地铁站域范围是指以地铁站点为圆心，步行距离500米或者10分钟范围内的向周边城市空间辐射的区域。产生这种辐射影响力的原因，主要是有两方面的核心因素：一是地铁站点影响区域城市交通的内力因素，二是站域城市空间功能的外力因素（图1-4）。

所谓"内力"因素包括两点。地铁站点在城市交通体系中，对城市空间辐射力的"重要度"是第一主要内力因素。其重要度是指地铁站点与城市空间之间所呈现的比例关系，地铁站点对城市空间的辐射力与地铁站域范围的大小成正比。综合性强、交通容量大、城市交通等级高的站点势必影响更广大

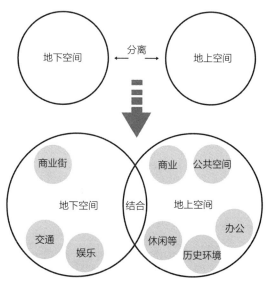

图1-4 地下空间与地上空间关系示意图
来源：范文丽.当代城市空间发展的前瞻性理论与设计[M]. 南京：东南大学出版社，2011.58.

的区域，并向城市空间延伸发展。地铁站点的客流状况是体现地铁站点辐射力的第二内力因素。站点客流量的大小、客流出行的目的、客流换乘的方式及客流来源地等，是考核和评价站点辐射影响力的重要指标。

所谓"外力"因素，也有两点。其一指城市的空间形态、功能体系和历史文脉对地铁站域范围的影响力度。站域的城市空间形态对站域范围的影响是多元且复合的，因为它包括多个层次的内容，如城市空间布局、空间结构、空间拓展模式以及城市历史文脉等。因而，地铁站域既具有可量化的物质内涵，又具有意识上的非物质性意义，这两点对地铁的线网规划、车站选址、布局、规模以及文化建设等均有着积极的指导作用。其二指其消极影响力。在一定程度上，城市空间形态、功能体系以及历史文脉也限制了站域的发展，反映为消极因素。其中，城市历史文脉对地铁车站空间意象及文化内涵有着重要意义。事实上，以地铁站点为核心形成的地上、地下城市综合体，具有站点交通功能与城市功能之间互动契合和制约的重要关系。

地铁是城市空间的一个重要组成符号，其快速发展不断地引导着城市形态的演化，使城市功能更加完善而强大。地铁与城市空间的相互作用，不仅让城市空间围绕站点组成了一个功能强大的"和谐城市"空间，也使得站点本身转化为可触发"城市记忆"的城市意象空间。

地铁车站空间结构、布局及功能组织

地铁车站这一城市地标符号有着独特的结构系统，它既是一个实存的物质交通载体符号，又是一个承载城市情感、审美、记忆、联想，具有解读与交流功能的符号秩序世界。本节重点从物质实体角度探讨地铁车站空间的功能特性。

车站出入口的布局及形式

地铁空间是以车站本身为核心展开的聚合性空间，而车站的出入口是连接地铁与城市空间的"触点"，是城市道路、人行道、绿地和立交街道的重要节点，是乘客最直接感知和接触的空间部分。正如凯文·林奇所说：地铁的出入口可以算是城市中的战略性节点，它们之间存在着无形的、概念上的连锁关系[1]。

出入口与城市地面的连接关系可分为两种：一是直接暴露在城市地面，与人行道连接，能远距离辨识，方便乘客寻找；二是与地面建筑物相连，往往隐蔽在地面建筑物中，对于那些不熟悉环境的乘客来说，必定会增加寻找难度，这对车站出入口的视觉综合设计提出了更高的要求。

出入口主要布局形式有以下三种：

第一，广场型多交叉口的布局形式。地铁车站设立在广场型交叉路口，是极为普遍的一种布局形式。由于广场空间范围开阔，出入口的设立会顺应道路方向并尽可能多地设置出入口，以保证更多的人流疏散。

第二，地面立交的布局形式。地铁车站与立交桥的一体化设计，体现了立体化交通路网设计的新趋势。地铁车站与下立交的布局形式，可概括为两种设计方式：一是下立交与地铁车站平行设计，二是下立交与地铁车站垂直设计。地铁与下立交一体化建设正成为城市交通建设的一个重要组成部分，并发挥着积极作用。

第三，地面"十"字交叉口的布局形式。地铁车站位于"十"字交叉口的情况是最为常见的一种方式。"十"字交叉口的布局形式有三种："正十字"、"斜十字"和"地下步行通道"（图1-5）。

无论哪一种布局，通常都会将出入口布置在人行道一侧，目的是尽可能保证乘客不横穿路

---

[1] [美]凯文·林奇著. 城市意象[M]. 北京：华夏出版社，2001.43.

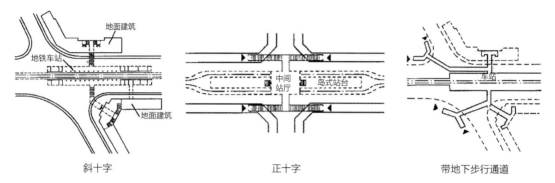

图1-5 车站出入口与地面道路的布局形式
来源：耿永常，赵晓红.城市地下空间建筑[M].哈尔滨：哈尔滨工业大学，2010.129.

段，直接由出入口进入地铁，方便且节省时间。最常见的正"十"字交叉口，一般会在交叉口左右各设一个中间站厅，这样就会形成4个出入口和2个中间站厅。此种布局的出入口比较有规律性，易于辨识和寻找，而其他两种形式较复杂，会形成或长或短的过渡空间。

由于地铁车站建筑主要位于地下，所以出入口就成为唯一的地面识别符号，当人们需要使用地铁时，寻找地铁出入口成为乘坐地铁的第一步。因此，出入口往往成为地铁的标志性符号，出入口景观符号则是乘客确认和定位的重要识别物。早期的地铁出入口设计常常会与周边建筑相融，甚至消融在建筑群中，并不十分显著，规模较小且位于街道的角落。近年来，地铁出入口与站厅结合的形式逐渐紧密，在站厅利用通道、楼梯、扶梯或垂直电梯可直接步入室外。

出入口作为地铁标志性的建筑符号，其样式大致有三种：单建棚架式出入口；附建式出入口（通过地面建筑的局部所设置的出入口）；开敞式出入口（在露天条件下敞口设置），也可以设置在下沉广场内（图1-6）。

总之，地铁出入口是车站与城市空间的接触点，出入口与城市空间、道路、广场相互交错、渗透而成为一体。地铁交通空间与城市要素的渗透结合，使得地铁车站不是一个"点"的问题，而是"域"的问题。地铁交通空间成为当代城市发展的核心动力，不仅促进了城市形态的完整性和紧凑性，同时对城市景观艺术、空间认知、城市文脉与城市活力等起到重要促进作用。

车站空间结构与布局

地铁车站是一个功能性复杂、综合性极强的空间。车站空间主要由六个部分组成：地铁出

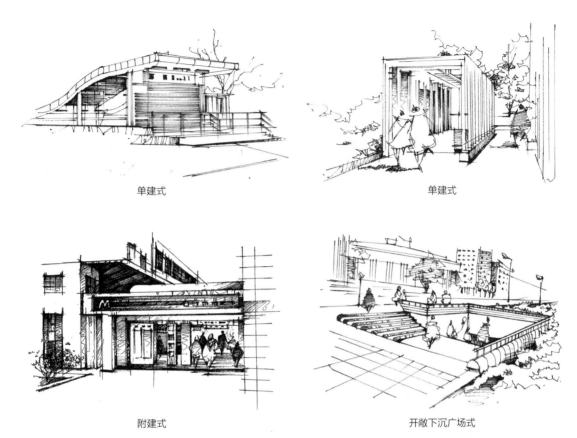

图1-6 车站出入口景观图式
来源：耿永常，赵晓红.城市地下空间建筑[M].哈尔滨：哈尔滨工业大学，2010.138~139.

入口空间、站厅空间、站台空间、换乘空间、商业空间、休息空间。车站建筑空间一般可分为三层：地面一层为出入口；中间一层为站厅层，是乘客完成非付费区与付费区转换的区域；最下一层为站台层，供乘客候车和乘降使用。

1．通道的空间布局

通道是连接站外空间与站内大厅的重要节点。连接站内外的通道同样有着一定的固定形式和设计要求。一般情况下为了减少站厅和室外的热量交换，减轻空调压力，出入口不会与站厅直接相连，而是通过一条与站厅相连的通道，以"枝形"布局形式再由此通向出入口的站外地面。完整的地铁出入口是由地面部分、电梯/楼梯、垂直电梯以及（水平）通道组成。考虑到残疾人通行，通常情况下会设置垂直电梯供残疾人使用，以便直接到达站厅，方便且安全。通道的平面布局形式大致有六种：T型、L型、U型、J型、S型、V型（图1-7）。通常每个车站的出入口数量不少于两个，以保证在一定时间内的正常乘运和疏散。

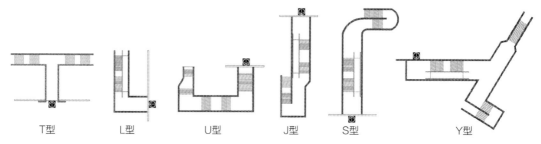

T型　　　L型　　　U型　　　J型　　　S型　　　Y型

图1-7 车站通道平面布置形式

2. 站厅的空间布局

站厅作为公共区，是乘客进入站台前首先经过的地下中间层，是分配人流售票、检票的场所，该场所称为地下空间站厅。站厅一般设在站台的顶部，通过楼梯（或扶梯）与站台连接（图1-8、图1-9）。

站厅内一般设有检票、售票、商业服务、休息、管理、候车、设备房等，建筑布局有四种形式：桥式站厅、楼廊式站厅、楼层式站厅、夹层式站厅。

桥式站厅，是在地铁站台的顶层设置一个类似"桥"一样的过厅，它联系着站台和地面出入口，通常在站台中间或两端各设一个。桥式站厅的优点是使用方便，缺点是分流路程较短，适用于人流较小的站点。

楼廊式站厅，是在站台的上部布置回廊式夹层，楼梯间的距离较开阔，楼廊采用2~3个廊桥连接，通过廊桥下楼梯进入站台。这种方式可以缓解运营高峰期站台上的人流压力。

楼层式站厅设在地下一层。这是一种与大型商业圈空间相连接的站厅，可以与多功能的地下人行过街通道相连，多处设有出入口，并连接地面街道、大楼底层和地下商业街。站厅大而

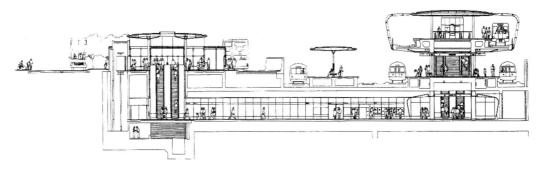

图1-8 伦敦地铁坎宁镇站剖面图
来源：[英]鲍威尔著. 伦敦地铁——银禧延长线[M]. 吴晨译. 北京：中国建筑工业出版社，2008.132.

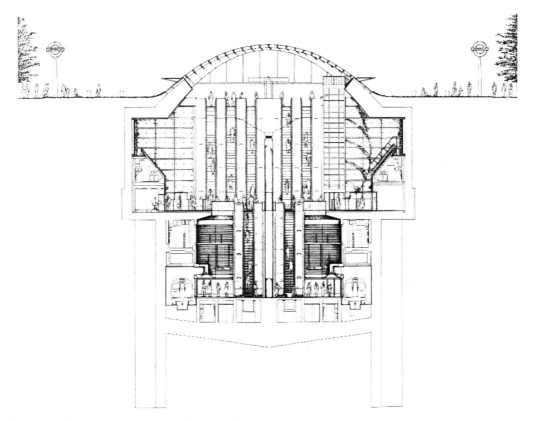

图1-9 伦敦地铁银禧延长线加那利码头站剖面图
来源：[英]鲍威尔著.伦敦地铁——银禧延长线[M].吴晨译.北京：中国建筑工业出版社，2008.101.

宽敞，可满足人流较大的站点。

夹层式站厅，是在站台大厅设置局部夹层，通过夹层连接地面及站台，形成一种共享空间的景象，造型上更具有艺术性。但是这种站厅对空间尺度和面积有一定的要求（图1-10）。

3. 站台的空间布局

站台是供乘客候车和乘降的场所。从建筑的使用方式上，站台的布局样式大致有三种：岛式站台、侧式站台和混合式站台（图1-11）。

岛式站台设在上、下行车线路之间，乘客中途折返时，同时使用一个站台，适用于大规模车站，如终点站或换乘站。其特点是方便乘客进行往返车程的选择和分流，可以减轻功能复杂的站厅层的压力，一旦乘客乘车方向选择错误，可最快作出调整。

侧式站台，设在上、下行车线的两侧，既可以对应布置，也可以相错布置。乘客中途折返需通过天桥或地道，适用规模较小的车站。

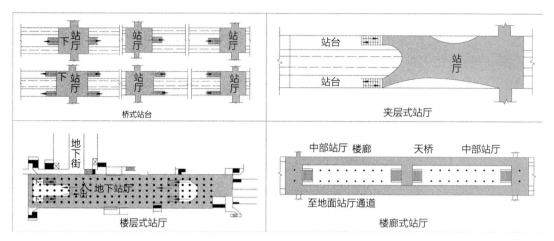

图1-10 车站站厅层布局和形式
来源：耿永常，赵晓红.城市地下空间建筑[M].哈尔滨：哈尔滨工业大学出版社，2010.134

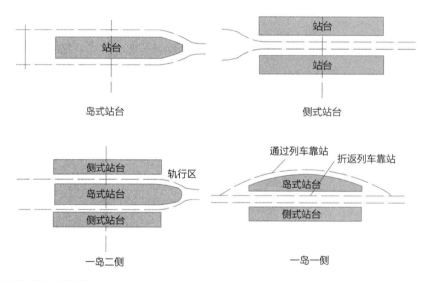

图1-11 车站站厅层布局和形式
来源：耿永常，赵晓红.城市地下空间建筑[M].哈尔滨：哈尔滨工业大学出版社，2010.130.

混合式站台，是岛式站台与侧式站台结合的形式，其特点是乘客可同时在两侧上下车，缩短停靠时间，因折返方便常适用于大型车站。混合式站台可分为"一岛一侧"或"一岛两侧"的形式。

总之，站台的布局结构比较简单，它是一个极为封闭的空间，没有任何方向感。

车站空间功能组成

地铁车站作为城市道路交通的活动、过渡和交换空间，有着专用路权的特殊属性。尽管其建筑、室内设计历史上经历了多次风格流变，然而车站本身功能的特殊性却始终未曾改变。地铁车站的功能主要由四个部分组成：乘客使用部分、运营管理部分、技术用房部分和生活辅助部分。它们共同构成了地铁车站的主要功能，相互间既有明确区分，又有一定内在联系（表1-1）。

地铁车站功能主要组成部分　　　　　表1-1

序号	功能组成	具体设施
1	乘客使用部分	出入口、地面站厅、地下中间站厅、楼梯、电梯、坡道、步行道、售票、检票、站台、卫生间
2	运营管理部分	行车值班室、站长室、办公室、广播室、信号用房、通信室、工务工区、休息值班室
3	技术用房部分	电器用房、通风用房、给排水用房、电梯机用房
4	生活辅助部分	客运服务人员休息室、清洁工具室、贮藏室

1. 车站站厅层功能组成

站厅是车站人流最为复杂的区域，传统的站厅分为付费区和非付费区。站厅非付费区是以进出站的检票机作为分界线，检票机以外的区域称为非付费区，内部则为付费区。随着地铁规模的不断变化和发展，这两个区域的概念界定也逐渐变得模糊。在欧美一些国家，尤其是德国，购票功能也可以设置在站台，这已经改变了传统的分区方式。传统站厅层的功能由以下四部分组成：售票处、检票处、信息咨询处和警务室。其中，检票处常与补票处连接在一起，可分为人工检票和闸机自动检票。在闸机自动检票处也常有人工服务，主要是为那些需要帮助的特殊人群而设，并且会有专门的绿色通道。根据车站客流量的大小，闸机自动检票的方式分为两种：一是出/入一体检票闸机，二是出/入分离检票闸机。前者是指在出站和入站时使用同一闸机，后者是指出站和入站各使用不同的闸机，即在不同的地方进行出站和进站的检票行为（图1-12）。

2. 车站站台层功能组成

站台层是供乘客出发或离站的区域，是选择线路方向、候车和出站的地方。一般是通过垂直楼梯、自动扶梯、垂直电梯来疏散乘客。站台主要由四大区域组成：乘车区、候车区、卫生间和垂直楼梯/自动扶梯/垂直电梯。

其中，垂直楼梯/自动扶梯/垂直电梯是车站空间和功能的重要组成部分，也是连接竖向空间的重要设施。垂直电梯一般为残障人群专门使用，其乘降口设置在地面车站的某一个出入口附近。然而，由于经济条件的限制，一般不会在每个出入口都设计垂直电梯，因此也造成了公共导向信息设计的难度。如何为特殊人群提供最便捷的引导服务是体现地铁公共通用符号设计质量的关键。

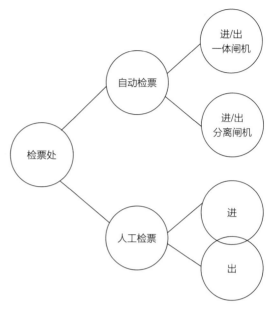

图1-12 站厅检票处功能组成示意图

这里必须强调的是，对于一个专业建筑设计师而言，可能无需指示符号的指引就能够轻松读懂整个车站环境，然而对于一般乘客而言，既不可能将车站的整体环境纳入自己的视野，也无法完全读懂车站的全部结构，因而公共通用导向符号设计的作用和意义显得尤为重要。

地铁空间环境特征

在地面空间环境中，有阳光、空气、水、植物等自然元素作为环境背景，各元素之间存在密切的联系，并且地面建筑形态丰富、色彩多变、视野开阔，能够充分引起人们的视觉注意，视觉可达性流畅且开阔，人们可以参照地面建筑特征作出准确定位，因而容易与周边环境形成空间认知感。

但是，地铁网络是一个完全不同的世界。因为地下车站完全是人造的封闭空间，车站之间以隧道连接，彼此之间没有空间的延续性。地铁空间还有着诸多不良因素，如采光、通风、防水、疏散以及心理感受、空间认知等。

第一，采光问题。因为与地面隔绝，地下车站没有自然光线，主要依靠人工光线达到照明效果。但是，不均匀的光线分布会使人产生眩晕感，而且单一的照明光线反射出来的光环境效果相对比较枯燥，容易令人产生视觉疲劳，从而使得人们忽视空间特征变化，产生消极情绪。无论如何，人工光线都无法替代自然阳光的特性。因为自然阳光除了具有照明特性以外，还能给人以温暖和舒适的生理感受。

第二，通风问题。处于封闭、隔离状态下的地下车站，通风条件显然不如地面空间，没有新鲜空气，湿温环境不良，容易使人出现头晕、乏力、闷热不适等现象。到目前为止，地下空间仍然需要人工机械的通风技术来保证室内空气流通。通风设备的噪声，也是地下车站难以克服的问题。

第三，防水问题。地下空间深埋加之缺乏日照，一旦地下水位超过车站空间，便会产生渗漏水的现象。因此，地下空间对防水有较高需求。

第四，疏散问题。封闭、隔离的地下空间，一旦发生火灾等情况，狭窄的楼梯和通道很难让大批乘客在短时间内寻找到出口。因此地下车站紧急疏散及安全防御措施极为重要，这是设计中必须重点考虑的。

第五，心理感受问题。地下空间的特殊性容易引起人们对于寒冷、阴暗等负面因素的联想，阻碍人们观察事物及认知的积极性。地下空间受技术、工艺以及地理环境的影响较大，形式单一、色彩单一、材质单一，这样的空间易产生单调感。单一的空间环境会使人产生视觉疲劳，从而影响视觉接受。加之大规模工业化建设，使得车站之间极为相似，这更加剧了人们情感上的焦虑和恐慌。

第六，空间认知问题。地面空间有自然要素做参照，建筑物的外观和内部可以清晰地让人们记忆和认知。地下空间没有自然要素的参照，需要借助空间逻辑能力在想象中感知整个地下空间。因此，需要有意识地创造易感知的视觉符号参照物，以便增加空间的可读性和认知性。

总之，地铁这种完全人造的空间与地面空间存在诸多不同，人们参与其中会产生难以形容的生理感受和心理情绪（表1-2）。

地面建筑空间与地下封闭空间环境比较　　　　表1-2

地面建筑空间	地下车站空间
具有充足的阳光、空气、水及绿植等自然元素，各空间组成部分联系紧密	缺乏自然光照、无光线变化，缺少外部空间景观、缺少建筑等参照，空间密闭
能与周围环境形成较强的场所感	场所感较弱，空间闭塞
可依据周围环境准确定位	空间围合，无标志性建筑、景观等进行定位

续表

地面建筑空间	地下车站空间
信息交流通畅，感官刺激较为丰富	内外信息隔断，交流不通畅，感官刺激较弱
环境组成要素为人熟知，具有归属感	环境陌生，容易产生不安，无安全感
建筑、景观等形态丰富	环境特征受条件限制，单一、枯燥
空间形式可变动	空间形式不宜变动

地铁空间环境与行为

心理学家考夫卡说："世界是心物的，缺一不可。"地铁空间也应是心物的，它是心理场和环境场的和谐统一，人的行为受环境的影响，反过来环境因素也影响人的心理及行为。

地铁车站空间的复杂性和综合性特点，使得很难从一个角度对其空间的内涵和外延作出准确的分类界定。不同的分类标准都只是表述了地铁站域空间某一部分所具有的一些特点，也就是说，由于所关注的行为重点不同，可能具有不同的属性。本节从环境行为学角度综合分析地铁车站空间的环境行为特征，希望对地铁的整体空间环境给予更为科学、合理的界定。

封闭与开放的车站空间环境

地下车站空间与地面分隔，必将形成两种空间：一种是内部空间（封闭空间），由车站建筑物本身构成；另一种是外部空间（开放空间），由站点和周围环境构成。除此之外，还存在着能够连接其他功能的空间，主要是指过渡性的空间，又可称为灰空间（半封闭、半开放空间）（图1-13）。

1. **车站内部封闭空间**

地铁车站的建筑空间作为地下实体围合空间，具有内向性和领域性特征。它由地面、墙面、顶棚三大部分构成，此三种要素可以看成是限定车站空间的物理因素，三种要素围合的空间部分，构成了车站的内部空间。但由于地下交通功能的特殊性，又形成了地铁车站内部特有的空间组成区域，主要包括列车轨行区、站台区、站厅区、休息区、购票区、设备管理区等。

2. **车站外部开放空间**

外部空间是相对车站内部空间而言的，具有通透性和发散性。外部空间与单纯的自然或开敞空间不同。车站的外部空间是人为创造的满足人的意图和功能的积极空间，因而与自然空间

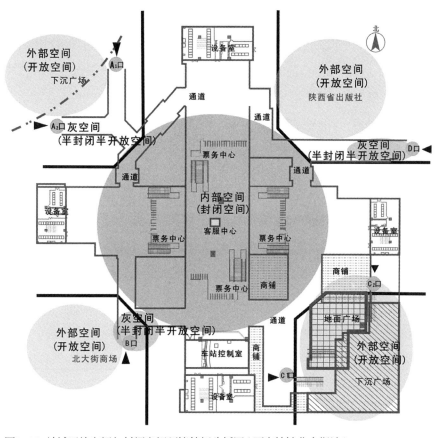

图1-13 站域开放空间与封闭空间环境特征分析图(西安地铁北大街站)

相比更加具有意义。外部空间可以呈现出一种聚合的、向内的向心秩序。

地铁车站的外部空间,是从城市周边向站内建立起来的向心秩序感的空间。日本建筑师芦原义信指出:"外部空间可以说是'没有屋顶的建筑'空间。"[1]也就是说外部空间比内部空间少了一个限定要素——顶棚,仅由地面和墙壁两个要素限定,"自然是无限延伸的离心空间,相对的外部空间是表框内向内建立起向心秩序空间"[2]。因而,地铁站域外部空间是积极空间,它多指连接站点出入口空间的街道空间、广场空间、商铺空间和立交桥等。

3. 车站内部灰空间

灰空间的概念是由日本建筑师黑川纪章提出的,其本意是指建筑与外部环境之间的过渡空

---

[1] [日]芦原义信著.外部空间设计[M].伊培桐译.北京:中国建筑出版社,1985.5.
[2] [日]芦原义信著.外部空间设计[M].伊培桐译.北京:中国建筑出版社,1985.4.

间。灰空间通过中介、连接、铺垫、过渡的作用，将内外空间互为融合，相互渗透、穿插而成为一个有机整体。典型的灰空间，如建筑出入口的雨篷、外廊等，也可理解为建筑群周边的广场、绿地等。然而，作为地铁车站的灰空间具有两方面的指向：一是连接车站的城市空间部分，如车站出入口周边环境；二是站点的内部通道。通道的功能是作为中介连接站内与站外，因而可以界定为半封闭、半开放的灰空间。从车站空间行为层次和边界形态来分析车站空间环境，可分为内部封闭空间、外部开放空间和半封闭、半开放的灰空间（表1-3）。

从车站空间和边界形态分析的空间特征　　　　　　　　　表1-3

车站空间	具体设施及功能	特点
内部空间（封闭空间）	站厅、站台、设备室、票务中心、控制室、卫生间、电梯等	限定性强烈，具有内向性、收敛性、围合性和领域性
外部空间（开放空间）	连接出入口、街道、广场、商业、立交桥等	具有通透性、流动性、发散性（对城市开敞空间而言），表现出向心性的积极空间（对车站内部而言）
灰空间（半封闭、半开放）	出入口、通道	内外过渡、空间相互融合

公共与私密的车站空间环境

地铁车站是为实现人们交通使用目的而建造的，根据功能和使用行为，可以将地铁车站空间分为公共空间、半公共空间、私密空间和专有空间（图1-14）。

1. 公共空间

社会群体进行一般交往和共同使用的空间都可以称为公共空间。地铁站内的公共空间，可划分为付费区和非付费区。乘客在非付费区进行的是购票、进站和出站等一系列行为，在此区域里发生的行为相对而言是暂时的，空间使用完成后，对空间的占有也随即消失。因而，在非付费区的公共空间内，人的安全感和领域感较弱。

2. 私密空间

限制别人进入的空间领域，一般都可称为私密空间。地铁作为交通运营系统，其支持运营的车站控制室、设备室就属于非常私密的空间，这里是严禁乘客进入的空间。

3. 半公共半私密空间

是指介于公共与私密空间之间的过渡性空间。人在其中有一定的归属感和认同感，在保障自身私密性的前提下，有相互交往的行为需求。在付费区内所发生的行为主要围绕候车和离站

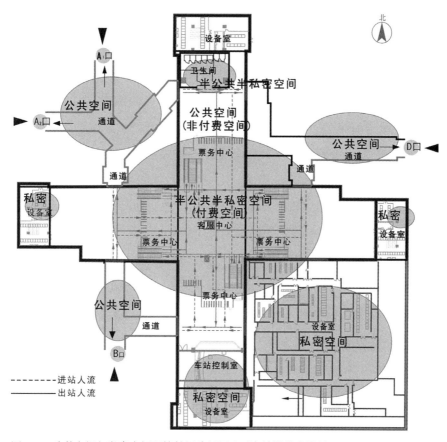

图1-14 公共空间与私密空间环境特征分析图（西安地铁北大街站）

的行为活动，虽然在此区域的行为也是暂时性的，但是相对于检票外部"非付费区"的空间而言，付费区的一系列活动，如候车、休息、阅读、交往、卫生等具有一定的安全感和认同感。因而，可将此类行为称为半公共半私密性空间的活动（表1-4）。

从使用行为和功能分析的空间特征　　　　　　　　　　　　表1-4

车站空间	具体设施和功能	特点
公共空间（非付费区）	通道、扶梯、楼梯、购票区、站厅（部分）、商铺等	社会群体共同使用，人的安全感和领域感较弱
私密空间	设备区、控制中心	可限制的空间领域
半公共半私密空间（付费区）	站厅（部分）、票务中心、检票、乘车、扶梯、楼梯、卫生间、休息区	介于公共与私密之间的过渡空间，人在其中有一定的归属感和认同感
专有空间	垂直电梯等	供特殊人群使用，私密感、领域感强

集中式、线式与辐射式的车站空间环境

在地铁车站的空间构形上，最常使用的空间组织手法有三种：集中式、线式和辐射式，表现为"放—收—放"的路径循环方式（图1–15）。

1. 集中式空间

集中式空间指在主题空间周围，有比较明确的主题中心点，形成一种统率的关系，在一定范围内成为视觉的主体，体现出一种向心性，并成为环境中的控制点。地铁站内的闸机处，即进站和出站处可谓组织人流交通的最集中的控制点，由此将人流引入站台候车区。因而，闸机区和站台区均为集中式空间的一种组织形式。在集中式空间内，人容易产生相对安全感、停留感和聚集感。

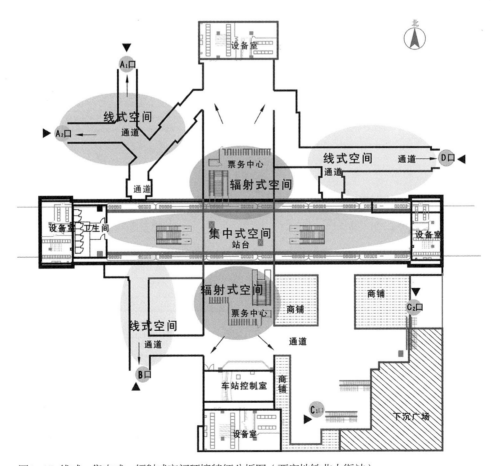

图1–15 线式、集中式、辐射式空间环境特征分析图（西安地铁北大街站）

2. 线式空间

线式空间是"指将一系列空间沿某一方面排列布置，在视觉上形成一种线性的关系"[1]，排列的空间可以是直线，也可以是曲线或折线。线式空间由于有比较明确的方向性，人们容易被空间所引导。地铁车站的通道空间具有常见的水平交通方向，空间引导性强，因而是典型的线式空间。

3. 辐射式空间

车站空间是典型的辐射式空间。地铁作为城市交通系统的特殊工具和设施，其本身具有向内辐射和向外辐射的双向循环特征：一是可理解为内向性和外向性合二为一的辐射空间，站点内部空间的闸机处（出站与进站）和站台空间的乘降功能均具有典型的双向辐射的特征；二是就站域城市空间而言，仍然是一种典型的辐射空间。正如前面所述，如果从城市空间网络或交通系统的宏观角度看，它就是一个具有辐射力的"点"的空间；从城市整体角度看，地铁站域就如同一个由"点、线、面"构成的辐射式空间网络系统。

因此，地铁车站空间是集中式与线式空间"兼而有之"的辐射式空间，人们在其内部产生的行为及其所受到的心理影响也是极为复杂的（表1-5）。

从车站空间构成行为方式分析车站空间特征　　　　　表1-5

车站空间	具体设施和功能	特点
集中式	站台、候车区	有明确的主题空间中心，人的停留感相对较强
线式空间	通道及出入口等	空间有明确的方向性，引导性强，人的停留感较弱
辐射型空间	票务中心、检票区、闸机处、出入口等	集中式和线式空间合二为一，兼有两者空间特征

静态与动态的车站空间环境

地铁车站空间还可以通过形态的处理，来影响乘客使用的主观感受和体验，从而在心理上引发对于空间的动静区别（图1-16）。

1. 静态空间

静态空间的形式比较清晰明确。一般封闭的空间都属于静态空间，特别是规则边界的几何形体空间有较强的稳定感。在地铁的站台层空间（候车区）就显示出相对的稳定性，同时一些

---

[1] 李志民，王琰. 建筑空间环境与行为 [M]. 武汉：华中科技大学出版社，2009.29.

图1-16 静态空间与动态空间的环境特征分析图（新加坡地铁）

设备区、控制中心都属于相对的静态空间。

2. 动态空间

地铁车站出入口是最富有变化和多样性的标志性建筑物，也是唯一显露于地面上可直接感受的动态空间，具有显著的视觉导向特点。如西班牙毕尔巴鄂Fosteritos的地铁出入口设计，有着鲜明的运动性特征和流线型造型。另外，动态空间在空间组织中表现出一定的节奏性，从站厅层到站台层以及换乘空间之间的垂直交错组合形式，让站内空间表现出显著的动态特征。使用者在这种动态空间内，由于视线相对没有明确的安定性和驻留点，因而比较容易接受空间引导的心理暗示。

3. 流动空间

"空间在垂直或水平方向上都采取象征性的分隔，以保持最大的交融与连续、视线通透、交通无阻隔性或阻隔性小，这种空间称为流动空间"。[1]在地铁站域空间中，从水平方向上看最为典型的流动空间是连接站厅与四周方向的通道及地下街等空间；从垂直方向上看，则是通

---

[1] 李志民，王琰. 建筑空间环境与行为 [M]. 武汉：华中科技大学出版社，2009.27.

过扶梯和阶梯等构筑物连接上、下层空间转换部分。这些车站空间的组成部分，具有明显的视线通透感，同时也具有一定的交融与连续性，因此可称为车站内的流动空间（表1-6）。

从空间行为态势上分析车站空间的特征　　　　表1-6

车站空间	具体设施和功能	特点
静态空间	设备室、控制中心等	有明确的中心，领域感强
动态空间	站厅空间、换乘空间	无明确的中心，动势强，引导性强
流动空间	通道空间、站厅空间、出入口等	空间连续，运动，视线通透

总之，地铁车站空间是封闭的、公共的、流动的、有规律的复合式空间。地铁在城市区界范围内运行，是一种高效率的交通工具，空间的交换属性和活动过渡中介属性以及高速变化的流动属性均是其最为显著的特征。地铁这些显著的属性特征，使得人们的移动速度更快、出行效率更高。然而，快速的空间变化与城市其他慢节奏的活动相比，更加容易引起人与城市之间相互隔离的心理障碍，使地下空间产生冷漠和生疏之感，造成人与人、人与物、人与空间、人与环境互动的最低限度，那就是一种"地铁化了的城市旅程"。显然，地铁空间比其他任何公共空间都更加需要艺术符号来弥补其"先天不足"的空间。

"地下铁的诱惑"
图片来源：http://t.cn/Rc134rp

海报以夸张的艺术手法，将地铁刻画成富于魔力的磁铁，乘客们纷纷被吸入地铁，以此展现地铁的魅力，体现地铁在伦敦市民心目中的地位。

第 2 章 地铁符号空间

第 2 章　地铁符号空间

地铁是"人化"了的符号，即人与人、人与环境以及环境与社会属性的集体记忆符号。在站域空间整体发展前提下，车站核心力场的空间及空间设计成为当下人们更加关切的符号对象。地铁车站空间视觉符号，就是依靠其独有的命题和选择定向进行分级，并相互结合进而组成一个有机整体。其空间技术功能的构成、空间视觉特性的物质图像、空间结构形式的指示语义以及空间精神的象征性，均是其设计对象共同期待和同时进行的设计符号。

意义符号

广义的符号（Symbol），是指用一种媒介指代某一种事物，也是指信息的物质载体。美国著名社会文化进化论的代表、文化人类学家莱斯利·怀特（Leslie A. White）曾说："人类的行为是符号的行为；符号行为属于人的行为，符号就是人性之全体。"恩斯特·卡西尔（E. Cassirer）提出"人是符号的动物"和"符号是一种人的哲学"，认为人类的行为和人类文明就是一个符号化的过程。

"言、象、意"固合的意义符号

中国哲学自古有着独特的意义理论，其核心思想强调以双重视角认识事物，"立象以尽意"是以实践性精神为论旨所形成的造物审美观，成为塑造中国传统文化品格的核心要素和深层结构。

1. 第一因的"意"

中国古典哲学是一种十分重视语义分析的哲学。其主要论旨是语言与思想二者关系问题，确切说是"形式与内容"的关系问题。古代哲学家们在经验观察的基础上，通过研究名与实、言与象、言与意、象与意之间的概念关系，形成了探索和认识事物深层次因果关系的理论范式，建构了言与意、形与神、情与景之"形而下"与"形而上"的实与虚、有与无、内与外等艺术美规律。

中国古人在"由言入象"的历程中，渐进了对"意"的明彻。"意"是自我与他人、人类与自然、主体与客体、精神与物质圆融唯一的体验世界。人类的文化创造，是"意"显现为"象"、"象"明晰为"言"的过程。无论是群体的文化创造，还是个人的精神和物质活动，人们的文化创造历程，都必然经历"意↔象↔言"的过程。"意"是"体"，"象"、"言"是"用"。因为"人类总是先有了某种体验，或某种'意'，才去创造表达无形的'意'（体验）的，有形的象和言，使'意'（体验）得以显现"[1]。

意为体。意是哲学形而上的范畴，是探索对象世界本源性本质的存在，是把握对象存在因果的"起始"或"终结"的存在，是第一因的存在。正如亚里士多德所说"存在之存在"是哲学研究的第一性原则，这里的"之存在"就是对"意"（体）的定位思考。

"意"，仅从文字的结构看，部首为心，从心从音，可知其与人的心理活动紧密相关。《说文解字》曰："意，志也"，即今天所说的"意志"这个词，是为达到某种目的而自觉努力的心理状态。《春秋繁露·循天之道》有言曰："心之所谓意。"这里的意，可理解为心之所想，心之所愿。它是人们心理欲求的某种目的，好比现在常用的"心意"一词。然而，意作为动词来理解的话，极为复杂，如：意思（thought）、思想和心思的解释，意义、道理（meaning、idea）的解释，意念（idea、thought）、观念、念头和想法的解释；意识（consciousness）的解释，指人的头脑对客观物质世界的反映，是感觉、思维等各种心理过程的总和的解释。

---

[1] 谢松龄. 天人象 [M]. 济南：山东文艺出版社，1989.1.

因此,"意"是第一位的。"意"是目的,"意"是复杂微妙的,"意"是深藏不露的,"意"是客观的(至少是主体间的),"意"是一种思想,"意"是"理","意"是道。

2. 第二因的"象"和"言"

(1)"象"为用

"象"本身不是终极目的,"象"(符号)是"意"(体验)的过程和表达。"圣人立象以尽意"就是外向投射为"道"的体验,是"意"(体验)的身体外貌特征。中国古代哲人将"道"具体化为天、地、人"三才"之道,并借"象"来描绘,这代表着人类科学意识的觉醒,既而形成"象"的科学性范畴。掌握经验对象,认识客体规律及其存在的具体形式是"象"的主要旨意。

"象"在《说文解字》中,一曰指事,二曰象形。古《周易》中用"象"为想象之义。研究者认为"象"有物象、意象、法象三义[1]。笔者认为造物之象,多指"意象"。"法象"是指宇宙天地间的一切自然现象;"物象"是客观自然现象中的自在之物,与意的关系甚微;"意象"有人为的取舍意图,因而是联系"言"与"意"(理)的天然纽带,是创造性智慧的体现。

正如林奇在《城市意象》中阐述的"可意象",即有形物体中蕴含的能够唤起剧烈意象的特性,具有可创造的"可读性",或更高意义上的"可见性"。这里,林奇所讲的"意象"正是一种有意图的创造性的可读、可意味之象,清晰地阐明了"象"(符号)的表意特征。古人曰"象也者,像也"[2],更是说明了"像为意象之象",道出了其区别于一般事物,特指对事物自身形象的高度概括和抽象化了的审美形象。

"象"存在于"意"的因果序列中,是人们获得确定的知识形态,是以"因"求"果",以"果"求"因",既有感觉材料又有推理形式的知识。马克思在《资本论》第一卷中,用这样一段话表明人类精神造象的物化过程:"建筑师以蜂蜡建筑蜂房以前,已经在他的脑筋中把它构成了。劳动过程终末时取得结果,已经在劳动过程开始时,存在于劳动者的观念中,已经观念的存在着了。""这种观念的存在着的"蜂房",便是象;蜂房便是物化的象"[3]。由观念而物化的"象"就是表意之象。人类正是有意识地去创造多姿多彩的精神物象,进而表达不同层次精神体验(意)。

因此,"象"(符号)是精神之象和其物化形态合成的"物质之意象"符号,它是"意"(体

---

[1] 高华平."言意之辨"与魏晋之学理论的新成就[J].华中师范大学学报(人文社会科学版),2001:40(2).
[2] 刘君祖.详解周易·系辞传[M].北京:新星出版社,2001.148.
[3] 谢松龄.天人象[M].济南:山东文艺出版社,1989.1.

的外向投射产物,是由内而外的表意之象的外化,是人们精神活动的造象,因而是有形的、具体的、实在的、可见的、可触的。

(2)"言"为用

"言"是用来表意的。"言,是表达体验的另一种方式,即言是象的特例"。[1]"言"是表达象的特殊工具。"言"的甲骨文字形下面是舌字,即表示言从舌出。"言"为张口说话的象形,是指以沟通为目的的交谈,反映到书简等载体上就是文字。因而,"言"是以表述为目的的语言。伴随着语言的产生,"意—言—物"成为哲学本体认识论的问题。以海德格尔为代表的现代哲学家认为"语言是存在的家园",即人们的存在无一例外是在语言中的存在。语言作为符号而存在,人与符号(语言)打交道的过程中,面对的直接问题是符号(语言)能否达"意"的问题。因而,达"意"是符号("言")的关键所在,即"言"必须是表"意"的。汉字特殊的图"象"是"言"这一精神活动中最为突出的功能所在。

言可著象(著为"显"的意思),一方面著精神之象,一方面著物质之象。因为"意"是无形的、变化的和混沌的,"意"须显为"象",才能用"言"表述;"言"是固定的,有迹象的,然而"言"也是散碎的,"言"表述的是"象","象"是为了尽"意"。故意生象,象生言,言著象。

因此,言和象是工具性的手段,是表层的、浅显的,是相对确定的,是人为的带有某种主观性的。

3."言、象、意"固合的意义符号

纵观中国古代哲学"言""象""意""道"的思辨发展过程,类同于心理学家皮亚杰所总结的认知理论。皮亚杰将儿童思维发展的标志划分为四个阶段:

第一阶段,感知运动阶段。人类摆脱了"物我不分"的时代,能够将自我生存条件与外界环境相区别,创造了语言工具,形成了对外界环境朴素的认识。

第二阶段,前运演阶段。人类开始以象形文字(甲骨文)、八卦卦象对事物运用符号进行表征,可谓观象言技时期。

第三阶段,具体运算阶段。开始有了对空间、时间等维度的概念,有了追求无限永恒的最高原理的要求,即开始用"象"(符号)进行思维,追求"以象达意"的目的,通过方技术数、阴阳五行("象")来实现"象中有意、技中有道"的理想目标。

---

[1] 谢松龄. 天人象 [M]. 济南:山东文艺出版社,1989.2.

第四阶段，形式运算阶段。人们将"象"（符号）进行高度抽象，形成了"明意悟道"的哲学概念，进入了"不拘于技，不存心于象"的阶段。这一阶段的到来使人们对物理世界有了更为科学的把握，开始关注我们的人类社会。

由此可见，意义符号问题不仅是哲学范畴的重要问题，同时也是人类创造文化秩序和进行理智性知识创新的重要宝贵思想。"言、象、意、道，固合而无畛"，"意"为体，起主宰作用。"言"、"象"为用，"象"完全因"意"而生，因"意"而有。"意生象、象生言、言著象"的"意义符号"造物思想观，时至今日，仍然是一个"活"的思想（图2-1）。

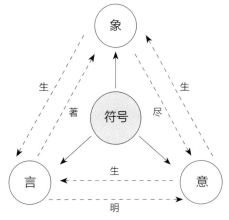

图2-1 "言、象、意"固合的意义符号分析

试想，设计领域倘若仅仅把"技、器、象"作为追求目标，这一现象势必成为阻碍文化发展的重要病症：存其象不得其意，用其技不求其道，势必造成只停留在文化形态的表层结构。"言、象、意"之间的紧密关系，"意生象、象生言、言明意"这一整体性意义符号观，对本书"地铁公共艺术符号"的认识论、方法论方面有着重要启发意义。

意义符号的三角形模型

"意义符号"是人们科学把握物理世界的一个重要认识观。在西方哲学中，意义问题同样也被视为是一种美学问题，并在20世纪欧美文化领域产生较大影响，其核心观点指出了潜藏在"人为事物符号"背后的意义问题，同时也指出了意义来源是由整体社会文化系统决定的。

可见，"意义"问题不仅是哲学范畴的重要问题，同时也是人类创造文化秩序和进行理智性设计创新的一个重要思想。意义符号问题几乎涉及人类精神和物质文化生活的所有方面，这是一个根本无法回避，事实上也不能回避的问题，尤其是"人为事物之事理"的设计研究无法回避的问题。意义符号究竟是什么？这个问题难以全面给予回答，笔者将前人所述观点扼要归纳为如下几点：

第一，意义符号为人的生存目的服务。如果将人的行为视为外化的物质符号，那么意义就是其内在的精神内涵。意义符号离不开人的生存和生产实践。

第二，意义符号的涵义与其功能、用途本身共同转变成该符号可解释的涵义时，才能成为真正意义上的符号。

第三，意义符号的概念性刺激远比形式的知觉更为重要，具有象征意义的概念性符号（即意指符码）更有助于指引人的行为。

第四，意义符号的本源在于体验和体悟过程，因而"意无形"。"无形之意"通过"有形之象（符号）"而体悟。"意"为"体"，起统帅作用，为"道"和"理"。因而，"象"随"意"动，"象"随"意"变，"象"（符号）为用。即"意义符号"就是"人为人之符号世界"中的精神内涵的体验。

第五，意义符号作为"最高存在之存在"，在于分析"意指符码"之外的社会价值和意识形态，它是与意指作用分不开的非符号的行为，即与"存在"之背后的特定文化历史系统紧密相关。

1. 意义符号的能指与所指

西方符号学家们为了更直观清楚地表达各自对于意义符号概念的理解，一般会用符号模型来描述符号，主要有"二元一体"符号模型和"三元一体"符号模型。无论是哪种符号模型方式，其核心思想是一致的，那就是对符号背后所隐藏的解释域的肯定。

瑞士语言学家费·德·索绪尔（Ferdinard De Saussure）提出，符号是由"能指与所指"二元结构模型"合拼"而成的结合体（图2-2）。一个事物成为意义符号，其要素是由能指（符号的形式表达）和所指（符号的内容意义）共同构成的。

能指，是直接与物理世界相关的形体、色彩、体积、材质等，指物体呈现出的符号外在形式，亦即可辨识的、可感知的刺激或刺激物。

图2-2 "二元一体"意义符号模型

所指，是内心观念所表达的意思，亦即潜藏在符号背后的内容意义。因而，外在的"能指"和内在的"所指"在心理场上结合而形成了完整的符号。索绪尔说："语言可以比作一张纸，思想是正面，声音是反面，我们不能切开正面而不同时切开反面"。[1]

因此，人类使用和创造的意义符号，并非等同于客观事物，而是我们思维意识建构下的有创造性的产物。

2. "三元一体"的意义符号

美国符号学家皮尔斯（Pierce）指出，符号是由"符号载体（媒介）、指涉物（对象）、

---

[1] [瑞士] 索绪尔. 普通语言学教程 [M]. 高名凯译. 北京：商务印书馆，1980.10.

意义（解释）"相互关联的三元结构共同组成的全体指称。因为每个符号都是由三种成分——关联物、元素、关系组成。三元一体符号所构成的三角形关系如图2-3。

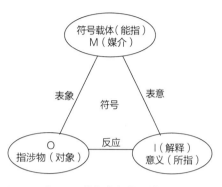

图2-3 "三元一体"意义符号模型

符号载体（媒介），作为媒介关联物，是材料的物质世界的一部分，用于表征或替代某一对象的媒介关联物；指涉物（对象），作为对象关联物，是由物体与事件组成的世界的一部分，是符号所要指称和表征的客观现实对象；意义（解释），作为解释关联物，是将上述两者连接起来的，与精神世界的思想、法则、规律、形式相联系的，能够让人理解并可传达的某种意义，即由符号产生的可解释意义。

作为表意之象的符号，首先其本身具有一种实体存在可能性（媒介关联物）；其次与其所表征的对象有一定的现实性关系（对象关联物）；最后，这种"表征"必定存在着被某一解释者或解释意识所理解的必然性（解释关联物）。"每个符号都具有一个三位的关联要素或一种三角形关系。如果任一事物没有表现出这三种关联要素，那么，它就不是一个完整的符号。"[1]

在皮尔斯的研究基础上，马克斯·本泽（Max Bense）以一种发生学结构来表达符号关系，如：Z＝R（M，O，I）。这里的Z代表符号，R是整体的意思，符号等于媒介（M）、对象（O）和解释（I）三项关系的整体。在这里，本泽还特别指出"（O）依随于（M），（I）依随于（M）和（O）"[2]。为了更明晰地说明符号三角形关系，本泽将这三项连接起来，并用数字表达方式来说明符号的范畴、关系和发生过程，其表述为ZR＝[（1. ⇒ 2.）⇒ 3.]。本泽的这种符号的数学表述方式，说明符号的发生过程与中国传统审美思维方式的相似。符号是一个有机整体，"意生象、象生言、言明意"，"言、象、意，固合无畛"，是一个整体生成系统。

因此，符号表现为一个关联物的有机整体，虽然每一个关联物可以分别进行研究，但只有在全部联系中才能构成符号。需要指出，"只有符号产生解释作用时，才可以使情感性、活动性和逻辑解释表现出整个解释场域的进一步结构化"[3]。

---

[1] 伊丽莎白·瓦尔特. 广义符号学及其在设计中的应用[M]. 北京：中国社会科学出版社，1992.13.
[2] 伊丽莎白·瓦尔特. 广义符号学及其在设计中的应用[M]. 北京：中国社会科学出版社，1992.13.
[3] 伊丽莎白·瓦尔特. 广义符号学及其在设计中的应用[M]. 北京：中国社会科学出版社，1992.13.

意义符号的语义序列

符号的本质在于意义,意义是符号的真谛,正如沙夫所言:"没有意义就没有符号"。符号的语义是指依靠符号能指(形式)的"显义"挖掘出来的符号背后所隐藏的社会、政治、经济、意识形态等多方面因素。

1. 意义符号的形式层面(外延意义)

意义符号,是通过符号过程中的意指作用创造出来的,是由意指作用的能指与所指相结合的关系所确立的。被确立的这种关系,便形成了符号的代码规则,并加入既有的符号系统中。有一定代码规则确定下来的符号内容就是该符号的明示义,或者称为符号的外延(Denotation)。具体说来就是通过相关的能指要素,如形态、空间、材质、色彩、结构、技术、文字、图像、光与影等物理属性,所表现出的物理形式的内容。它们是人们直接接触设计符号的首要层面,也是人们认知符号的基本感性层面,是符号得以存在的物质基础和得以表现的物质载体,这在符号学中称之为符号的明示义,即外延意义。

如"住宅"(符号)的明示义就是房子,可以居住、可以保护、可以遮风等外延意义(图2-4)。"住宅"符号的能指强调物理属性的实用功能,作为住宅一定有它的形态、结构、材质、空间等这些基本物质实料,因而,构成了"住宅"符号的形式层面。也就是具备符号的第一基本条件,即外延意义这个真实符码。

图2-4 符号的外延意义分析示意

因此,符号的明示义或外延意义是表达符号意义的初始功能。这些物化的物质实体,形成了人、物与环境之间的初始交流,功能作为外延意义也随之表现出来。然而,符号的意义不仅仅只有初始功能的外延意义,符号的背后还隐含着深层的文化结构和内涵意义。

2. 意义符号的内容层面(内涵意义)

符号不仅仅传达表层的功能,重要的是实现情感交流、引发受众联想和心理暗示。在符号学中,把那个隐藏在功能背后的内容层上的暗示意谓称为暗示义(Connotation),即内涵意义。

符号的明示义是暗示义的前提,暗示义却是符号的真谛。唯有同时考虑设计符号的明示义和暗示义,设计符号才构成了全面的语义。如上述"住宅"符号的例子,除了可居住的

图2-5 符号的外延与内涵意义关系示意

明示义以外，还有内涵层次意义，那就是象征着"温暖、甜蜜、家族、亲情"等内涵意义（图2-5）。

符号的暗示义与明示义的不同之处，在于符号的暗示义注重潜在文脉关系，即符号在使用环境中体现出的文化性、社会性和心理性的象征价值。这说明了暗示义的范围广泛且与解释域相关联。人们在看到设计符号时，所产生的自由联想、主观认知判断以及获得的情感价值的满足，即是符号背后的内涵意义。

从符号学的角度来看，建筑就是一种设计符号。查尔斯·詹克斯（Charles Jencks）在其《后现代主义建筑》中指出：功能主义是消极地对待建筑设计符号，而建筑的内涵层次才是设计符号积极性运用的结果，称之为深层机能。以雅典卫城建筑为例，帕提农神殿建造的目的是供奉雅典女神，利用立柱支撑整体建筑的结构重力，构成了该建筑原初的实用功能，即表达了明示义（外延意义）的初始层面。然而，古希腊人创新地赋予这些立柱新的内涵，那些刚毅雄伟的多立克柱式，以及神庙后面端庄典雅的爱奥尼柱式，则暗示着希腊人的理性和诗情融为一体的文化层面，初始的功能层面和暗示着的文化层面共同构成了帕提农神殿的符号意义，表达一种崭新的自由，成为古典建筑中几何比例最完美的典范之一（图2-6）。

可见，能被称其为符号的建筑，一定存在着可解释的某种语义，那就是包含着外延意义和内涵意义。外延表达的是功能，内涵传递的是意识、精神和象征；外延反映建筑的物理特征（being）和性质，内涵反映建筑的文化性意义（meaning）。建筑的意义通过

图2-6 帕提农神殿建筑符号

以上两个方面才得以完整表达。外延意义注重建筑的实用功能，内涵意义则注重建筑文化的解读。外延意义反映了主体与客体之间的关系，内涵意义则反映了主体的意识形态和历史内涵。在历史发展过程中，某些建筑如故宫博物院，其外延意义已经不复存在，但其内涵意义依然尚存。

3. 意义符号的"双重性"语义特征

语义（Semantic）的原意是语言的意义，是研究语言意义的学科。设计界将研究语言的构想运用到艺术设计的符号领域，因而有了"建筑语义"、"产品语义"、"图形传达语义"和"环境艺术语义"等。符号语义是人类创造符号过程中进行的赋义与赋值，因而也称之为"意义符号"。任何一个意义符号的语义都具有双重性表达特征。

首先，具有外延意义的表达特征。符号的外延意义具有客观性，所构成的形式语言一般要符合功能性准则，其语义的呈现必须合乎理性逻辑。因而，外延意义相对单一而明确。

其次，具有内涵意义表达特征。符号的内涵意义具有主观性，因为符号设计是基于设计者对设计对象特殊地缘文化历史的感知和认知的再创造，往往运用多重寓意、象征和联想的设计方法，赋予符号充满感性的色彩，留给使用者更大的想象空间和审美余地。

以建筑符号的语义表达为例。一个建筑实体的存在需要以物理机能（外延意义）来实现。行为、环境和构造因素属于物理机能，这些都是解决构成建筑实体的物化因素。这就使得建筑符号具有了形式表达的功能意义，只不过建筑符号不像其他产品符号那样仅具有单一意义，它具有综合的、复杂的、多层的意义。建筑符号的表现形式是建筑师内在的设计思想和施工人员的理解以及与施工技术相结合的产物。建筑要想成为一个"意义符号"存在，还需要以文化因素（内涵意义）来解释。这个"可解释"的内涵意义，正是该建筑在设计和建造时，设计师将某种思想、观念和信仰等文化因素有意识地融入设计当中的结果。历史、文化和意识形态等均属于文化因素，其主要任务是解决建筑的构思、立意和情感传递。可见，建筑的语义只有通过物理因素和文化因素的相互统一才能得到全面的表达。

因此，符号语义表达的最佳途径就是将物理因素与文化因素、外延意义与内涵意义做到恰如其分的关联，使二者彼此呼应、互为一体，成为有机统一的意义符号。良好的设计符号可以给人以亲切、舒适、轻松、自由、安静、热烈、愉悦等好的心理和感官感受，从而实现人类心灵和精神的沟通与交流，为受众召唤出特定的社会意义、文化感悟和历史记忆。

意义符号的逻辑结构

1. 意义符号的象征性

意义符号的研究突破了传统设计理论将符号因素都归入形式功能的简单做法，拓宽了符号学的研究范畴，打破了传统设计"形式追随功能"的唯一考虑，将设计因素深入人的心理、精神、社会及文化的连贯性，使设计符号成为象征环境的联系者，即符号的语义构架了一个象征的环境，从而远远超越了纯粹功能的物质形式影响，设计符号不仅要具备物质或物理机能，并且还要具备多种用途："一是指示出如何使用；二是具有象征功能；三是构成人们生活环境中象征环境"[1]。

因此，意义符号是研究符号在使用环境中的表层与深层次的内涵意义，并将其生理功能、物理功能、心理功能、社会性、地域性和文化功能等运用于环境当中。意义符号设计的目的在于让符号表达出特定的象征涵义，要求设计师用符号方式去思考，并自觉地表达出有创造性的符号设计，进而塑造出有意蕴的符号世界。

2. 意义符号的社会、文化、历史因素

设计是人类社会生产实践的产物，所有设计对象都是因人类社会的第一需要而进行的文化创造，一切文化现象都是符号现象，因而设计作为一种文化符号现象，离不开社会、文化和历史因素的约定和滋生。

社会是相对具体的。人类社会是一定时空、一定生态下生存的人类和其所处环境的构成体。狭义的社会，也叫"社群"，指群体活动和聚居的范围。广义的社会则可以指一个国家、一个大范围地区或一个文化圈。构成社会的因素极为广泛，涉及生活的各个方面，如文化环境、政治环境、经济环境、社会群体、社会交往、环境因素、意识形态，等等。而家庭、邻里、学校、社团、社区则是构成社会的基本单位。

文化是普遍的、抽象的、广泛的概念。如果把文化定义为物质文明和精神文明的总和，则几乎无所不包。广义上来说，文化是一种社会现象，是人们长期创造形成的产物，同时又是一种历史现象，是社会历史的积淀物。确切地说，文化是指一个国家或民族的历史、地理、风土人情、传统习俗、生活方式、文学艺术、行为规范、思维方式、价值观念等。狭义的文化，专注于精神创造活动及其结果。文化包含着历史，历史包含着文化。

---

[1] 胡飞，杨瑞. 设计符号与产品语意 [M]. 北京：中国建筑工业出版社，2003.116.

在城市环境中，能够形成显著差异的因素，首当其冲是社会变量中的文化变量。"文化是一种概念，它是社会变量的蓝图，而社会乃是文化更为具体的表现和产物。"[1]拉普卜特通过分解文化要素与其他变量之间的联系要素，来解决文化与环境之间转换过程的属性，使文化成为真实、具体可见的社会表现。他从文化中不断导出最为有益于形成设计文化的要素，包括世界观、价值观、意象、规范、生活方式与行为方式等。除此之外，经济技术、价值观、社会伦理等因素同样可以引出文化的具体表现。以上内容均是意义符号设计的重要来源和约定因素。

3. 意义符号文化特性的逻辑结构

文化人类学家怀特指出：文化是人类所创造的符号的综合，这阐明了符号的文化特性的重要。西方符号学研究注重符号结构的逻辑分析，除了前面所提到的"二元一体"结构和"三元一体"结构，路易斯·叶姆斯列夫（Louis Hjelmslev）的符号结构更加具有文化特征，为了表达意义符号的内涵，他将一个符号描述为 $\left(\frac{C_f}{E_f}\right)$，这里的 C 代表内容层面，E 代表表现层面，分别相当于符号的能指和所指[2]。笔者根据这两个层面进一步将其再分为形式的 f（言）和实质的 s（象）。可以看到，具有用途功能的载体符号，是由内容与形式共同结合的实体，特别强调符号是一个"文化单元体"（图2-7）。

可见，文化特性对创造一个意义符号的重要。虽然意义属于独立于客观对象的纯思想的"意义"领域，但是意义符号的形"象"则是思想之外化的意象。意义的思想性关系绝对离不开社会脉络这一特定文化历史背景。符号"象"作为解释世界的"形式"，进而形成了"可意谓的对象"，即思想的对象。意义符号既是普遍的，又是特殊的；既是现象，又是本质。

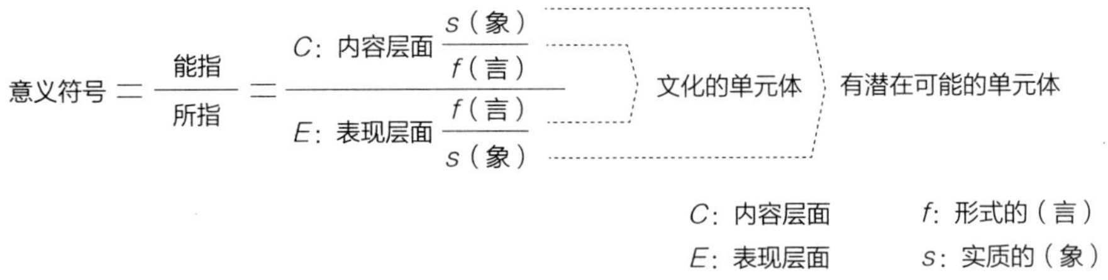

$$意义符号 = \frac{能指}{所指} = \frac{C:内容层面 \frac{s（象）}{f（言）}}{E:表现层面 \frac{f（言）}{s（象）}} \Bigg\} 文化的单元体 \quad 有潜在可能的单元体$$

C：内容层面　　f：形式的（言）
E：表现层面　　s：实质的（象）

图2-7 意义符号的文化特性结构分析
来源：笔者参考叶姆斯列夫的符号双层划分进行调整自绘

---

[1] [英] G. 勃罗彭特. 符号、象征与建筑 [M]. 北京：中国建筑工业出版社，1988.71.
[2] [英] G. 勃罗彭特. 符号、象征与建筑 [M]. 北京：中国建筑工业出版社，1988.71.

笔者认为，中国古代哲学"立象以尽意"的思维方式反映了中国哲人明智而实用的理论思想，表现出中国特色"形而上"的思想观，而西方哲学更倾向于逻辑分析，重视从行为主义和结构主义的角度对概念进行辨析，从而建构了自己的理论体系。二者各有侧重，各有特色。但是，他们对待人类创造文化秩序的问题的思考结果始终是一致的，那就是他们都以敏锐的眼光，感受到了意义符号作为人类创造的一种文化秩序，不可以停留在文化表层，而是应该挖掘深层文化内涵，并指出"存其象不得其意，用其技不得其道"的符号设计，只能阻碍文化的发展，必定会造成文化的各种危机。

中西方哲学以不同的思辨方法共同探索了"意义符号"的双重现象。设计不仅单纯考虑物质层面，还考虑与之对应的精神（心理、文化）层面，进而使设计有了更加"人性"的科学发展前景。因此，笔者将意义符号思想观的两个不同源头合二为一（图2-8），意在探讨地铁空间符号这一典型"器"（工具）人为事物"理"的本质和趋向发展，为我国地铁建设良性健康发展指出更为科学、理性的研究思路。

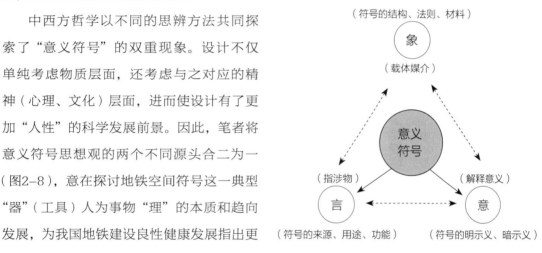

图2-8 意义符号的逻辑结构模型

物质技术语"言"的地铁建筑

地铁成为一种新的建筑类型和城市地标符号，是因为它自身具有独特的结构语言系统。它不仅是一种具有城市运输功能的交通工具，也是城市生活体验的重要组成部分，更是表达城市记忆的意象符号。地铁在150余年发展历程中，经历了人类经济、社会、政治、科技、艺术以及城市发展的种种洗礼和变革。20世纪70年代起，地铁不但成为解决城市拥堵的良药，也成为再造城市新形象的"现代地标"。原因之一，是其特有的语言功能让它成了人们关注的对象。

特殊的物质技术载体

地铁建筑这个设计客体对象，不是自然的而是人工的，不是现成的而是创作出来的，它是实用的又是艺术的。它具有设计与艺术的所有特征,是依据"交通命题"(或者至少是"准命题")而确立的。与纯艺术相比,地铁建筑这一设计对象既表现出一定的物质性"审美状态",又表现出与交通属性相关的特有"技术状态"。显而易见,首先它是一个"物质载体",其次具有因创新精神而形成的独特的艺术形式"审美状态"。正如前面所提到,地铁的建筑属性与大部分地上建筑有明显的不同之处。

第一,可以从其定义中找出差别。它是城市的主要运输走廊,是以地下专用路轨,提供班次密集、运量大、速度快、准点、安全舒适等服务的公共运输系统。其特有的空间属性:活动过渡的中介性、变化的流动性、专用路权,尤其是城市独特的意象性,均是其独具的空间语言,这些都与其他建筑不同。

第二,车站空间是连接地上与地下的核心节点和纽带,不仅具有人流疏散的功能,同时也是彰显站域场所的意象符号。它既是一个物质技术的载体,也是一个从感官上和使用上,给乘客带来最大视觉影响的组成因素,更是一个反映城市位置和场所特征的视觉形象因素。

第三,由于地铁建筑的"物质技术载体"处于主导地位,所以,地铁建筑设计对象就成了限定环境中的一种技术组合。显而易见,其限定性要比艺术对象更加强烈和明晰,那就是地铁建筑本身所特有"技术状态"。艺术审美对象往往依附于环境或以环境为中介,成为二级审美对象。

第四,地铁这一运输系统由地铁车站和地铁运输的区间隧道两大功能部分组成。其中,地铁的运输隧道承担轨道交通任务,联络各个车站。地铁车站的功能是为乘客使用,是人流出入和换乘的地点,为乘客提供乘降、候车和换乘等服务。除此之外,车站还承担着运营管理的各类办公、技术设备的机房以及生活辅助等功能(图2-9)。

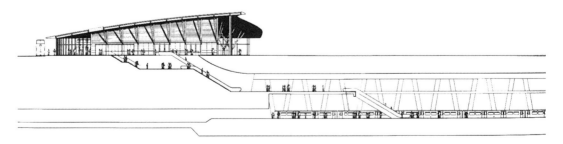

图2-9 伦敦地铁车站建筑横剖面图
来源:[英]鲍威尔著.伦敦地铁——银禧延长线[M].吴晨译.北京:中国建筑工业出版社,2008.

因此，车站空间设计对象具有自身特殊的语言体系，体现在与自身环境条件、运输功能以及各种技术指标等方面的密切"相关性、适应性和依存性"。

"真实的"交通建筑语"言"

地铁建筑这一设计对象，不仅是物质材料要素的组合，也是机械的各种功能要素的组合。这些要素均是建筑造型设计和结构设计的符号贮备，是车站环境设计对象的实体形式所存在的基本内容，是完成交通命题这一初始功能的第一步，由此，地铁建筑这个对象才能成为一个"真实"存在的交通空间。其真实性有以下两种解释：

第一，真实的车站建筑受车站规模、运营要求、地面环境、地质、技术、经济指标等条件的制约。另外，还需要合理的结构形式与施工方法，方能呈现为一个最基本的真实车站。不同的施工方法和结构形式会形成不同车站构形，如明挖法施工的车站结构形式，是以矩形框架结构或拱形结构作为车站建筑设计的基本生成条件，并利用一定技术手段"整体现浇、全装配、与围护墙组合现浇等成型方法"[1]才完成的（图2-10）。侧式站台多是双跨结构，岛式站台多是三跨结构。矩形框架结构的车站可呈现出单层、双层、单跨或多层多跨等形式。双拱立柱式的车站结构可以获得较好的建筑艺术效果。

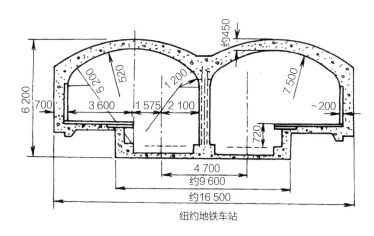

图2-10 双拱隧道的地铁车站建筑
来源：张庆贺，庄荣等主编.地铁与轻轨[M].北京：人民交通出版社，2006.156.

第二，"真实"的技术功能。依照符号学观点，地铁建筑的功能和技术是车站空间设计的科学性依存因素，各种功能和技术（形式、功能、技术、空间、表面、体积材料等）构成了地铁建筑的基本结构语言，形成了地铁建筑符号的第一层意指，这是技术物质性（能指）与技术

---

[1] 张庆贺，庄荣等主编.地铁与轻轨[M].北京：人民交通出版社，2006.154.

功能性（所指）相互结合的符码过程，它是支撑车站地下建筑空间符号的最根本的内在限定因素，只有如此，才能形成一个真实的交通空间（图2-11）。

但是，地铁建筑只有从"技术功能"转化为"技术对象"本身，并以"审美形式"主题展开，形成"车站空间环境"第二项规则性视觉图像的意指功能，方可传达出具有空间环境"审美状态"的语义，才有可能成为一个相对完整的符号，以便乘客视觉感知和使用。

图2-11 地铁车站建筑结构图式
来源：叶宁. 北京地铁奥运支线空间设计[J]. 世界建筑，2008（8）：84-93.

然而，无论是哪种因素，都可以归结于技术的各种功能。正是物质的、技术的各种功能要素，提供了车站建筑独有的语构组成，才能够形成"实用性"的可能，为乘客使用和提供服务（图2-12）。

可以看出，从这些专有的功能和技术中，技术性和物质性的各种功能要素促成了地铁建筑最基本的命题和性质。物质性的材料因素和技术性的功能因素构成了车站建筑载体媒介的第一项关系。地铁建筑正是因为表达了与交通运输关联的命题和属性，才充分表现出因"技术功能"而奠定的地铁建筑媒介特有的结构语言模式。

图2-12 车站建筑施工中的技术层面示意图（西安地铁车站）

视觉图"象"的地铁空间

作为交流手段的车站空间载体

从符号学的角度探讨地铁车站空间环境的视觉特征，首先必须意识到车站空间是一种复杂的符号体系，其次需将其视为一种交流手段的符号载体。这是因为，车站空间环境存在着深层的结构内涵。虽然功能需求是车站空间的核心和根本内在因素，其技术代码支配车站建筑空间的生成，但是，这些技术代码却不具备直接与人们感知沟通的意义。建筑师只有从功能体系中抽象出空间的外观、材料、用途等，才能使功能成为形式体系的一致整体，才能让人们感受到地铁建筑空间可交流的意指。车站空间的形式体系将成为技术功能的符号载体，进而向人们传递视觉美的空间信息。

老子对空间及空间的使用说得很妙："凿户牖以为室，当其无，有室之用。是故有之以为利，无之以为用。"老子指出，开凿门窗建造房屋，"无"代表了空间使用功能和价值。这也暗示了房屋这种容器是行为交流的场所，"无"是目的，"有"是手段，而"用"是交流。因为房屋正是有了一定的功能和可以被人使用的意指作用，才使得房屋成为人与之交流的符号，即可能的功能将成为一种相互交流的信息载体。

由此可见，尽管车站建筑空间是一个城市交通的"容器"，但更确切地说，它还是一种有刺激的、形象感知的，可提供行为交流的容器，它是外延——交通功能形式和内涵——站域城市精神综合的意义符号载体。

可感知的视觉信息

地铁车站、空间环境的信息构成极为复杂，它是诸多技术体系、物质体系和形式美设计体系整合的结果。人们对地铁空间的感受是动态的、开放的、封闭的，也是全方位的。构成车站空间整体印象的视觉信息，不仅仅局限于进站\候车区间获取的信息，也包括行车区间的感受，还包括理解、体悟、感知、抽象的潜在的站域城市精神内涵层面的信息等。这些综合的环境信息构成了车站空间总体视觉认知，形成一个生动的地铁车站，从而引发多种感官知觉的交流（图2-13）。

从车站空间技术系统的角度看，其环境信息的形式设计和构成要素体现在以下几方面：

第一，大气环境。大气环境是指生物赖以生存的空气的物理、化学和生物学特性。物理特性主要包括空气的温度、湿度、风速、气压和降水等。大气环境和人类生存密切相关，通风系

图2-13 车站空间环境技术系统的感知信息
来源：深圳广田集团股份有限公司北京轨道交通建筑装饰工程公司

统的设计是地下交通空间中最基本的环境要素，为保证良好通风环境而设置的特殊设备，整齐美观的形式设计是其最基本的要求。

第二，光环境。是指站内综合照度的形式设计。站内所有发光物体均是光环境设计的构成因素，包括满足基本照度要求的环境光、广告光，各种导向标识的泛光等。

第三，声环境。是指站内各种语言信息播报系统和处理噪声设备的形式设计。

第四，材料环境。不同物质材料的质感对人的心理感受所产生的审美效应是不相同的，站内的各种材质会产生不同的环境信息感受。

第五，色彩环境。指站内各种物质材料与光线的颜色关系设计。

第六，艺术符号环境。是指各种文字、图形、导向标识、装饰图案、柱体、顶棚、地面、壁画、出入口等具有环境信息传播的视觉设计。

第七，形体环境。是指各种固态物体的尺度、形态，包括家具、盲道、垃圾桶、屏蔽门、闸机、自动售票机、照明灯具、公共设施等。

如上所述，构成车站内部技术环境信息的设计要素非常之多。每一种环境信息都对应一种功能需求，并成为乘客在空间环境中的可交流的基础信息符号。人们身处地铁车站空间中，会对不同信息产生不同的交流、识别与行为反应，设计师必须选择合适的形式进行信息传递，才能为乘客创造一个安全、舒适、便捷的乘车环境。然而，车站空间必须将"功能代码"转化为具有一定审美状态的"图像代码"，即成为可交流的感知形"象"，才可以形成一个活生生的城市地标符号。

初始交流的视觉图"象"

地铁车站空间的视觉形象，是在车站技术功能支配下所产生的具有审美状态的图像代码。确切地说是设计师借助图像符号设计，面对社会群体创造的一种能够互相交流的意指符号系统。

事实上，人类很早就产生了对图像的认识和造型观念。设计与艺术的产生均与人类起源同步。洞穴是人类最早的建筑。当人类第一次为了防御风寒，发现并使用洞穴时，就形成了洞穴功能的意识，知道了通道口、洞穴顶、岩壁（或连续的石墙）围合成的内部空间，能够起到庇护的作用。风雨过后，离开洞穴，当第二次有意识地寻找类似洞穴时，马上会被初始洞穴的观念所驱动，这种观念是一种模式，也是一种类型，甚至可以说是一种已经代码化了的图像。因为人类自此之后，会以此为标准来判断或识别哪个洞穴是自己的，哪个洞穴具备了可以使用的功能。人类在懂得洞穴使用功能的同时，也懂得洞穴可以通过不同的外观形象来加以识别。

在某种认知程度上，人类是利用洞穴模式和类型的代码，借助记忆图像符号和代码，使得洞穴从此成为遮蔽功能的代表，洞穴原理也因此成为一种相互交流的符号。洞穴功能的实际存在，促成了其潜在的庇护作用。洞穴原理意味着建筑这样的人工制品，是以其各自持有的功能性图像代码，而成为一种交流的信息符号，因为它不断传递着完成该功能的信息。

地铁空间是城市空间的有机组成部分，地铁车站空间的视觉形象是城市设计的深入和具体化，既要反映和继承城市的特征，又要表达站域空间的文脉传承。然而，地铁车站空间的形象感知有着极为特殊的方面，这是由其功能与技术等限定性条件和因素决定的，它是现实的也是普遍的。依照符号学的观点，地铁车站的各种初始功能和技术代码必须转化为一种"图像"的代码形式，才能实现车站空间的本质属性，才能使外延功能得以传递，进而生成车站空间有规则的视觉形象符号。

地铁车站虽是一个单体的建筑，每个车站都有各自完整的空间形象，但是，地铁线路串联着诸多车站，构成穿行式的地下城市走廊空间，行车区间和车站站点则形成一个反复出现的"收—放—收—放"的空间组织形态，收的形态往往因站域的不同特征而形成差异，放的形态与各个车站的规模和位置有直接关系。另外，车站内的空间形态特征多是单元的重复和狭长廊道式的空间感受。

因此，可归纳出，车站空间的视觉感知是规则化的图像符号，其基本形式规则有三种：一是"一线一景"的标准化规则，二是"一站一景"的个性化规则，三是标准化中体现个性的规则。其中每一种形式规则都将产生不同的图"象"景观感受，其显现出的相貌特征可概括为如下几点：第一，"一线一景"的图像特征。一线一景是突出全线的整体美感，但是视觉效果单一、识别性弱。第二，"一站一景"的图"象"特征。这种做法丰富而各具特色，有着站域场所的文化特征，然而缺乏全线整体美感。第三，"标准化"中体现"个性"的图像特征。这种做法是最为理想的一种形式规则，既可以体现不同线路、不同站域的站点个性特征，又可以形成全线统一的风貌。不同站域的功能类别会产生不同形式的图像景观，如商业站域、枢纽站域、古城站域、科技站域等，会有不同的设计相貌呈现给乘客（图2-14）。

地铁交通系统，辐射线路长、范围广、工程周期长，各类车站会受到统一的标准化设计制约，其中一部分功能是以标准化和模数化的图像符号呈现出的，如顶棚、墙面、地面、楼梯、栏杆、商铺、座椅、广告等公共服务设施。另有一部分功能则是个性化的图像符号，如色彩、材质肌理、装饰图案、壁画、部分标识符号、转换空间等。

可以见出，车站空间的各种功能最终以形式审美的主题展开，进而形成了特有的可以给人以美的感受的符号世界，确切地说这是一个规则化的"图像"符号世界，并以此给人留下初始交流的视觉感受。

意指功能的地铁空间

车站空间之所以是一种刺激感知进而引发行为反应的交流符号载体，是因为它传递了外延意义的功能，使其显现出交通空间属性所具有的意指作用。

所谓外延意义功能，是指车站空间首先在功能实体存在基础上，发挥了各个功能的现实性含义，让每一种功能引发人们作出各种行为感知和反应，进而产生对功能使用的安全感、舒适感、明亮感、宽敞感、便捷感等。如"通道"的用途意指"穿过"，"车站入口大门"意指"可以

图2-14 重庆地铁1号线车站空间艺术景观

进入","楼梯"意指"可以上去","站厅"的功能意指为"可以进站","红色2"意指"线路2"等。

从符号学的意识看，能够引起人们使用车站功能并得以实现交流的这些规则性图像符号，具备了与车站空间载体相关联的各个含义。由此可见，车站本身就是一个刺激交流的符号，它暗示的各种含义就是它可能实现的功能的外延意义。

外延意义是车站空间初始功能和用途的形式转化，是人为制定的有确切性和惯例性的并为交流而使用的初始符号。建筑符号载体是可被描述和分类的，因为它可以准确地暗示某种功能，并利用形式代码说明功能。具体来说，就是形式与功能之间存在着一种代码化的联系。设计师往往利用某种美学形式来完成这些功能的惯例和概念。举例而言，"按照古老的建筑编码，楼梯或坡道意指走上去的可能性，但不论是公园里的一组简单踏步，还是凡维特利（Vanvitelli）宏伟庄严的楼梯；不论是艾菲尔铁塔的螺旋楼梯，还是赖特的古根汉姆美术馆的盘旋坡道"[1]，建筑师正是利用了美学形式与技术功能之间的代码化联系，并将已有的或现成的代码进行组合，促使一种新的形式语言去完成功能的惯例和概念，实现建筑本质的外延意义。

但是，必须指出，地铁车站空间的交流作用远远不止这些。在初始功能基础上，车站空间有着二次功能的意指作用。因为车站空间还包含功能的某种意识、意念和思想，车站空间必须内涵"城市街道文化"的意指内容，成为站域城市空间的象征符号，即"地下的文化走廊"时，才构成了真正意义的符号空间。

城市"意"象的地铁文化

象征意义的建筑符号

"意象"理论作为中国传统视觉艺术的精髓，有"立象以尽意""象生于意，故可寻象以观意""意象欲生，造化已奇"等造物审美的精辟思想。"意象"与"意向"二者极为近似，但又有差异。"意向"是指人对事物的一种态度和意愿，而"意象"多指人在有意向的主观状态下，在客观事物上加入情感、寄托等因素，赋予事物某种特殊含义和意味的具体形象。由此得来，"意向"存在一定的不确定性和模糊性，而"意象"则更具体化、清晰化和有目标化。简单说，"意象"就是寓"意"之物象和形象，是主观的"意"与客观的"象"的有机结合。

"意境"从属于"意象说"发生，是中国古典艺术的又一个重要范畴。清人王夫之曾有论："情景虽有在心在物之分，而景生于情，情生于景……巧藏其宅。"[2]此话道出古人对情感在建筑中的高度重视和理解。建筑作为一种生活的实存空间环境，不仅仅是体量、尺寸和物质技术的表达，更是人们倾注情感、寄托思想的对象。

从最早的建筑模式"洞穴原理"中，可以看出洞穴代表一种遮蔽的功能，并在交流的初始符号之后，逐渐成为具有象征意义的功能符号，成为"家庭""群体""安全""亲切"等环境意象的象征。建筑构成了人们最亲切、最亲近的生活环境。

象征意义的地铁空间文化

虽然地铁的发展已有150余年的历史，但与其他建筑类型相比，它的发展历程仍是短暂

---

[1] [英] G. 勃罗彭特. 符号、象征与建筑 [M]. 北京：中国建筑工业出版社，1988.15.
[2] 侯幼彬. 中国建筑美学 [M]. 哈尔滨：黑龙江科学技术出版社，1997.

的，"其建筑空间特征还没有形成一种较为稳定的被社会所公认的'形制'，人们对于地铁功能的理解，也一如既往地把目光放在车站内部，忽略了城市空间的连续性"[1]。地铁与城市空间的隔离问题，不是用简单的美化装点手法就能够解决的问题，必须从更高、更广的角度去分析和理解它的准确定位和含义，特别是要确立"城市意象的地铁"这一观念，才能发挥地铁作为城市形象重要组成部分所应有的作用。

纵观世界地铁优秀案例，如伦敦地铁不仅仅在建筑形式上记录了历史，还在地铁内展出了诗歌，成为芭蕾舞的舞台，丰富的文化活动和深厚的历史，让伦敦这座城市呈现出独特的文化意象；巴黎地铁则是艺术的天堂，车站里的壁画、雕塑诠释了"浪漫之都"充满艺术气息的城市特点。地铁与城市地上文化的关联，地下与地上艺术风格的照应改善了这个"隔离"的问题。这些成功经验，至少可以提供两个明确的指向。

首先，确立线路文化主题。在地铁线路规划阶段，尽早导入文化主题，一方面有助于从宏观上建立地铁线网下的城市意象，另一方面对确立各线整体视觉风格以及各种配套专业领域的统一性有至关重要的作用。重庆地铁建设在这方面做得比较突出，在地铁筹备阶段就确立未来10条地铁线路文化主题，以打造"巴蜀文化"为特征的具有地域文化气息的地铁网络规划，促成了站点与站域网络之间的整体性城市文化意象（表2-1）。可见，确立线路文化主题，将地铁纳入城市文化的一部分，不仅是地铁网络视觉形象建设的重要内容，也是解决地下与地上隔离问题的重要手段。

庆地铁线路文化主题规划一览[2] 表2-1

线路	线路文化定位	线路文化特色
1号线	人文风情线	赋予线路人文风情的文化特色
2号线	巴蜀文化线	展现重庆久远的历史文化
3号线	寻常百姓线	展现重庆市井百态、真、善、美、和、健、礼
4号线	友好城市线	展现一个开放的重庆、友好的重庆
5号线	印象重庆线	展现重庆经典的城市形象
6号线	巴蜀山水线	展现重庆秀美山水缩影
7号线	群英荟萃线	展现具有代表性的历史事件和英雄人物

---

[1] 杨冰. 地铁建筑室内设计 [M]. 北京：中国建筑工业出版社，2005.34.
[2] 侯幼彬. 中国建筑美学 [M]. 哈尔滨：黑龙江科学技术出版社，1997.

续表

线路	线路文化定位	线路文化特色
8号线	古镇映辉线	展现重庆古镇形象
9号线	民间文化线	展现重庆非物质文化遗产
环线	重庆记忆线	展现老重庆的历史勾沉

其次，明确车站建筑不是一个单体的建筑，而是城市空间的重要组成部分。地铁作为城市内部公共交通的专用道路交通，地铁车站建筑实质上是城市道路的一种特殊形式，而地铁车站的视觉环境符号，就是城市道路系统的有机组成体。只有营造出城市景观自然风貌，延续地面文化，才能为车站环境艺术系统、导向标识系统、照明系统、广告系统、辅助设施系统等找到明确的设计方向。

因此，地域性城市意象的营造，是地下车站连接地面城市空间的一个重要纽带。地铁车站空间必须纳入城市空间的定位，反过来，城市空间意象也必须融入地铁车站空间的概念。二者相互融合表现出与城市空间的整体性和连续性关系，这对创造一个让人们产生归属感和场所感的需求环境，无疑是极其重要的。正如1977年《马丘比丘宪章》所提到的："在我们的时代，现代建筑的主要问题已经不再是纯体积的视觉表演，而是创造人们在其中生活的空间，要强调的已经不再是壳而是内容，不再是孤立的建筑（不管有多美、多讲究），而是城市组织结构的连续性。"[1]

地铁空间意象特征

只有立足地铁本质属性，明确地域性"城市意象"这一概念定位，才能使地铁车站这样一个公共建筑成为城市空间的有机体。可从以下几点来探讨地铁空间地域性城市意象符号的特征：

第一，"城市走廊"的意象特征。无论从地铁的本质属性"城市道路"来看，还是从其交通建筑实体属性的车站/区间分析，它都是城市空间中的"经过性通行空间"，因而"城市走廊"是其基本意象特征。

第二，"城市地下街道走廊"的意象特征。无论从纵向时空的"收—放—收—放"序列空间来看，还是从横向时空的各站与周边街道关系中考虑，车站空间的定位都与"城市街道"空

---

[1] 杨冰. 地铁建筑室内设计 [M]. 北京：中国建筑工业出版社，2005.34.

间形成必然的联系和延续，因而"城市地下街道走廊"是其独特的意象特征。

第三，"记忆的城市走廊"的意象特征。无论从昂贵的重大工程来看，还是从长期运营的过程来看，不同时代的美学风潮和城市品位都会经历新建、扩建、整建、修建和重建的过程，其顽强性和持续性为城市留下不同的历史痕迹，所积累的独特的"历史美学"在城市空间留下了深刻烙印，因而"记忆的城市走廊"是其生动的意象特征。

第四，"公众文化的城市走廊"的意象特征。无论从"大众地铁"的公众参与性看，还是从城市文化的传承性看，地铁都是城市公众生活的重要场景和戏剧化舞台。因而公众参与的"公众文化城市走廊"是其具有情感和情调性的又一特殊意象特征。

随着民族自信心的增强，文化自省力的提高，以及科技水平的成熟，地铁空间将逐渐从技术功能固有的模式向地域性"文化意象"的模式发展。地铁车站同样可以成为现代城市人们最亲切的生活环境，而不再是一种冷漠隔离的功能性空间环境。它是城市生活环境的重要组成部分，是城市形象的一张金卡，是城市的"地下文化走廊"。因此，它是内涵城市精神的地域性象征符号（图2-15）。

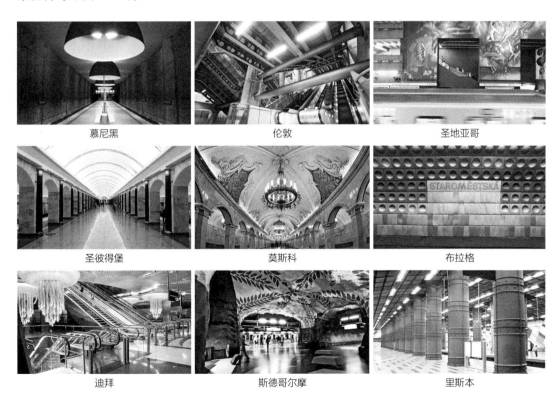

图2-15 世界著名城市地铁空间意象
来源：http://www.urcities.com/global/20141201/13400.html

地铁符号空间逻辑结构

空间是物质功能和精神功能的综合，二者不可分割。物质功能体现在空间的物理性能上，而空间的精神功能建立在物质功能基础之上，在满足物质功能的同时，以人的文化、心理和精神需求为出发点，从人的爱好、愿望、审美情趣、民族习俗、民族风格等方面入手，创造出适宜的空间环境，使人们获得精神上的满足和享受。

地铁符号空间的层级

地铁空间精神是指在车站物质功能的基础上，以"地域城市文化"概念为出发点，从人们心理精神需求入手，创造出能够体验城市空间意象——"记忆的城市走廊"这一出行时的精神享受，以及在可以阅读城市历史文脉的环境中，获得一种对生存城市家园的亲切感、归属感和认同感等精神满足。

从符号学观点而论，地铁车站建筑的内涵必须建立在其用途功能的外延基础上，才能成为一个完整的意义符号。即最根本的实用性功能是其初始功能，它是功能的外延意义，而其象征性的内涵意义则是二次功能。初始功能与二次功能的结合形成了车站空间"表征"的内涵意义。因此，车站建筑空间就是一个意象的符号空间，这个符号化的空间是由三个层面和两次意指功能共同组成的（图2-16）。

所谓三个层面是指：第一层面，现代化交通的技术结构语言；第二层面，有规则的视觉图"象"形式语构；第三个层面，站域城市空间"历史文脉的街道文化"语义。

所谓两次意指功能是指：第一次的初始功能和第二次的文化意象功能。初始功能可理解为车站空间"能指"——物质技术功能与"所指"——功能形式审美的外延结合，具有车站空间

图2-16 地铁符号空间的层级分析示意

交通属性的普遍性和规则性的符号，是可用的、真实的、图像的、可感的，同时也是美的；二次文化意象功能是对初始功能的深层"表征"的建构，它是"亲切的、归属的、场所的、解释的、可意味的"精神内涵。

地铁符号空间的逻辑结构

地铁空间不仅仅是单纯的交通指示"器物"，更是"象中有意，技中有道"的意义符号，是作为解释特定车站空间结构组织、功能和站域文化历史文脉而存在的物象，即"可意谓城市文化对象"的意义符号。

如果初始功能构成了车站符号空间的基本载体媒介，它只能体现交通功能的外延意义，而不能形成一个真正的、完整的意义符号；只有结合可"表征"的二次文化意象功能，形成"可解读的"有象征内涵的站域城市空间意象时，一个完整的地铁符号空间才真正形成。地铁符号空间结构模型见图2–17。

车站空间作为可交流的感知信息媒介和意义符号载体，其解读人群无外乎三类：设计者、使用者、观赏者。无论是哪一类人群，都离不开对车站空间精神意识的期待和享有，即便是使用者暂时对内容理解有所冲突，但时间总是验证真理的唯一标准。最重要的是设计者能够从根本上改变地铁在城市中的孤立现象，避免片面的"交通技术性""单体建筑"和一味注重表面装饰的设计。建立地域性"城市文化"的本质属性，从"市政通过空间"的"城市走廊"着眼，

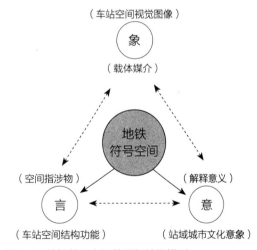

图2–17 地铁符号空间的逻辑结构模型

树立"城市意象"的地铁出行空间，是地铁建设可持续发展观的重要前提。

不同城市、不同线路和不同站域，均有着不同的历史、文化和背景，无论是从车站的横向还是纵向序列空间看，地铁空间的文化意象都将是"缝合"站域"地上""地下"环境分区的必然结果，建立地铁符号空间的逻辑关系，是地下车站与地上空间合二为一的重要前提和保障，在此基本观念上，地铁空间公共艺术符号才可以有明确定位。

"东洋唯一的地铁"（1927年）
图片来源：http://t.cn/REN7U4D

这是一幅典型的装饰主义艺术作品，描述了日本第一条地铁开通时，市民身着华丽盛装，在站台边兴奋地期待列车进站时的场景。

第3章 地铁公共艺术符号

第 3 章　地铁公共艺术符号

地铁公共艺术符号构建了地下交通空间的文化景观，在世界范围内呈现出多元化、多样性特点。显然，那些著名的城市地铁公共艺术符号，无论艺术形式还是文化内涵都各具地域特色，因而会给人们带来独特的艺术体验，并成为连接地上与地下、城市与公众的文化传播的象征符号。

本章承接前章线索，梳理地铁公共艺术符号的历史演变，分析其基本概念、属性及意指功能，重点探讨"意"为主观统摄下的地铁公共艺术符号的语义特征。

公共艺术符号

概念界定

公共艺术一词是从"Public Art"直译过来的，它的概念并没有一个明确的解释，大多数研究者从艺术学、社会学等角度将公共艺术定义为艺术形式或文化现象。本书中所说的公共艺术是特指那些在城市开放空间中，能与公众产生一切互动、交流的艺术形式或具有某种创造性意义的艺术符号。

公共艺术存在于城市公共空间当中，是可感知、可理解的实体符号，是连接城市与公众的信息媒介或物质载体，是将地域特征和城市文化相互融合的象征符号，并与人们的生活息息相关，它存在于人们生活中的各个场景之中。"一个城市的生活格调和文化底蕴、一个施工区的生产秩序和创业精神、一处景观的精神象征和环境氛围往往就是从这种无言的形式感受中捕捉到它们的信息，而这种信息的物质载体就是符号。"[1] 这一具有象征意义的公共符号就如同人们日常生活中的"饮食佐料"一般，它既是实用的，又是艺术的，既是日常的必需品，又是无时无刻不可或缺的精神养料。在艺术领域中可指向建筑、雕塑、绘画、景观、水体、公共设施、地景艺术、装置艺术、多媒体艺术，甚至是文学艺术、行为艺术、展演艺术等这些具体的造型艺术范畴。为了更加清晰地认知这一概念，在这里提取其最重要几点内涵和特性予以表述：

第一，设立于公共环境中。公共艺术符号是城市文化最直观的物质载体，在时间和空间两个维度上连接和记录了城市的发展历程，因其设立在公共环境中，并以生动的艺术方式达成了公众与城市的连接，消除了人与空间环境之间的疏离感和陌生感，使之成为生活环境中不可或缺的一部分。

第二，可以与公众"对话"。公共艺术符号的存在为城市创造了生动的文化场所，不仅催生着历史文脉上新的文化事件，同时可满足公众对城市生活中的行为需求和心理期待，让公众可以广泛参与城市文化建设当中，增强城市"主人翁"的意识和文化自豪感。

第三，体现人文关怀。公共艺术符号作为城市文化景观符号，不单纯是用艺术装点城市空间，更重要的是满足人们对现代城市生活的精神需求和不断提升的审美需要。公共艺术符号充分体现出城市对公众的人文关怀特征。

第四，表达地缘性与差异性。在日趋相同的现代城市中，利用公共艺术符号营造出独特的城市文化意象，创造有城市记忆的公共空间和环境景观，将具有地域文化特色的艺术景观渗透到城市生活和日常行为当中，使公众更为深刻地了解城市，唤起对所在城市的归属感和自豪感。

因此，笔者以为，从宏观层面看那些能够设置于城市公共空间中，可以与公众进行对话和交流的，反映"地缘"文化关系的各类有意义的艺术符号，均属于公共艺术符号之范畴。

公共艺术符号的"公共性"

"公共性"的前提是民主的政治制度和开放、自由的社会环境。公共艺术符号的"公共

---

[1]　徐恒醇. 设计符号学 [M]. 北京：清华大学出版社，2008.1.

性",不仅仅是指艺术作品设置在公共空间或公众场所当中,还应该考察公众是否具有参与、互动、评价的权利,也就是说艺术符号的公共性不能没有公民参与。公共艺术符号首先应该具有最广泛的公共性,置于公共区域中,可见、可触和可闻,以开放性艺术的方式与各个阶层的公众进行沟通和对话。任何私有的或不具有公开性的,服务于少数人精神和意志的艺术形式都不属于公共艺术符号。

1. "公共性"与"唯一性"

公共艺术符号本身负载着独特的文化意趣、美学特质和地域特征,是城市精神风貌、人文气质的体现,将所在城市历史、文化、风俗等"物化"成"有形"的,并象征着城市内在精神的文化符号。它除了具有开放性,还必须具有独一无二的艺术性,即"唯一性"。公共艺术符号面对的人群虽是流动变化的,然而艺术作品的地缘归属感,却是永远属于城市本身的。每一件艺术设计作品都将通过艺术的凝练和塑造,将象征性的内涵以艺术的形式呈现在公众面前,把艺术引入公共空间,推进和引导公众参与,促使公众长久地与其对话,形成公众、艺术符号、城市三者之间相互依存的空间记忆和归属情感。因而,公共艺术符号的"唯一性"是体现"公共性"的重要指向。

2. "公共性"的动态"传播性"

公共艺术符号的公共性内涵也绝不局限于静态的理解,虽然部分设计作品本身以静止的状态设置于空间场所中,但其不断地、广泛地在与公众进行对话交流,具有传播的流动性,体现出艺术设计符号的公共性。设置于公共开放空间中,表达公共诉求或公众认知,接纳不同阶层、不同地域的公众直接参与、自由观赏、接触、评论或传播的公共艺术设计符号,才更能体现出意义符号的公共性。公共艺术设计符号的多层次、多维度审美特质,以及符号本身的开放性、接纳性和参与性,使其能够成为城市与公众互动的桥梁。因此,公共艺术符号的传播过程,就是一个有意识地揭示公众共同观念、有着动态传播价值的、有意义的文化创造活动。

3. "公共性"的"教化性"

公共艺术符号的公共性除了上述的开放性、唯一性和流动性特征,还具有一定的教化功能。维安·洛弗尔(Vivien Lovrll)说:"一方面,公共艺术代表了一种愿望,试图以乌托邦的形态和场所强化观众对于艺术品、环境乃至世界的体验;另一方面,它又潜在地担当着现代主义的重任,试图颠覆和质疑各种固有的价值观和偏见。"[1]公共艺术符号的作用是把公共性

---

[1] 刘茵茵. 公众艺术及模式:东方与西方[M]. 上海科学技术出版社,2003.11.

这个概念物化为城市空间中的一个实体表象，引导公众参与，思考其内在精神，提升城市文化生活和精神空间，并将艺术回归于日常生活，在公众不断熟悉、审视和参与的互动过程中，影响其价值取向。

地铁公共艺术符号的形成与演变

地铁作为现代工业文明的产物，建设初期正是西方现代艺术与标准化产业设计风起之时，地铁线路长，覆盖面积广，标准化的批量生产更适合这一时代的产业需求和审美特征。随着地铁技术的发展成熟，物质生活的富足，人们对艺术的追求使地铁成为体验城市文化的聚焦点和永续议题。

事实上，地铁的发展既是一个标准化的产业空间的变化，又是一个表达城市文化个性的艺术空间的变化。此两种变化特征相互交织，共同形成了地铁交通空间艺术的发展历程。在这样一个封闭的地下人造环境中，公共艺术符号始终承担着重要的角色。

地铁空间的公共艺术符号具有显著的双重身份，既要有标准化的通用图像符号来满足功能性需求，又要有个性化的城市意象符号来弥补城市记忆缺失的负面特点。因此，地铁公共艺术符号的形成和发展就是沿着这样两条脉络，不断地并进、叠加而发展的。

国际通用公共艺术符号的形成

1. 图形视觉传达系统的形成和影响

自20世纪20年代开始，受现代主义设计运动的影响，平面设计开始探索无需文字的"世界视觉语言"方式，主要集中在利用图形语言进行视觉信息传达上，称"依索体系运动"。运动的创始人为奥地利哲学家、社会学家奥托·纽拉斯（Otto Neurath），他提出了为"社会大众创造图形方式平面设计系统"的宗旨，该宗旨在荷兰、英国不断完善和发展，其研究成果广泛应用于公共场所、交通运输、电信等各方面而使得图形识别体系引发了国际化浪潮。依索体系是"国际图形教育平面设计系统"（International System of Typographic Picture Education）的简称，是世界上建立最早的、体系完整的图形识别体系，为形成标准化的地铁通用图形符号奠定了基础。

2. 伦敦地铁标识系统的形成和影响

1908~1940年间，伦敦地铁的标识系统设计有了很大的发展，几乎欧洲所有杰出的平面设计师和艺术家都参与了这次重要的设计。1908年，伦敦地铁标志正式诞生；1916年，爱德华·琼斯顿（Edward Johnston）的无饰线"铁路体"字体诞生；1933年亨利·贝尔的现代地铁交通图诞生；迈克耐特·科夫（Macknight Koufer）为伦敦地铁设计了141张具有"后立体主义图画"的大型海报；包豪斯创始人格罗皮乌斯（Walter Gropius）参与并指导了伦敦地铁本部设计。从1908年至30年代，弗兰克·毕克（Frank Pick）担任伦敦地铁运营总监和工业设计协会会长，大力推行"公共交通视觉系统的系列化、标准化"[1]。至此，形成了世界上第一套具有完整视觉传达功能的公共交通标识体系，为世界地铁的标准化时代带来了巨大的革新。其强大的传播效应和完整的管理概念，对日后世界城市地铁公共艺术的发展起到巨大推动作用。

3. 公共交通符号体系的形成和影响

"二战"结束后，各国经济高速增长，地铁、轻轨和电车等在内的快速交通系统都有了很大的发展，在缓解城市交通矛盾的过程中，地铁起了重要作用。地铁交通运输成为人们工作、生活中不可缺少的组成部分。建立高度规范且统一的交通通用符号，成为当时设计行业的重大问题。美国是世界上最早通过政府行为从事这项工作的国家之一（图3-1）。

从1974年至1979年，美国联邦政府委托美国设计学院（the American Institute of Graphic Arts，AIG）与设计师托马斯·盖斯玛（Thomas H. Geismar）负责此项工作，罗杰·库克（Roger Cook）和唐·商诺斯基（Don Shanosky）具体执行设计工作。这是一套庞大且具有深远影响的交通符号设计体系，先后涵盖公用电话、外汇兑换、失物领取、行李存放、男女厕所、电梯、出租车、公共汽车、问讯处等50个交通通用符号，并制定了使

图3-1 美国公共交通的标志图形系统（1974年）
来源：王受之. 世界现代平面设计史设计[M]. 深圳：新世纪出版社.

---

[1] 杨冰. 地铁建筑室内设计 [M]. 北京：中国建筑工业出版社，2006.176.

用标准规范手册。这种标准化的视觉传达符号使不同国籍、不同民族和不同文化背景的人们能够快速、有效地识别交通信息。美国联邦交通部正式将其出版并在全国范围普及使用,随后各个国家开始采纳应用该体系。

美国的标准化公共交通符号体系,对国际交通视觉符号系统起到了巨大的冲击和促进作用。

4. 日内瓦国际标准化组织机构的形成和影响

1947年2月23日,日内瓦国际标准化组织机构ISO(International Organization for Standardization Geneva)正式成立。20世纪80年代,ISO向全世界征集"紧急出口"的导向符号设计,世界各国积极响应参与,最终获胜方为日本(图3-2)。此外,ISO对于"残疾人"的导向设计也为全世界作出了明确的规范。1981年,ISO成立"残疾人"导向符号专门委员会,正式确立"轮椅造型"为残疾人专用导向符号(图3-3)。标准化组织ISO的成立,标志着全世界范围内有了统一的公共交通符号专业机构。世界交通符号设计开始趋于统一,并走上了国际化道路,最终促成了国际标准化行为。在部分发达国家的带动下,交通符号系统走向了国际统一的、标准化时代。

图3-2 紧急出口标志图形
来源:http://baike.sogou.com/v8061990.htm?fromTitle=紧急出口

图3-3 轮椅造型标志图形
来源:http://www.nipic.com/how/3/81/5248210k00a6b8fd.html

公共交通艺术符号是以经济发展、社会需要、社会文明程度为基础而不断变化发展的。进入21世纪以来,伴随经济全球化冲击以及城市立体交通网络环境的不断演进,讲究标准化的"功能主义"为社会文明建设创造了众多的奇迹,但也导致了城市个性和精神的缺失。随着地铁相关技术的成熟发展,许多发达国家对地铁公共艺术符号有了更高的重视和要求。要求在公共艺术符号设计中融入城市人文精神,使符号的视觉传达由"形式追随功能"上升为"形式表达功能"多元融合变化的局面。在国际标准规范设计前提下,地铁公共艺术符号融合地方城市的地域文化特征,已成为时代发展的迫切需求。

人文景观公共艺术符号的演进

自1863年伦敦地铁开通以来,城市轨道交通已经发展了150余年。地铁除了在城市交通体系中发挥重要作用之外,也因其昂贵的造价、复杂的技术体系、庞大的人流和广阔的覆盖面积,成为城市文化艺术有力的宣传阵地和交流场所。各个国家、地区的地铁公共艺术符号都有着各自的文化特性,城市文化意象融入地铁空间环境设计中,其形式之多变、种类之多样,使得整个世界范围内的地铁人文景观公共艺术呈现出多元化发展态势。

地铁公共艺术设计是随着地铁的建设而发展的。纵观世界地铁发展史的三个阶段,地铁的每一次角色转变都见证了城市生活观念上的革新。第一阶段(19世纪下半叶至20世纪上半叶),地铁是城市骄傲的象征,地铁车站由著名建筑师设计完成,是先进文化艺术的代表。第二个阶段(20世纪中期),地铁被视为交通工具,已不再是新奇的事物。地铁和地铁车站设计由工程师们统摄,按照钢筋混凝土建成的标准设计。第三阶段(20世纪下半叶至今),地铁在人们心目中发生了质的变化,不仅仅是作为交通工具,而是在知识经济时代下,有丰富旅行体验和内涵城市文化以及历史底蕴的象征性环境。文化艺术使地铁摆脱了单一的交通工具的形象,地铁的功能化符号开始转向文化符号功能。地铁角色的转变折射出了人们对地铁空间文化艺术需求的不断加深(表3-1)。

地铁空间人文语境特征的变化分析　　　　　表3-1

地铁建设阶段	地铁网络要求	空间意象特征	地铁网路意象	地铁角色变化
建设初期	车站	点	车站空间意象	满足功能的需求
	线路	线	线路及车站意象	满足生活舒适、便捷需求
建设成熟期	网络	面	网络线路总意象	满足文化艺术需求

从上表地铁人文语境的变化分析中可以看出:在建设初期,地铁线路体现出来的空间意象特征只是点和线的关系,地铁意象表现为以车站"点空间"所形成的线路意象,这时的地铁主要是为满足功能需要和生活舒适、便捷的需求;在建设成熟期,地铁空间意象扩展成"面"或"域",形成网络型线路,在满足功能需求的基础上,还能够满足文化艺术需求。

地铁既是城市经济实力的象征,也是城市文明符号的象征。地铁的建造和发展以城市为单位,凡是经济发达、人口数量、城市规模达到一定程度的城市均希望修建地铁,因为地铁建设不仅可以拉动城市经济，也能够成为承载城市形象生动写照的传播媒介。

每个城市都有着独特的地域文化特征，塑造地铁空间人文景观艺术就成了当今时代艺术家、设计师以及社会群体共同面对的热议问题。

1. 国外地铁人文景观公共艺术符号的形成和发展

随着地铁的建设发展，越来越多具有地域文化特征和时代烙印的公共艺术设计介入地铁空间当中。在现代设计风潮的不断影响下，地铁空间呈现出鲜明的时代特征。地铁公共艺术设计的发展大致可分为三个阶段：萌芽期、发展期和成熟期。每个阶段所创作出的具有时代意义的经典作品，记录了世界范围内地铁公共艺术设计的发展轨迹。

第一阶段，萌芽期。从1863年到1923年，伴随地铁的诞生，地铁公共艺术设计也随之出现。自世界第一条地铁1863年在英国伦敦建成通车之后，美国纽约、芝加哥、波士顿和费城，匈牙利布达佩斯，英国格拉斯哥，奥地利维也纳，法国巴黎，德国柏林、汉堡，阿根廷布宜诺斯艾利斯，西班牙马德里相继建成地铁，城市交通开始进入轨道交通时代。这个时期，地铁公共艺术设计受"新艺术运动"的影响，在艺术史、建筑史和设计史上留下了诸多经典作品。例如，法国巴黎吉马尔设计的"新艺术风格"地铁车站、地铁字体、伦敦地铁招贴海报等，成为特定时代的代表性艺术符号，奠定了地铁公共艺术风格的基础，也启迪着地铁公共艺术设计未来的发展方向。

第二阶段，发展期。从1924年到1949年，地铁公共艺术设计进入发展期。受第二次世界大战和汽车工业发展的影响，地铁建设速度放缓，这个阶段只有西班牙巴塞罗那、希腊雅典、日本东京和大阪，以及莫斯科的地铁相继建成通车。20世纪初正是现代主义设计风格产生的时间，在世界地铁建设几乎处于停滞状态的格局下，莫斯科地铁独树一帜，它以"权力美学"的方式，将地铁车站建成了艺术的殿堂，成为世界上规模最大的地铁系统之一。与此同时，在世界范围内，少数西方发达国家不断为世界统一的标准规范性方面作出了巨大探索，并取得重大成果。例如，伦敦地铁的"铁路体"字体和"格子状"交通地图，维也纳创建的国际图形语言，这些成就奠定了地铁公共艺术图像符号的设计基础，广泛影响着世界地铁标准化发展道路，同时也成为各自城市文化的象征符号。

第三阶段，成熟期。从1950年至今，地铁公共艺术设计的发展进入成熟期。世界各国城市化进程加速，人口密度日益集中，高速发展地铁以解决城市交通压力的问题愈加强烈。这个阶段所出现的各种新技术和新材料，也为地铁建设提供了更多可探索的机会，越来越多的城市开始修建地铁，地铁从欧美扩展到亚洲，逐渐遍及世界各大城市。地铁公共艺术设计在这个阶段蓬勃发展，设计风格从"现代主义"进入"后现代主义"。最为典型的作品是日本地铁饭田桥站和德国法兰克福的波肯海曼·瓦特站（Bockenheimer Warte）的入口建筑设计。无论是新技术的介入，还是艺术语言的变化，这一阶段的地铁公共艺术均呈现出丰富多彩的面貌。其主要特点就是体现城市个性和文化内涵，追求艺术形式与现代技术结合，多样化的艺术形式和多元化的艺术语言成就了很多经典作品，在世界地铁建设史上留下了深刻的印记。

进入21世纪，随着科技和文化的进步，新的设计思想和设计形式不断涌现，新技术和新材料的出现为实现新设计提供了更大的可能，也增加了更为广泛的探索空间。地铁在修建和发展的过程中，城市赋予它的内涵也日益丰富，地铁公共空间成为设计师、艺术家创作和实验的先锋阵地。新世纪的地铁公共艺术设计开始尝试艺术的互动性、体验性和话题性，新媒体和交互设计成为地铁公共艺术新的探索形式。例如柏林的地铁电影，采用动态的、交流的艺术形式直接与公众沟通，达到了良好的文化传播效果。信息时代下公众参与社会的关系也变得更直接、更紧密、更持久，也更加广泛，这无疑让公共艺术发挥出了更大的社会效益。

纵览世界城市地铁公共艺术设计的发展路径，多数国家、城市甚至线路和站点的设计都有着符合各自城市特征的设计风格。地铁公共艺术符号把城市文化从地上蔓延到地下，让地铁空间成为城市文脉的展示平台，使交通空间有了新的活力，为乘客带来轻松愉悦的心情，在体验艺术感染力的同时，也感受到了城市的人文关怀。各个城市在使用标准化公共艺术符号的同时，根据各自的需求建设属于自己的城市地铁个性空间，让地铁公共艺术设计的"地域性"特征得到了充分的发挥，也在世界地铁艺术发展史中，谱写了一个个鲜活的城市地下艺术空间。

2. 国内地铁人文景观艺术符号的形成和发展

在地铁百余年的发展历程中，每个国家、地区和城市的地铁建设都有着各自的实践经验和发展路径。与世界地铁相比，我国地铁建设只有50余年的历史，但公共艺术设计从地铁建设初期就开始介入了，并随着地铁建设的发展，在形式和内容上不断地进行多种多样的尝试和探索，逐渐形成了具有自己特点的发展路径，集中表现出两个特征：一是通过室内装修设计，完善和美化车站空间环境，以"打造城市名片"为目的来塑造地铁文化形象；二是通过主题式的壁画艺术作品来营造地铁文化氛围。

20世纪80年代初，北京首都国际机场创作完成《生命的赞歌——泼水节》《科学的春天》《哪吒闹海》等9幅大型壁画，为我国城市交通系统公共艺术的发展奠定了基础，也为地铁壁画公共艺术的创作和设置带来了新的思路。在此，以我国典型城市地铁壁画公共艺术的发展变化为脉络，扼要归纳我国地铁壁画艺术的发展历程，大致可分为以下几个阶段：

第一个阶段，探索期（20世纪50年代初至80年代末）。此时，地铁公共艺术设计以壁画艺术符号为开端，紧随地铁的建设进程。北京地铁从1953年开始筹建，到1969年10月北京地铁2号线建成，其公共艺术主要以壁画形式，设置于站台空间中。其中有三个站点共设置了六幅壁画，分别是东四十条站《华夏雄风》《走向世界》，西直门地铁站《大江东去》《燕山长城图》，建国门站《四大发明》《中国天文史》（图3-4）。壁画内容反映了当时的时代需求和大中华民族文化特色。这一时期的地铁壁画艺术已经意识到与建筑环境融合的重要性。以《中国天文史》为例，建国门地区有着我国著名的古天文观测台，因而该壁画既描述了中国天文史，又表达了建国门的地域特征。这批壁画大都采用陶板高温釉工艺技术完成，相比那个时代壁画的材料和技术手段，其在工艺技术方面已经有了明显的突破。

第二个阶段，成长期（20世纪90年代初至2000年初）。地铁公共艺术设计仍然以壁画为主，但主题和材料已经趋于丰富，创作方法也开始由宽泛的主题性创作，发展到根据具体站点特征来进行针对性的主题创作。上海地铁1990年始建，车站装饰布置较有特色，多数以地域文化或者历史特色为主题，设置于站厅层（图3-5）。90年代的地铁公共艺术作品开始采用多种多样的材料语言，运用多样性材料的表现手法，使作品显得更为丰富。比如搪瓷壁画、面砖、玻璃灯光、不锈钢浮雕、大理石花岗岩浮雕以及部分环保材料等。上海地铁的壁画装饰主题选择与站点地上文化相对应的方式，为后来城市地铁公共艺术的发展提供了可借鉴经验。

图3-4 北京地铁2号线壁画艺术景观《四大发明》《中国天文史》（1984年）
来源：杨冰.地铁建筑室内设计[M].北京：中国建筑工业出版社，2016.8.

图3-5 上海地铁壁画艺术景观（人民广场站）

第三个阶段，高速发展期（21世纪上半叶至今）。伴随城市化进程的加速和经济崛起，我国地铁建设全面进入高速发展期。地铁公共艺术设计的发展也从单一的壁画转向空间环境装饰、雕塑小品、互动装置、新媒体艺术、文化活动等多种形式并存的发展态势。此时，广州、深圳、沈阳、南京、重庆、青岛、西安等城市均开始建设地铁，其他许多城市的地铁项目也得到了国务院的批复。这一时期的地铁发展异常迅速，有些城市已经形成地铁交通网络，有效缓解了城市交通的压力。此阶段创作了一批具有新时期特点的艺术作品。以南京地铁为例，主要有以下三个突破性特点：首先，南京地铁1号线公共艺术在创作时确定了"演绎传统、现代表达"的整体线路创作定位和指导思想；其次，传统的壁画、雕塑已成为地铁车站空间的有机组成部分，与空间环境、站内装饰相结合（图3-6）；最后，在全国范围内首次引入专业功能性音乐，包括上下班音乐、报站提示音乐，使乘客放松心情，愉悦出行。

另外，值得一提的是近十年以来，地铁公共艺术符号逐步从孤立的艺术品到结合空间环境、时间维度、乘客心理等方面的融合变化，形成注重整体性营造空间意象的手法，以及关注心理互动的体验性方式。随着时代的进步和科技发展，基于新媒体技术的普及应用，地铁公共艺术符号在数字媒体艺术方面的创新设计也开始崭露头角。从空间互动、媒体互联等方面将"艺术—人—空间"有机联系起来，为未来地铁空间艺术带来了无限发挥的可能（图3-7）。

总的来说，21世纪以来我国城市地铁公共艺术呈现出一派繁荣景象。一方面依据国际和国家标准化的规范设计原则，另一方面尽可能地探索与地域文化结合的可能性。例如，西安地铁在地铁线路环境导向标识设计中，既遵循国家规范，又恰当地结合了站点地域文化特征，创

图3-6 南京地铁壁画艺术景观（2010年）

图3-7 上海地铁1、12、13号线换乘车站新媒体艺术景观（汉中站：地下蝴蝶魔法森林）

作出一批具有整体线路特色且关注历史文脉的站名符号，达到了地上与地下有机缝合的时空对接，增强了公众的归属感和亲切感，形成了西安地铁特有的文化景观模式。

地铁公共艺术的蓬勃发展离不开制度建设。北京早在2009年就发布了《北京市地方标准——公共交通客运标志第2部分：轨道交通》，"DB11/T 657的本部分规定了北京市城市轨道交通系统中公共标志的类型、图形符号、文字、数字、形状、颜色、规格、版面，以及在标志设置、组合应用中的原则"[1]。该标准对通用性公共艺术符号的标准化、规范化有着重要意义，对其他地方公共艺术符号的标准化建设也有可借鉴的价值。近期上海也出台了相关公共文化建设制度，如《上海地铁公共文化建设（2013—2015年）三年行动计划》。根据该计划，上海地铁计划在原有的52个车站60幅大型浮雕壁画的基础上，在新建的18个车站布置各类大型浮雕壁画，预留公益宣传长廊，并在相应站点开设"上海地铁音乐角"和"体育文化角"，一部分车站的站厅、站台、出入口通道将布置文化展示长廊，初步形成共计43座车站、近3000平方米的地铁公共文化展示新平台。从这些制度中可以看出未来地铁公共艺术蓬勃发展的前景，也让人们看到了制度保障对公共艺术的促进作用。

总之，从20世纪60年代国内最早的线路（北京地铁）建成发展至今，我国地铁建造硬件技术已趋于成熟。伴随着地铁建设的脚步，地铁公共艺术符号的设计高潮期也随之而来。然而，与世界上经典车站相比，我国地铁在利用公共艺术营造整体空间艺术的建设方面，还需要再上新台阶，还有着更多的可关注、可改进与可探索的领域。其中，公共艺术设计都将始终扮演着重要的角色。

地铁公共艺术符号的性能分析

基本含义

地铁公共艺术符号是指在地铁空间环境中，能够明确表示内容、性质、方向、原则及城市文脉等功能指向，并由文字、图形、记号、雕塑、壁画、艺术展演活动、多媒体艺术、数字媒体艺术、装置艺术、地景艺术等符号形态构成的视觉图像艺术与景观艺术。它是系统的、持续的，利用各种元素和方法传达空间信息，辅助人们在空间中移动——从此地到达彼地，又把环境功能与形象工程融为一体，重在解决环境景观质量问题以及反映场所情感和人文精神取向问题，为公众提供物质与精神所需的、贴切的服务系统设计。

地铁公共艺术符号有着双重含义，可从两个角度进行理解：一是指空间导向图像符号的指向，二是空间文化景观符号的指向。显而易见，地铁公共艺术符号的含义关系到信息的视觉传达效果和人文意象的空间环境氛围，这两重含义彼此有交叉，又相互独立。地铁公共艺术符号是没有特定的形式限定的，可以是色彩、文字、图案、雕塑、壁画、装饰品，也可以是建筑地

---

[1] 《北京市地方标准——公共交通客运标志第2部分：轨道交通》DB11/T 657.2—2009.1

标、人文景观等。

基本属性

随着城市的发展，地铁成为经济发达城市的象征，并由功能符号状态转化为城市文明、现代生活方式的文化符号。地铁公共艺术作为地铁不可分割的组成部分，使地铁空间摆脱了单一的交通工具的形象，既体现出艺术价值，也使它成为地铁空间中展示城市文化和地域特征的象征符号。地铁公共艺术符号改变了地下出行的负面影响和单调的城市化旅程。这里以归纳的方式，对其基本性能予以扼要表述：

第一，时空衔接性。"地下空间地上化，室内环境室外化"是地铁空间重要的艺术营造手法。地下空间因为不能如地上空间一样以建筑为参照物，所以无法判断空间方位，也无法利用自然光来判断时间，导致构造单一的地铁空间难以识别和记忆。因此，具有标准化和个性化双重身份的公共艺术符号就如同具有地标功能的地上建筑物一样，成为判断空间方位的参照物和依据。地铁公共艺术在地下空间创造了空间认知地图式的信息符号，将站台、通道、站厅、轨道空间等多个空间串联起来形成了整体的通行空间，也将封闭隔离的地铁车站空间与城市人文联结起来。因而，它连接了地下空间与地上城市的时空感，使城市空间和地铁空间统一起来形成一个有机的整体。

第二，导向功能性。作为城市地下交通走廊，地铁空间人群密集且高速流动的属性，城市里的人每天穿梭于"家庭—地铁—职场"这三点一线中，容易造成城市失忆的负面影响。密闭的地铁内部空间让乘客在快速通行中没有其他视觉体验，人与人、人与空间的关系都是陌生和疏离的。所以，单调抽象的地铁空间视觉容易让人产生逃离之感，没有特点的人文场所概念就不能给乘客任何空间记忆。公共导向符号可以让乘客在地铁里了解地上城市信息，将城市空间信息有组织地联结起来，为乘客提供心理和生理上的安全感。

第三，地域文化的象征性。地域文化是营造地铁人文景观环境的重要来源之一。纵观世界各国的地铁空间环境，都是利用公共艺术符号来表达城市所独有的文化魅力。地面城市景观经历了时间的洗礼，人们多年来形成了城市记忆和参照物，而地下空间却完全没有。地铁公共艺术符号担负着构建地下空间的重要节点和标志的任务，其文化内涵和象征意义的表达也是极为重要和必要的。

第四，公众的参与性。假如仅仅把地铁空间视为通行空间，那么地铁就会成为城市中单纯的交通工具和无意义的地下通道。如果公众没有参与地铁公共艺术环境中，审美也就无从谈起，这与现代城市文化建设的诉求相背离。所以，只有结合城市空间环境，发挥艺术语言的感染力和教化力，才能唤醒公众对城市文明的认知，激发公众参与城市文化建设的热情。同样，公众与艺术符号之间的互动体现出了公众权利和审美需求。城市文化属于生活在这个城市中的每一个人，公众的共同参与创造了城市文化，地铁公共艺术设计只有在与公众不断的互动过程中，才能真正达到"人—文化—艺术—空间"共融的效果。

基本特征

第一，"领会了"的站域环境信息。首先，地铁公共艺术符号不是简单的物质形态的存在，而是包含着更多的能够显示站域空间"指引"关系的存在，是存在于地下的城市道路"指引"媒介，这是其特有的本质体现。其次，地铁公共符号是一种特殊的地下空间环境信息。如国际通用的标准化公共图形符号就为人们提供了一个空间导向信息，辅助人们理解空间、认知空间和使用空间。最后，必须是一种"领会了"站域空间布局的环境信息用具。地铁公共艺术符号作为一种解释空间信息的媒介，其最基本条件是设计者对站域空间环境因素的熟知、理解及领悟，同时也能够被使用者理解和领会。因此，可以称为"领会了"的站域环境信息。

第二，预先给定的"定向"图像符号。人类获取客观世界信息的主要方式是通过视觉感官，即通过"看"而获得。然而，客观世界的信息庞大且复杂。地铁公共艺术符号属于人为干预的后加信息，它在空间环境上的出现，是通过"看"而获得。人们通过"看"，甚至是连接着的"看"，并追随公共艺术符号不断显现，将站域周围复杂环境信息进行概观审视和信息排查处理，从而获得心里早已期待的那个需求决策。人们正是利用公共艺术符号"可看"的属性，来获取个人与站域周围环境中的"定向"。这个"可看"的图像信息就是人们认知站域空间时，所要把握的参照物。所谓"预先给定"，是指设计者对复杂图像这一信息的简化处理，表达了人为的创造能力。因而，作为地铁公共艺术符号是"可触目"的、具有一种"指向标"作用的、预先给定的"定向"图像符号。当然，不可排除其他听觉或触觉的信息符号。

第三，显示站域"地缘"状态的象征符号。海德格尔说："标识是一种用具，这种用具把某种用具整体明确地收入寻视，从而上手事物的合世界性便随之呈报出来了。"[1]当然，首先要肯定公共艺术符号是一种广义上的标识物，在此前提下，作为环境信息的公共艺术符号所显示的"指引"关系自然会明朗化。地铁公共艺术符号特别要体现出"为了做什么"和"做了什

---

[1] 海德格尔.存在与时间[M].上海：生活·读书·新知三联书店，2006.93.

么"的效用问题。海德格尔还特别指出标志是"有效用的显示"[1]。无论是"效用"还是前面所提的"上手",事实上都是在强调"适合性"这一问题。笔者认为"适合性"有两种含义:首先,是指公共艺术符号具有指示作用,它是强调符号所存在的"因……地儿……而缘"的适合性,体现了公共艺术符号的"指引"是"为何有用"之目的。其次,是指公共艺术符号具有象征性意义,要强调出"地缘"状态的"适合性"的重要。"地缘"一词包含着对"地方"的认同和归属,显示"地缘"状态的有效用的象征符号,更加给人一种亲切感和体验感,它同时也起到定向和指引效用。最后,站域"地缘"如何显示,是评价地铁空间环境是否产生了象征效用的重要指标。如瑞典斯德哥尔摩的地铁车站"体验自然"的景观设计,表达着瑞典人热爱大自然这一"地缘"的适合性。

因此,地铁公共艺术符号作为站域空间组成重要环境信息,不仅承载着地铁与城市空间、与人交流与沟通的信息传递作用,同时也是表达和传播城市文脉的意义符号。能够显示站域城市空间"地缘"状态的、有效用的"地域性"象征信息,是地铁公共艺术符号的重要本质和特征。

地铁公共艺术符号的意指功能

地铁公共艺术符号是"图解"地铁空间规划意义的符号。图解(graphic solution),是指尽可能多地用图形来分析演算。具体而言,是以"图"或其他"看得见"的表现方法对问题所作出的说明和阐释。"图解"二字的含义,首先要有分析问题的"过程",其次强调以视觉图像的形式进一步解释问题,或是呈现出如何解决问题的方法。地铁空间公共艺术符号的功能就是"以图化解"空间总体概观和环境认知,从而为使用者营造出便捷、舒适和有意味的站域城市意象空间。

因而,地铁公共艺术符号有两种"图解"的意指功能:一是"图解"车站空间规划的"初始功能";二是"图解"站域空间城市意象的"二次功能"。

"图解"空间规划的"初始功能"

符号之所以能够引起行为反应,是因为它是一个有意义的符号,是"言由心声"的意义符

---

[1] 海德格尔.存在与时间[M].上海:生活·读书·新知三联书店,2006.92.

号。这个有意义的符号之"意义"从何而来？指向何谓？意义虽是精神活动的现象，但其研究和思考的对象却来自客观的存在物——地铁站域空间。因而，地铁公共艺术符号的意义必然在于车站空间客观的功能指向和主观的意向对象之间的关联作用。

意义既不完全是物质的"产品"，也不完全是纯粹的精神"产品"，意义的本质在于物质活动和精神活动的统一。现代心理学研究成果表明，人类精神活动是其物质客观实践活动基础上的内化和表现。人类在生存实践中，以创造性活动的精神媒介物和思想为指导，进而保持与外界环境信息的平衡和把握。正如工具的制造和使用是人类诞生的标志，人在制造工具的过程中逐渐建立起自己的意义模型，以此来把握和平衡与外界环境的关系。只有以此为根本，才能真正理解"人与工具"的原初意义。"原初意义是一种高级的适应性活动，是人类维持自身与外部环境平衡的直接性或间接性工具。"[1]

地铁这种"地下街道走廊"的城市道路交通工具，不正是人类以生存为目的的直接性或间接性产物吗？地铁这一交通工具，就是因应人与外部交通环境间的关系而诞生的，其原初意义正体现于此。同样，地铁公共艺术符号也是为了平衡人与站域空间的关系而产生的一类图像符号，或是为了解释站域空间规划和各种交通组织关系而产生的一种环境信息。因而，解析空间布局、分析人的行为需求，理解车站空间的最初意义和初始功能是实现环境信息的第一环节。这里需要对"初始功能"的含义作出以下几点解释。

1. "干预"后的图像信息

地铁公共艺术符号的初始功能在于坚持以客观性原则为基础，以空间规划的原初意义作为符号信息语言的第一个外部来源和因素，行为信息是引发环境交流并起决定性作用的第一构成因素。国外学者Weisman将信息划分为"原生"和"后生"信息两种。"原生信息"是指空间规划，即安排好的楼梯、卫生间、出入口等设施；"后生"信息是指附加建（构）筑物设备的各种标识符号和人文景观符号。当然，在复杂的地下空间中，仅仅只有客观存在的"原生"环境信息，是不足以为人们理解和使用的。地铁公共艺术符号作为重要的环境信息，其作用就在于补充和强化空间认知，强调"感知—思维—再生信息"这一递进式的"内化"过程。其意义更多在于从客观到主观"人工调谐"的转化，是主观干预后的图像信息（图3-8）。

2. 环境导向的认知地图

公共艺术符号受客观环境要素的制约和影响，若它存在于现实站域空间中，必然与车站空

---

[1] 苟志效.意义与符号[M].广州：广东人民出版社，1999.50.

图3-8 地铁车站空间图像信息转化分析示意

间的各种位置、特征、大小、组织及空间的循环系统等这些本质属性产生联系。空间规划所确定的入口方位、电梯方位、购票方位等客观的环境信息,规定了未来使用者的行为导向问题,同时也影响使用者建立车站和站域空间的认知关系。理解车站及站域空间的结构和布局,既可以提高和解决环境导向问题,也可以辅助使用者作出行为选择和执行决策。

3. 简化了的意义符号

设计者首先必须分析空间规划,再将之转化为"可看"的艺术符号,使之成为有"意义"的信息符号。这正是平衡和保证使用者与外部环境对象相互协调的一种精神活动,是将复杂环境信息进行创造性转换的过程。需要对已有空间规划的原生信息(如空间结构和平面布局等)能动地建构意义模型,对站域客观环境信息进行适度的抽象化和简化处理,其中包含着对环境信息的选择、判断和归纳等一系列再加工过程。

因此,以图解析空间布局、分析人的行为需求和行为信息是第一客观限定因素。它是地铁公共艺术符号产生的最初意义和初始功能,是行为的、心理的、分析的、内隐的和抽象的。地铁公共艺术符号的"初始功能"就是对站域空间规划这一原初意义的内化和衍生,是各种图形、字体、色彩、形状、地图等外化为视觉符号的基本导源。

"图解"城市文化的二次功能

地铁不仅是城市交通系统中的功能符号，同时也是"城市文化"的一个表征符号。正如符号学家艾柯所说："只有功能符号的存在，文化才存在下去。"[1]那么，地铁公共艺术作为功能符号，它既是"图解"站域空间规划的信息符号，也是承载传播城市文化的象征符号，更是缝合和沟通地下车站与地上站域空间的天然纽带和桥梁。因而，地铁公共艺术符号内涵城市空间精神的象征意义，则成为公共艺术符号二次功能的体现（图3-9）。

1. 以"图"创造"地点感"

地铁公共艺术的二次功能是以"图"或其他"看得见"的表现形式，去创造"地缘感"（Sense of Place），为使用者辨别地点和方向指引作参考。美国著名建筑师乔瑟夫·吉欧梵尼尼（Joseph Giovannini）有一段名言："纽约市有两种心灵地图，一在地上，一在地下。第一种强调区隔，第二种则以连接的方式展现城市。传统的地图以河流将不同的市区割裂，地下铁路线图则将分区缝合，让城市合二为一。"[2]诚然，地铁线路地图这一图像符号将城市空间整体概观纳入使用者的视野，让乘客形成了城市空间的认知，然而，还有大量文字、图形、标志、色彩、景观艺术这些站域城市文化意象的个性化主题符号，它们不只是一个单纯的"图"和"景"，也是一种显示"站域""地缘"和"场所"状态的象征符号。

文化的重要决定因素就是场所精神。舒尔茨以"场所"概念取代"空间"概念，是因为场所"具有一种特性或气氛"[3]。场所不是抽象的区位，更多的是暗含着具体的本质、形态、质

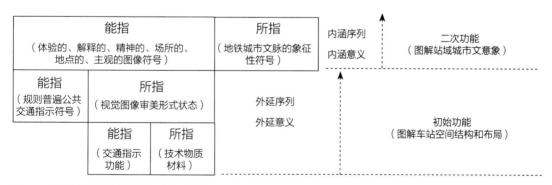

图3-9 象征性符号的车站空间意象分析

---

[1] [意]乌猛勃托·艾柯. 符号学理论[M]. 卢德平译. 北京：中国人民大学出版社，1990.28.
[2] 杨子葆. 艺术进站[M]. 台北："行政院文化建设委员会"，1994.06.
[3] 诺伯舒慈. 场所精神[M]. 武汉：华中科技大学出版社，2010.7.

感及颜色等物象所组成的综合性气氛。在地铁特殊的空间条件下，公共艺术符号以特殊的环境信息载体承担着重要的使命和义务，那就是以站域城市意象来补充和象征"地下"与"地上"的"定性"关系，使地铁车站具有地上场所那样丰富的特质，让人为化的环境表达出"在家里般的畅快"[1]的归属感，成为真正的"大众地铁"和公众"乐于"参与的活动场所。

例如，日本福冈地铁的"箱崎线"和"七隈线"的站名符号设计，就有着独特"地点感"，并以站域地理位置和场所特征所形成的"城市文化走廊"意象符号，指明了车站"定位"的信息，还暗示了车站本身与站域城市空间的对位关系，体现了人们在"意"的统领下，主观有意识地将站名信息转化为车站象征性的意义符号。其意指作用和价值，扩大了地铁公共艺术符号一般的外延功能，以"表意之象"成就了内涵城市精神的象征符号（图3-10）。

2. 以"景"创造"方向感"和"认同感"

地铁公共艺术符号的另一个精神内涵则是以"景"创造"方向感"（orientation）和"认同感"（identification）。使用者想要获得一个存在的立足点，必须要有辨别方向的能力。在复杂的地下空间中，使用者不仅需要了解自己身置何处，而且还必须知道自己和所在场所是怎样的关系，需要在环境中得到自我认同的满足。舒尔茨曾用"定居"一词来阐明方向感和认同感的精神内涵，并借用"空间"和"特性"词义上的区分来进一步解释二者的内涵："当人定居下来，一方面他置身于空间中，同时也暴露于某种环境特性中。这两种相关的精神可称为方向感和认同感。"[2]

舒尔茨所讲的"方向感"和"认同感"，不仅阐释了人与场所的关系，也揭示了一个好的"景象"更能够满足使用者在环境中的认同感。公共艺术符号作为特殊的环境信息，同时也承担着"创造"环境意象的责任（图3-11），正如林奇所说："一个好的环境意象能使它的拥有者在心理上有安全感"。事实上，无论是设计者、使用者还是观光者，都会共同努力为自己的城市寻找令人印象深刻的记忆符号，借用这些有记忆的符号作为自我城市意象的精神象征，并使之深深融入日常生活中，让这个亲切的环境印象铭刻在脑海里，成为日后追寻的一种永续记忆。

概言之，地铁公共艺术符号的精神内涵重在"四感"，即"地点感""场所感""方向感"和"认同感"。至此，这"四感"就成为"图解"站域城市空间精神二次意指功能的具体表现。依照符号学的观点，只有初始功能与二次功能相结合，才能成为真正意义上的城市象征符号。

---

[1] 诺伯舒慈. 场所精神[M]. 武汉：华中科技大学出版社，2010.48.
[2] 诺伯舒慈. 场所精神[M]. 武汉：华中科技大学出版社，2010.18.

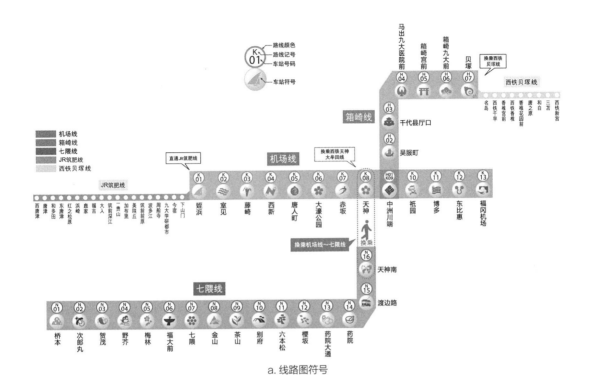

a. 线路图符号

b. 站名符号

图3-10 日本福冈地铁箱崎线和七隈线的象征符号
来源：http://subway.city.fukuoka.lg.jp/cha/route/index.html

图3-11 日本东京地铁车站的壁画艺术景观

地铁公共艺术符号的语义层级

在文化沟通方面，无论语言符号还是非语言符号都蕴涵着约定俗成的意义。这些被约定的意义，体现出人的意识的特有功能，就是人类可以将感觉世界"符号"化，能够主动地将感觉世界提高到秩序的、规律的层次，这不仅体现出人适应感觉世界的能力，也体现出能够"干预"感觉世界使之适应自己的能力。

地铁这个"符号"化的空间，就是一个"形式与意义"对应生成的过程，其符号的产生、制作和完成过程包含着"由内而外"再"由外而内"，即由"意入象"再到"象达意"的主观"干预"过程。

第一层语义"意入象"

1."内化"站域空间指涉物的信息语"言"

地铁公共艺术符号，这个人为的"后加"环境信息，不同于客观"原型"信息，有着自己相对独立的语言体系，即一种具有独特语言体系的意义符号系统。因为人们总是能动地去创造和改造自己的环境，有意识地去创造一些新的符合时代需求的语言符号，为人们提供更加"贴近"生活的环境场所。它的产生是一个因"意"而生"言"，再到由"言"呈"象"的文化创造过程。

首先，地铁公共艺术符号作为一种表达交通功能的"再生"环境信息，其产生过程是一个分析、理解和认知环境的过程，是将客体"原型"进行"内化"的过程，是一个组织信息、建构信息体系的过程。有意义的文化符号之所以能够产生预期的行为反应，是因为它不完全等同于客体"原型"。地铁公共艺术符号这个"指物、表事、达意"的特殊环境信息，就是设计师、艺术家、工程师、社会公众在政府支持和相互协作下，经过选择、处理、加工、评价等一系列的复杂过程之后创造的文化符号。这个"干预"过程既要探求本质细节，又要去其繁杂，是高度简化的精神提升过程，是一个感性思维与理性思维相互统一的再创造过程。

如"地铁线网图"这一指示性符号设计，它对应的设计对象就是地面复杂的城市道路信息和区域信息，若将这些道路信息视为原生信息或原型空间，毋庸置疑是一个极为复杂的环境。试想一下，道路的转折、坡度以及每站之间的间距、宽度等状态都绝不相同，如同条理混乱的文章一般，是一种"散碎的、局部的、凌乱的"文字信息，无法让人阅读和识别，难以形成空间概观和认知。然而，当设计师通过一定抽象性、概括性和艺术性的处理加工后，一个清晰的线路图就会呈现给使用者，无论是目的地选择还是换乘选择，抑或是线路选择，识别和阅读都将极为方便。

因此，地铁公共艺术符号的信息语言与"原型"信息极为不同，这种"加工"后的信息，即"再生信息"是经过人的感知器官和思维器官加工后的新信息，这一过程可谓信息的"内化"过程。尽管如此，这个"内化"过程，仍然是相对确定的，因为这个过程是"心理的""行为的""具体的""归纳的"，也是"抽象的"。正如古代哲人王弼视"言"为工具性存在一般，"言"是达"意"的一种特殊之"象"。

其次，信息的意义在于探求如何为出行者提供最贴切的服务，如何让出行者获得符号基本应具有的各种信息语言，并利用这些"有效用的'定向'和'有地缘'状态的'指引'用具"

完成出行任务。这就是信息存在的目的，信息的内化意义体现在以符号存在的目的为根本。符号信息语言的生成过程是一个对外部空间环境充分理解的"内化了"的环境行为和心理认知过程，是在主观意识的支配下，从"外到内"的渐进过程。"外"即客体既有的原型外部信息，"内"是对"原型"信息的"内化"。

然而，这些单一的信息需要一定的形式组织和编排，显现为可读的、有"句法"的实体符号，才能够被视觉感知到。也就是说，只有表现为规范化的审美形象，即转化为符号自身实体"象"的表达，方可具备信息传递的基本条件并打通渠道。这是因为视觉是人类第一重要的感知器官。

因此，艺术符号的信息语言是"内化"了的成像过程，信息的内化是产生符号意指的决定性因素。但是必须指出，符号实体形象本身存在着赋意的内涵表达。只有如此，才可能成为真正"可看"和"可用"的意义符号。因为艺术符号的信息语言一方面"著"符号实体之"象"，同时也"著"精神之"象"（"著"是"显"的意思）。

2. "外化"站域空间视觉特性的图"象"符号

地铁公共艺术符号作为环境交流的一种"后加"的特殊"用具"——符号，指物、表事、达意是其本质特性。"达意"中的"意"是符号功能性的集中体现。"意"使环境符号形成"定向""指引""地儿"归属感和认同感，它们是高级信息活动的必然产物。在"意"的支配下，一方面得到了符号的信息语言，另一方面给出了符号视觉形象一定的指向。因为"意"生"言"的同时，也产生了外化"象"，内化了的"言"和外化了的"象"只是一种手段和方式，它们共同为符号"达意"目的服务。

在"意"的统摄下，获得了符号的形"象"，"象"与"意"融会贯通，成为一个整体，通过"立象以尽意"的方式使得视觉的实在形象得以顺利传达、体悟和传播，即形成了符号语义的第二层面关系（图3-12）。

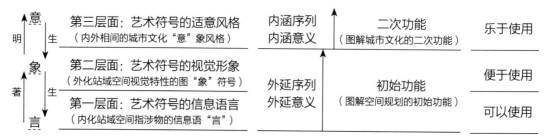

图3-12 地铁空间公共艺术符号的语义层次关系

中国古代思想家所提出的言、意关系问题，就可以说明对"意"的充分认识和理解。《庄子·外物》："荃者所以在鱼，得鱼而忘荃；蹄者所以在兔，得兔而忘蹄；言者所以在意，得意而忘言。"庄周为了阐明言和意的关系问题，以鱼、兔寓意，以荃、蹄喻言。其大致意思是：竹笼是用来捕鱼的，人们捕到了鱼就不会想起鱼网；兔网是用来逮兔子的，有人捕到兔子却忘了兔网；语言是用来表达思想的，有人领会了思想却忘却了语言。人们利用符号出行，但完成任务后，却忘记了符号的存在。这里，庄子有意强调了得鱼得兔的目的，荃、蹄只是达到目的的手段，形象地阐明了得"意"的观点。

以南京地铁"梅花"标志符号设计为例。此地铁标志的构形是设计师利用象征南京市的梅花符号与地铁"M"（Metro）进行组合而成。单独的梅花和"M"只能是"只言片语"，当设计师有意识将二者融合进行艺术处理之后，形成了象征南京地铁特质的视觉符号。设计者因"意"创造了形"象"，乘客通过"会意"和识别"地铁梅花"这一"外化了"的标志形"象"，来帮助自己来完成出行的任务（图3-13）。

图3-13 南京地铁标志图形符号
来源：http://t.cn/ROpyuIj

无论鱼兔还是"梅花"地铁符号，可以看出，手段与目的在不同阶段有着不同意义。有意义的艺术符号，不仅仅要理解"原型"的内化信息，还要使之形成"外化"的艺术符号。只有形式与涵义二者之间的高度统一，才能使符号"得意"而被更好地使用。

"外化"符号的表意功能，是一个编码和解码的过程。"看"的过程本身是一个信息输出和传播的过程。因而，意义符号就是赋意的过程和符号化读解的过程，是一个双重循环的信息交流过程。"人总是不断地在编码，又不断地在解码，意义不过就是从这种转变过程中产生的一种编码变换。"[1]地铁公共艺术符号就是一个完全的视觉编码过程。例如，人们利用色彩编码来规定地铁线路的区别；利用数字和英文编码来规定车站出入口的区分：利用图形编码指引人行为需求；利用雕塑、壁画、室内外景观等人文景象的视觉编码，来增强车站与城市之间的定位关系，以及场所感的文化精神所需。

举例来说，巴黎地铁11号线工艺美术馆站于1994年进行内部空间环境设计，整个车站内部从顶部到地面都是古铜色，墙壁上装饰有玻璃舷窗，顶部则采用巨大的齿轮装饰，酷似潜水

---

[1] 苟志效. 意义与符号 [M]. 广州：广东人民出版社，1999.58.

图3-14 巴黎11号线工艺美术馆站艺术景观
来源：http://www.360doc.com/content/15/0629/21/22465155_481562560.shtml

艇的金属舱，充满科幻色彩，让人联想到法国著名科幻小说《海底两万里》（图3-14）。地铁车站的主题性装饰手段与形式是该车站空间符号特有的视觉"象"貌，而人们通过视觉认知并与脑海中的已知经验联系，产生心理感受和情感共鸣，是一个编码和解码的过程，也是地铁空间符号"外化"成具有地域文化特征的意义符号的过程。在这个过程中，人们对该符号的理解和记忆从外在"象"貌提升到内在的"意"义。

所以，地铁空间符号"外化"为意义符号的过程，就是一个意指城市地域文化的过程。意义是特殊的信息，也是心理活动的过程。意义通过城市地域文化符号的"象"的形式传达，并且也只能利用和依赖这一符号形式传达，如此外化成实在符号而形成"看"的视觉本质。例如，瑞典人热爱大自然，所以瑞典斯德哥尔摩地铁空间设计，就是利用不同地层开采难度，保留岩洞自然形态语义，成为世界经典的地域性地铁符号。地铁空间符号设计是一个以感觉、表象作为客体信息，由"外到内"再由"内到外"的综合、复杂的递进式的意义过程。

有意义的地铁空间艺术符号，好比"预言家"或是"许诺者"一般，总是要先行给定人们"预示着什么""指引什么""揭示什么"。无疑，对地铁公共艺术符号而言，必定是要揭示出与之对位的交通指示性初始功能和表征之象的二次功能，即站域城市意象的各种地缘文化关系。

第二层语义："象达意"

1."意"的三个指向

"意"在中国传统哲学中内容丰富而复杂。"意"为"无形无象"，是难以直接感知的形而上者,"意"复杂而微妙,深藏且不露。然而"意"是把握世界本源的第一因存在,既是问题的起始又是问题的终极。人类文化创造必定经过"意 ↔ 象 ↔ 言"的过程。

"意"在地铁空间符号中,作为一种内涵站域城市精神存在的"意理"终极问题,是针对人、物(艺术符号)与站域空间"内外相间"的一种"解释域"而存在。"意"在地铁公共艺术符号中有三个指向:一是表达自我城市个性、线路主题文脉或站域特殊历史文脉的语义;二是表达"形而下"符号器物"象"的形式语义与站域空间视觉形式相互统一的整体语义风格;三是表达创新性的视觉体验语义。利用符号创新符号,令使用者在出行的过程中精神愉悦,始终是社会共同关注和追求的审美理想。

2. 内外相间的城市文化"意"象风格

首先,公共艺术符号具有"内外相间"的解释义务。在主观意识支配下,符号作为物质实体连接站内与站外环境信息,是第一视觉感知的形象识别物,同时也是解读城市文脉、传播城市文化和城市记忆的标志物,因而它是内外相间的。符号的形象识别是以内涵站域城市精神为"意"而存在的根据,最终又被这一"意"(理)而统一,在符号的"象"与"意"之间构成相融无间的密切关系,是一体两面、"心物同在"的统一体。因此,公共艺术符号具有内外相间的解释义务。

其次,公共艺术符号既是一个指示性的图像符号,又是一个意指城市文化意象的象征符号。其可被识别的视觉方式,形成了整体设计系统的风格和外在特质。风格是可辨识的整体感觉的表现,是形体、色彩、材质、空间、光影等特征按照一定结构组成的模式,是某一特定时间、特定地域中文化的具体表现,是透过设计者个性及所处社会环境,对整个城市文化本质作出判断的综合体现和象征。贡布里希说:"风格是一种自发的形式的扩散……一个时代的各种不同表现形式不是偶然出现的,而是表现了一种共同的特征和一种共同的精神。"[1]不同的历史时期有着不同艺术风格。地铁公共艺术符号也同样经历了各种历史风格的演变,从新艺术运动到现代主义风格再到多元化的新现代主义风格,符号的风格变化体现了时代的审美特征和精神追求。

比利时安特卫普的中央火车站被誉为"欧洲最美火车站"。该火车站最早建于1859年至1905年,为华丽的巴洛克建筑风格。2007年进行了改建,内部建筑结构改造成能够满足高速列车、常规列车和地铁等现代交通工具通行需求的车站。壮美的建筑外形,巨大穹顶下的候车

---

[1] [英]E.H.贡布里希.秩序感[M].长沙:湖南科学技术出版社,2005.221.

大厅，玻璃覆盖的站台和现代的交通工具，使这座车站建筑成为古典建筑风格与现代交通功能结合得最为完美的建筑艺术作品，代表了欧洲建筑艺术和文化成就，成为比利时的城市地标性建筑和重要文化财产（图3-15）。

现代主义建筑大师沙里宁曾说："让我看看你的城市，我就能说出这个城市居民在文化上追求的是什么。"这就说明一个城市外在形态能够展示出其内涵与独特魅力。每个城市都有其风格和特点，包括政治、经济、宗教、民俗、文化、历史和地理等，它们都可能成为人们记忆的符号和城市的特质。地铁公共艺术符号的风格就是在国际规范视野下，探寻适合自我城市特质、个性以及合乎市民大众心愿的地方风格。

再次，公共艺术符号作为站域空间的公共文化符号，既要表达出公共交通的指示性特征，又要强调公众参与性价值，在唤起市民的想象和记忆，给予市民充分的阅读、欣赏和理解自我所生存城市内涵的同时，让人们在城市的"地下文化走廊"中充分感悟城市文化、分享城市魅力、领略城市意境。

以台湾捷运美丽岛站"光之穹顶"为例（图3-16）。该作品是全球最大的单件玻璃公共艺术作品，由"水、土、光、火"四大主题组合而成，中间的两大圆柱，红代表阳，蓝代表阴，形容阴阳相融、交会成整个世界。"光之穹顶"是以中国传统文化为背景，运用现代艺术语言，采用现代材料、工艺制作而成。在地铁空间中，形成了特色鲜明且有文化深度的景观艺术符号，无论是城市居民还是外来游客，都能够在它呈现出的"象"貌中体会到其内涵的深刻寓意。

图3-15 比利时安特卫普中央火车站艺术景观
来源：http://travel.sina.com.cn/outbound/pages/2017-02-13/detail-ifyamkzq1269417.shtml

因此，内外相间"适意"的城市意象风格是地铁公共艺术符号"以人为本"、可持续发展的终极目标。这也正是地铁公共艺术的城市特性介入城市建设并推动城市发展的价值体现。

图3-16 台湾地铁美丽岛站"光之穹顶"艺术景观
来源：http://t.cn/ROWktfc

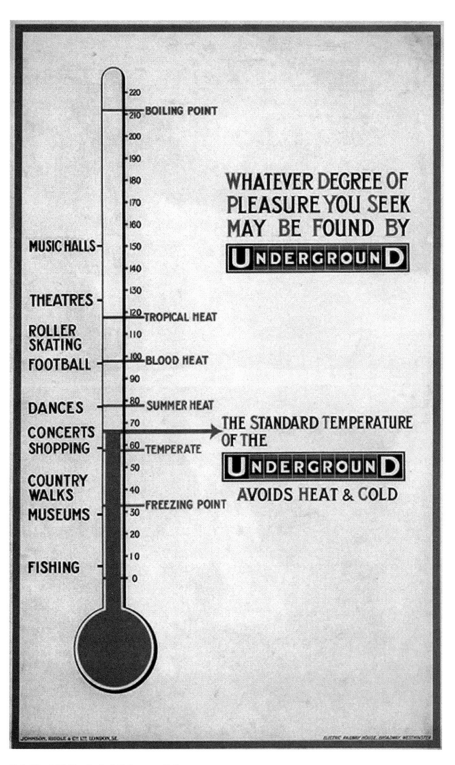

"地铁里的快乐时光"（1912年）
图片来源：http://t.cn/RENhgVc

海报用比喻的手法，将温度计与人们的体育运动、艺术娱乐、购物等社会生活有机结合，表达人们在乘坐地铁出行时的快乐时光。

第4章 使用者行为需求与地铁公共艺术符号设计体系

第4章 使用者行为需求与地铁公共艺术符号设计体系

地铁车站是站域空间的核心"力场"。研究车站空间环境和使用者行为需求之间的相互作用，是公共艺术符号设计的基础，同时也是评价地铁公共艺术符号（象与意）表达应用效果的根据，它涉及公共艺术在地铁符号世界整体系统中的一切起始与结果问题。本章以此为线索，通过对地铁使用者的行为观察，归纳出乘客的行为需求层次，探讨地铁公共艺术符号在行为需求下的符号设计类型、设计要素、设计原则问题，在此基础上建构地铁公共艺术符号的设计体系。

地铁使用者的行为需求

只有真实了解地铁使用群体，洞察受众在空间环境中作出一系列行为反应的动机，才能够设计出更为人性化的意义符号世界。那么，在形形色色的地铁使用行为背后隐藏着怎样的动机和需求呢？

需求与动机

美国社会心理学家马斯洛（Abrahamh. Maslow，1908~1970年），是人本主义心理学的主要发起者。他在1943年发表了《人类动机理论》一书，其动机理论又被称为"需求层次论"。他对人的动机持有整体的看法，认为人作为一个有机整体，具有多种动机和需要，按其重要程度排列大体可分为七个层次：生理需要、安全需要、归属需要、自尊需要、认知需要、审美需要和自我实现的需要。其基本观点归纳为如下几方面：

第一，人的需要是个体内部的一种不平衡状态，这种不平衡状态会导致个体产生某种行为。

第二，人的需要在不同的时期表现出来的迫切程度是不同的，是可以按层次排列的，个体总是先满足最迫切的需要，然后再满足其他的需要。

第三，只有先满足低层次的需要才能去满足高层次需要，个体低层次的需要得到基本满足后，高一层次的需要才会出现。

第四，各种需要是一个不断变化发展的连续过程。在同一时期内，个体可能同时存在几种需要，但是，每一时期内总有占支配地位的、最重要的需要，是个体努力通过各种方式去满足的。

第五，个体与个体之间的需要存在差异性。马斯洛在其需要层次理论中也指出了顾客需要的差异性。不同的顾客由于自身的年龄、职业、经济条件、受教育程度、生活方式、生理因素、个性及自我观念的不同，其需要的差异性非常明显。

第六，认知需求和审美需求可以从自我实现的需要层次中看待，具有自我超越性的终极意义，是追求"真、善、美"融为一体的终极关切意义。

为了更进一步阐明需求理论，马斯洛在《动机与人格》中，又用"动机"（motivation）这个概念诠释了需求理论的必然后果。指明需求与动机二者内在的关系和区别：动机是驱使人从事各种活动的内部原因，动机分为外部动机和内部动机，外部动机指的是个体在外界的要求或压力作用下所产生的动机，内部动机则是指由个体的内在需求所引起的动机。这说明了动机的生成有两种可能性，特别是内在需求对驱使某种动机产生的作用尤为显著。他还说："需要是潜在的、可塑的，它必须转化成'动机'，才能表现为对行为的现实支配力……任何需要的满足所产生的根本后果是这个需要被平息，一个更高级需求的动机出现。"[1]

尽管马斯洛的需求层次论存在有一定机械性，但是这种完整的层次划分，可以让人们清晰地认识到，个体意识的驱动对激发人们目的性行为和创造性行为具有重要作用。

---

[1] [美]亚伯拉罕·马斯洛.动机与人格[M].许金声译.北京：中国人民大学出版社，2007.14.

地铁使用者的行为需求和动机

马斯洛的需求和动机理论,让人们发现使用者行为背后所隐藏的动机,了解动机的本质意义就是挖掘动机背后的需求,从需求中获得人性化的设计目标。

1. 地铁使用者行为需求调查

本节需求调查是以西安地铁钟楼站使用者行为动机调查为依据,通过观察和记录乘客的各种行为动机,经过整合与归纳后,得出了15种西安地铁使用者的主要行为需求,具体内容见表4-1。

地铁站域的主要行为需求　　　　　　　　　　表4-1

1. 安全需求	2. 导向需求(信息)	3. 认知需求	4. 阅读、学习需求
5. 等待需求	6. 携带需求	7. 通讯需求	8. 宣传、文化需求
9. 定位需求	10. 票务需求	11. 卫生需求	12. 尊重、助人需求
13. 购物、休闲需求	14. 生理需求	15. 审美、观赏需求	

安全需求:安全作为出行的基本保障,是人类本能的需求。地铁车站空间中,使用者的安全需求体现在紧急安防保护系统的设置和自身安全的环境保障中。除了设置各类信息的指示、警示和说明外,还有大量的安防器材,如照明、广播、通风等设施,特别是站台层的屏蔽门和车厢里的固定身体的吊环设置,均是针对出行者的安全需求而设置的基本设施。

导向信息需求:导向需求是地铁车站以及站域周边环境的重要信息指示。使用者如何找到车站,如何乘车、下车,又如何找到目的地,这一系列的行为活动都是信息导向需求。其解决形式是多样的,包含站域地图、标识牌、便携式地图和导览册、广播、视频介绍等。

认知需求:在乘坐地铁的整个过程中,使用者借助对导向符号信息的认知来完成出行的各种任务。在出行过程中,使用者通过了解环境而获得需要的信息。因此,对导向符号提出的要求,就是它不仅能够为使用者提供全方位的信息,同时也要易于读取和认知。为此,需要设计师作出更为精心的规划和系统性的设计。

定位需求:是指可以让使用者知道自己目前所处的位置,是使用者在出行过程中随时调整路线和作出下一个行为决定的必要参照物。其信息不仅包括线路的定位指示信息,也包括环境定位信息。例如,站名符号和车站人文艺术景观的设置就是作为车站定点的艺术性指示符号。

生理需求：是指那些需要利用无障碍设施和卫生间设施以及一些突发性急病人群的需求。在地铁车站空间中，尽可能提供相应的隐蔽且舒适的特殊需求设施，将会给使用者留下良好的城市印象。

上述的5种需求是15种行为需求当中最常见的基本需求。那么，这些行为需求又是什么动机促成的呢？使用者主体动机与符号客体之间存在着怎样的逻辑关系呢？

2．地铁使用者行为动机的分析

从表4–1的需求内容可以看出，乘客出行过程存在多种需求和动机。乘客有着这样或那样的动机，就会出现不同需求行为，也因而要求设置各种可被感知的符号系统来帮助乘客实现这些需求。显然，这里存在着一定的逻辑关系，可概括为以下三个问题：

其一，使用者的动机与需求之间的关系问题。人们在出行中必然会有多种需求的可能，虽然看起来是在乘坐地铁，但是，在这个过程中难免会出现有等待的需求或是生理方面的需求，那么，在地铁车站适当的场所中，就必须设置座椅和洗手间这样的符号。可见，有什么样的动机就会有什么样的需求，反之，有什么样的需求就会有什么样的动机，需求和动机可以促使有目的性的设计符号产生。

其二，使用者利用感知符号来解决动机和需求的问题。在这个封闭的地下空间中，没有任何方向感，人们只有利用各种形式的感知符号来帮助自己进行这样或那样的行为决定，特别是利用导向信息符号来进行判断和决策。事实上，人们已经无意识、自觉地形成了一种与符号之间的约定关系。"在任何符号系统中能指与所指间的结合关系，都是取决于与使用者之间的一种约定。有了这种强有力的约定才能令使用者在使用过程中自觉地遵守这种关系，使符号的作用得到充分发挥。"[1]

其三，符号客体本身的动机性问题。众多符号中存在着"有动机和无动机"的区分关系。如导向信息符号的设置，正是因为符号的自身信息系统与空间动线组织和人的行为需求之间存在着密切约定关系，使得这类符号有着自然的驱动力量，迫使使用者在决策时作出正确的选择和判断，我们可以将这类符号称之为有动机符号。显然，有动机符号自身带有强大有力的驱动力量。由此，就可区别出哪些符号是无动机的符号。

依照符号学观点，象征符号属于无动机符号。地铁空间中的图像标识符号、功能设施符号、艺术景观符号等，在符号与指涉物的关联上，三者对应的功能分别为确认性、导向性和象

---

[1] 张宪荣编著．设计符号学 [M]．北京：化学工业出版社，2004.43.

征性。根据符号的动机解释，可以看出图像符号和指示符号属于有动机符号，而象征符号则属于无动机范畴。有动机符号倾向于功能所需，但缺少更强大的象征意义，如前面所说的各种导向信息符号和家具设施等。然而，无动机符号则倾向于识别和观赏所需，它有着强烈的象征意义，如地铁标志、线路色、各种空间意象装饰等。

3．文化差异与地铁使用者的行为

马斯洛在其需要层次理论中，指出个体与个体之间的需要存在着极大差异，不同的动机会引起各种不同的行为表达。人类满足需求的方式存在着极大的文化差异，不同国家的地铁使用者就会有不同的行为表现，这主要是受地域文化差异影响。例如，在北京、香港和名古屋三个城市的地铁使用行为调查中，就发现乘客乘坐扶梯的行为表现有着明显差异。在北京，人们乘扶梯总是一窝蜂地拥挤，而香港人则是井然有序地乘扶梯，同时让出一侧为那些最需要的人们留出空间。最让人惊讶的是日本人。在日本的任何一个城市地铁中，无论是高峰期还是低峰期，人们总是非常习惯地留出一侧空间，为那些上班族使用或者是为那些有紧急情况的人使用。可见，在同样的快速移动需求下，文化的差异会导致完全不同的方式和行为结果。

4．需求和动机对符号设计的作用

人的行为是由多种动机造成的，不同的动机会产生不同的行为。"一种行为的产生绝不是由单一的需要或者是单个因素所能决定的。心理学家通过长期临床研究发现，大多数行为由多种动机促成。"[1]举例而言，在地铁车站将垃圾丢入垃圾箱的现象，就足以表现出多种动机的行为。当人们有了丢弃垃圾的行为需求时，这里就存在着遵循社会公德行为规范的动机，也有自身整洁、维护美化环境的需要。当使用者的需求得到了满足，他们对社会环境的评价一定是积极的。可是，在环境无法满足使用者的需求时，人们则会产生负面的行为表现。如果使用者不能及时发现垃圾箱，也许会继续寻找，在一段时间之后仍然未找到时，就会找个隐蔽的地方将之丢弃，当然也不排除有人会放进自己口袋最终丢进垃圾箱里。这一现象反映了在现实生活中，如果缺乏恰当的以人为本的设计，在不能满足使用者需求的情况下，将会导致不良行为发生。

可见，作为"人之为人"的设计，应真正从人的需求出发，避免出现不遵守社会准则的行为，甚或更为严重的破坏性行为。

---

[1] 戴力农. 当代设计研究理念 [M]. 上海：上海交通大学出版社，2009.65.

地铁使用者行为需求的层级分析

马斯洛认为，人类的需求是分层次的，它由低到高，可按重要性和层次性排序。在低一级的需求得到满足后，才会追求高一级需求，并成为推动其发展的内在动力。在其需求层次中，生理需求是基础层次，往上依次是安全需求、归属与爱的需求、尊重的需求、自我实现的需求。这些层次的顺序是相对的，不是固定不变的。动机的发展是交叠的，当一种需求得到某种程度的满足，或者不是百分百的满足时，也可能会产生新的更高层次的需求。高层需求与低层需求存在着性质差异。

在西安地铁的调查研究中，发现上述15个使用者行为需求与马斯洛所说的需求层次理论是吻合的。地铁使用者的需求变化是由低层需求向高层需求过渡的。因而，可以细化出三个使用者的行为需求层级：可以使用层、便于使用层、乐于使用层[1]（表4-2）。

地铁使用人群需求层次分析　　　　　　　表4-2

三个层次	各个层次的需求内容	层次的重要程度	层次等级
乐于使用	审美、观赏需求；尊重、助人需求；宣传、文化需求；阅读、学习需求	选择性需求（可以满足）	高 ↑
便于使用	导向需求，卫生需求，通信需求，购物、休闲需求		
可以使用	票务需求，安全需求，生理需求，人之需求，等待需求，定位需求，携带需求	基础性需求（必须满足）	↓ 低

可以使用层。地铁使用者在乘坐地铁时，只有满足了最基本需求之后，才能保证完成正常的乘车任务。在归纳的上述15种行为需求中，其中7项是必须满足的，包括票务、安全、生理、定位、认知、携带和等待。不满足这些最基本的行为需求就会影响地铁的正常使用，因而称为基本的可以使用层，其排列顺序如下：

1.票务需求　2.安全需求　3.生理需求　4.定位需求　5.认知需求　6.携带需求　7.等待需求

便于使用层。公共艺术符号的导向信息，是人为干预的后加信息，其目的就是保证使用者出行的快捷和便利。导向符号是使用者最为关切的信息参照物，在很大程度上会直接影响出行

---

[1] 戴力农. 当代设计研究理念 [M]. 上海：上海交通大学出版社，2009.82.

时的便捷和效率，所以称为便于使用层，而通信需求在紧急情况下也是极为必要的。其他卫生需求和购物需求则可因人而异。它们之间的排列顺序如下：

| 1. 导向需求 | 2. 通信需求 | 3. 卫生需求 | 4. 购物、休闲需求 |

乐于使用层。15种需求中的其余4种需求，虽不会影响地铁的正常使用，但是，它们却对树立城市形象有着不可估量的作用，主要包含审美，观赏需求，尊重、助人需求，宣传、文化需求等。作为最高层级的需求，可称之为乐于使用层，排列顺序如下：

| 1. 审美、观赏需求 | 2. 尊重、助人需求 | 3. 宣传、文化需求 | 4. 阅读、学习需求 |

由此可以看出，审美、观赏需求是需求层级中的重要需求。由于地铁特有的立体化专用空间隔离了人们原有的城市环境，造成了城市意象与站点之间强烈的模糊感。另外，地铁作为昂贵的重大工程，有着持续运营和长久使用的价值，在建筑设计初期就应该从整体的审美角度进行总体规划和设计，以便成为大众接受和喜爱的场所。

通过对地铁行为需求层次的分析，可以更加明晰营造地铁符号空间的历史美学特征，是地铁建设过程中最为重要的设计环节。打造城市地铁特有的历史文化和艺术氛围，是回应地铁使用者对自我生存城市产生喜爱、关切和参与行为的需求。反过来，也是积极鼓励和建立"市民美学"或"文化市民"的一种社会意识活动。从世界范围看，那些具有浓郁地域气息的"艺术之旅"的地铁设计，不仅给人们留下了深刻且永久的记忆，同时也反映了城市群体和社会意识的自我实现价值。这正是马斯洛所说的更高层次需求的实现，也是一次"真、善、美"的自我超越和体验。塑造地铁站域整体艺术氛围，不论是对本地居民还是外来游客，都将是开创地铁新局面、引领社会群体朝向艺术意识努力的活动，更是追求真、善、美和谐统一的终极目标。

行为需求下的符号设计类别

地铁空间公共艺术设计是评价一座城市文化品位、地域特色和人文环境的重要变量。在地铁百余年的发展历程中，各个城市的地铁公共艺术都有着各自的实践经验和发展路径，每座经典的地铁车站和其公共艺术设计都直接反映了城市的建设水平、艺术特色、人文环境及艺术家对城市文化的理解，成为具有丰富内涵和城市象征意义的公共艺术符号。

地铁空间中人群是流动的，乘客行为需求是动态的、多样的。乘客通过对车站空间环境信息的感知、认知、记忆和推断，从而作出相应的行为决定。因此形成行为需求下的多种信息符号设计，归纳起来主要有三种不同的符号类型：一是空间认知的标识图像符号，二是解释意谓的空间景观符号，三是以人为本的功能设施符号。

上述三种符号，会让乘客在地铁空间内的行为一直处于视觉图像符号与真实空间之间的相互交替、判断和转化之中，乘客在地铁空间中使用公共艺术符号的行为，不只是被动接受，还有主动沟通、体验等互动行为。因此通常情况下，人们会普遍使用这三种类型的符号，让出行这一行为需求变得更容易、更便捷、更舒适，也更加有体验感。

空间认知的标识图像符号

乘客进入地铁车站空间，首要的需求是"寻路"，需要知道自己身处何地、去向何处。寻路的过程中，标识图像符号能够引导乘客理解地铁空间环境，帮助乘客判断自己身处何地，以便选择最短路径顺利到达目的地。所以，空间认知的标识图像符号就成为"寻路"过程中最重要的公共艺术符号之一。根据乘客不同的行为需求，标识图像符号可分为五个类型：地铁标志符号、方向指引符号、说明符号、管理符号、地图符号。

1. 地铁标志符号

地铁标志符号是地铁公共艺术图像符号中最基础的部分，也可称为定位图像符号。从某种程度上说就是形象标志的意思，相当于CI（Corporate Image，企业形象识别）系统中的VI（Visual Identity，视觉识别）部分。世界各大城市的地铁均有各自的独具特色的形象标志。

以上海、福州城市地铁标志为例。上海地铁标志由英文字母S和M组成，其中S为上海英文首字母，M为地铁的英文首字母，圆弧形代表地铁的圆形隧道，M又像在隧道内相向行驶的两辆地铁列车，图案抽象简单且寓意深远；福州地铁标志以"三山一水"的概念，选取代表榕城的"榕树"为基本设计元素，将地铁元素融入"榕树"图形中，使其主体"树干"部位呈现出地铁轨道图形，并将两条轨道的头部作了连接，使其整体呈现出地铁英文首写字母"M"的造型，在视觉上表现出快速向前的感受，色彩上以"榕城绿"为标准色，表达地铁绿色环保、快速便捷的特点，用最简洁造型反映出福州地铁的地域特征（图4-1）。

国外地铁标志设计历史最为久远的是英国伦敦地铁。伦敦地铁标志是将地铁岛式站台的形状，以抽象语言方式概括为红色圆环形状，表达车站"起始归一"的象征性寓意（图4-1）。红色圆环标识既是伦敦地铁的标志，又是每一座车站的标志，只要将中间的横杠上的文字进行

图4-1 地铁标志符号

变换，就成为其他站的站标了。该标志广泛应用于地铁交通系统，并发展到搭配不同的用色应用于其他交通工具中，如巴士、出租车、有轨电车等。

地铁标志符号重在强调形象的唯一性、区别性和差异性。其主要功能是利用图像符号消除地域文化的隔阂和语言限制，使不同地域的乘客更加有效、便捷地识别地铁，顺利抵达目的地。同时，通过使用中反复出现的图像记忆，不断强化人们对其文化特征和内涵意义的理解，最终将地铁标志符号融入城市和人们的内心世界，形成极具象征性的城市文化符号。

2. 方向指引符号

方向指引符号是为了帮助乘客认知、理解和使用空间，与空间建立更加准确、便捷的导引性。多数情况下是以箭头和目标地名称配合使用，并通过传达方向、位置、距离等信息，协助人们构成从此地到达彼地、知道回路的行为信息符号。该类符号以组织空间相关环境信息为目标，是连接各个功能分区的重要环境信息，对帮助乘客构成概观性认知地图、形成良好寻路状况等有着极为重要的意义（图4-2）。

图4-2 重庆地铁1号线站内方向指引符号

3. 地图符号

地图符号以全面指导为原则，多数情况下，多以较为具象的艺术形式来表示空间、时间和地点位置等信息关系。地图符号与上述方向指引符号不同，它强调从整体视角告知环境综合情况，方便人们有选择性地利用信息，与"说明标识"组合使用，则会形成标识系统中的咨询中心，通常要标明行人目前所处的位置、各出入口位置和附近其他交通方式等信息。在空间当中，人是空间定位的主体，只有置身于空间意象当中，才能获取具体、客观的空间方位。

地图符号有多种设计形式，立体化或平面化的图像符号会带给乘客直观的身处何地的感受，并且能够通过地图符号清晰了解线路系统和空间信息，预知到达地点（图4-3）。地图符号的主要功能是缓解乘客在地下空间寻路的恐慌，防止行为出错，有效获得地铁线网信息、换乘信息、车站内部及外部综合环境的信息等。地图符号包括地铁交通线路图、车站空间示意图、站外街区信息图等。

4．说明符号

为使环境中设立的信息不产生歧义，需要设置以准确解释信息为目的的标识。说明符号的作用是让使用者了解自己与行进目的的相对位置，地铁空间中的说明符号是通过地图显示各出口标识、附近区域图等，令使用者了解自己的位置。

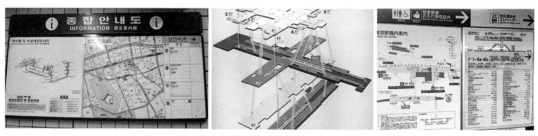

a. 韩国和日本地铁空间地图符号

b. 香港地铁空间地图符号

图4-3 韩国、日本和香港地铁空间地图符号

5. 管理符号

管理符号主要是一些要求使用者注意的标识，如各种警示、安全、紧急逃生符号等，这类符号一般都是为了提示某些公共空间规则和法律而使用的图像符号（图4-4）。国内外大部分城市地铁管理符号都使用了标准通用图像符号，区别主要在于材料和表现形式，也有少数城市尝试了艺术化的处理。例如，斯德哥尔摩地铁使用国际通用图形的同时，结合地铁空间环境和整体氛围将管理符号艺术化处理，既满足了功能性导向指引的需求，又成为站内空间环境装饰小品，有着鲜明的艺术特征。

图4-4 地铁说明符号和管理符号

以上五种空间认知的标识图像符号，多以时间和空间的展开方式为乘客指引行进方向与路径，属于地铁公共艺术符号当中最重要的优先设计内容，是一类既有功能性又有艺术性的图像性符号。

解释意谓的空间景观符号

人类对建筑空间的关注可追溯至发现的第一个洞穴，当第一次无意中利用了那个洞穴进行挡风避雨时，便形成了外部与内部空间的观念和知觉。通道口、洞穴顶和岩壁所围合成的内在空间，让人们有了空间观念和空间知觉，根据洞穴所具有的稳定图式得知了空间的观念。建筑空间既是人们知觉到的物质空间，又是涵盖社会、经济、心理和文化等属性的精神空间。地铁空间是有形的顶棚、墙面、地面、柱体等构筑出来的物质实体空间，同时又是对有形的实体进行艺术化处理而形成的艺术景观。

地铁空间景观符号是围绕着地铁交通组织而形成的各种功能化的艺术符号系统，不同的功能取向会形成不同形式的相貌特征，因而也就构成了具有特定解释意谓的符号世界。它们的产生主要依附于具体的顶棚、墙面、地面、柱式、扶梯、出入口、风亭等构筑物。

顶棚，是地铁车站空间围合中的重要因素。由于设备及管道大多都经顶部铺设，所以顶棚设计受到较多局限。顶棚的造型有很多类型，如平面式、坡式、井格式、凹凸式、不规则式、穹隆式、拱式等。顶棚设计通常会结合地铁空间结构，不同空间会选择不同的设计手法，如站厅层、站台层，以及枢纽综合站和大型商业综合站，其顶棚的造型、高度、材料都会有一定区别。为更好地解决生产成本，方便后期维护和变更，目前我国多数地铁站的顶棚设计普遍采用模块化和系统化的设计方法，通过不同材料模块的选择和组合，配合色彩变化形成丰富的设计效果，同时艺术化的顶棚设计更能给人留下深刻的印象。作为空间景观符号，不同的顶棚造型设计能够使乘客很快定位自己所在站点，通过一定的艺术处理表达空间的主次关系，也会为乘客带来一定的视觉识别性和引导性。顶棚的设计应该注重与其他界面设计的协调关系，注意与车站整体空间设计的统一性（图4-5）。

墙面是地铁空间中最基本的元素。墙面承担着承重、分隔、装饰空间的作用，能够影响乘客行为动线，起到基础的路径引导作用。人的视觉移动中心通常停留在水平视线上，所以墙面是设计者进行艺术创作的重要承载物。国内外大多数地铁艺术景观都是以墙面为载体，尝试用各种艺术形式和材料媒介进行艺术创作，包括新媒体艺术形式。墙面艺术景观设计可以与车站装修风格、线路特点、地上建筑、城市人文等结合起来，形成大面积铺陈的整体设计，更好地

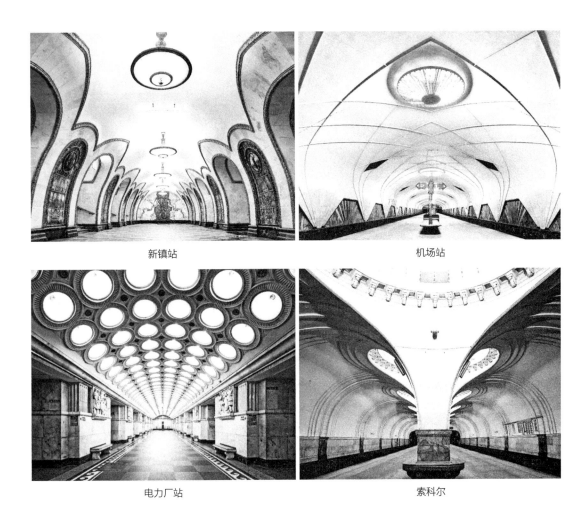

| 新镇站 | 机场站 |
| 电力厂站 | 索科尔 |

图4-5 俄罗斯地铁顶棚艺术景观

表现空间主题，引导乘客形成城市记忆。除此之外，墙面艺术设计还可以改善空间比例，减少空间压抑感。通常情况下，墙面造型大致有直线式、曲线式、不规则式等。国内地铁多在墙面设置壁画艺术，而国外对墙面艺术的处理形式更为多样且灵活，除了在墙面装饰壁画艺术之外，还常与地面、顶面配合，甚至与公共设施相互整合，形成独特的空间艺术景观（图4-6）。

地面，是乘客最有触感的空间景观符号，其首要功能需求就是要防滑、耐磨。地面也是乘客最直接、最容易近距离接触的媒介，因而是不可忽视的景观设计符号之一。一般情况下，地面设计应与顶棚、墙面、柱体的色彩或造型呼应，形成整体的艺术景观。独特的地面铺装能够凸显车站空间的个性特点，大面积的几何纹样能够更好地装饰整体空间，具有主题性的地面铺装在理想的角度能够形成独特的艺术美感。另外，材料的不同也能带来不同的艺术效果。如新

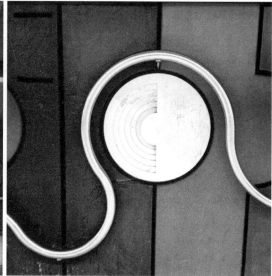

图4-6 加拿大蒙特利尔地铁Fabre橙线墙面艺术景观

图4-7 新加坡地铁地面艺术景观

加坡地铁的主题性地面拼花和大面积采用玻璃材料的楼板，带来了独特的心理感受和炫酷的设计效果（图4-7）。

楼梯，是连接地铁上下空间和换乘空间的功能指示性符号。由于地铁空间的楼梯设计要考虑客流和动线的需要，因而造型多为直线倾斜向上式，对整个空间具有连接和交换的作用。目前，基本上在大型车站空间中多用自动扶梯，而在普通车站中会同时使用楼梯和扶梯。另外，楼梯也有美化装饰的作用，如意大利那不勒斯大学城地铁站的站台楼梯，就绘有抽象派的人物肖像，很好地将功能转化成了艺术表达的载体。

柱体，是地铁空间中的结构构件，除了本身的承重功能作用，其形态设计是空间景观符号的重要组成部分。地铁柱式形态多样，可分为几何式、弧形式、不规则式。柱体通过线条、肌理、色彩、灯光等艺术处理，能呈现不同形态特征，同时与顶棚形成一体化空间意象特征。如北京地铁机场快轨三元桥站的主题设计，柱体作为空间景观符号与车站地上环境特征形成密切联系，既清晰地表现了站点特征，又产生了极强的艺术性（图4-8）。

图4-8 北京地铁机场快轨三元桥站柱体艺术景观

出入口，是指建在地面上供乘客出入的地铁附属建筑物，是乘客识别地铁的第一印象物，也是乘客寻找到地铁车站的重要景观符号。出入口的位置和建筑形式应结合周边环境和建筑条件，外观设计既可以着重于环境的统一，也可以突出与环境的对比。所以，出入口通常兼具功能性和艺术性，既可以是城市中独具特色的标志性建筑物或景观小品，又可以与商业或其他建筑物相结合共同构成城市景观。出入口造型设计和材料的运用紧随时代发展而变化，从巴黎新艺术运动风格的地铁车站到法兰克福后现代主义风格的出入口设计，不同历史时期的地铁出入口具有不同的艺术特征，在城市空间里展示出新旧共存的空间景观符号，记录着时代发展过程中建筑风格的变革，让城市焕发出与众不同的光彩（图4-9）。

图4-9 西班牙地铁毕尔巴鄂的小佛斯特站（Fosteritos）出入口艺术景观
来源：http://xian.qq.com/a/20141128/020138.htm#p=12

风亭，是地铁车站及区间隧道同外界进行空气交换的端口，是地铁通风空调系统不可缺少的部分。风亭作为空间景观符号，是连接地铁与城市空间的重要地上标识物，在设计中通常会与周边建筑形式和谐呼应，并且结合当地自然环境和人文环境进行整体艺术设计。

在不同城市的地铁建筑空间中，地铁空间景观符号的重要意义在于将空间功能作最大化的艺术处理，把乘客的视野聚集到一定的视觉中心，将习惯性平视前方的视线短暂停留，缓解冰冷、单调的空间感受，消除地下空间封闭、陌生的心理感受。所以，地铁空间景观符号的设计通常会有明确的主题，同时结合线路特征和城市文化宣传需求进行整体设计。

地铁是城市空间中地下部分的扩展与延伸，由于车站内部处于封闭的地下环境，隔离了地上环境，缺乏地上环境参照，造成了城市意象与站点的模糊感。空间景观符号的作用就是用艺术符号来加强地上、地下交流感，弥补地铁空间的趣味性，让拥挤繁忙的地铁车站带给人愉悦的艺术美感，使旅程不再单调，以满足审美、观赏、尊重、助人等精神层面的需求。

以人为本的功能设施符号

公共设施是地铁公共空间中不可缺少的功能组成部分，其中包括公共座椅、空间照明设施、无障碍设施、客服中心、自动售票机、闸机、垂直电梯、设备用房等，属于必备的功能性设施。这些设施的作用在于为乘客提供快捷、方便的通行条件，提高出行效率，以及紧急情况下的安全疏散作用。人是地铁公共空间内的活动主体，地铁空间环境和公共设施都是以人的需求为出发点，自觉表达人文关怀不可或缺的重要设计内容。不同国家的城市地铁公共设施将会根据不同年龄、性别、城市人的生理特征、心理特点和行为需求营造出一个和谐的地下空间环境。功能设施符号是地铁空间环境中的基本要素之一。

公共座椅，除了为乘客提供休息的功能属性之外，也是与乘客沟通和表达人文关怀的地铁公共艺术符号之一，既能与地铁车站其他公共艺术符号相互呼应，构成统一的整体氛围，也可以是独立的艺术小品，成为展示人文精神、给乘客留下深刻记忆的艺术设计符号。如台湾捷运小碧潭站公共座椅《幸福知道》，就是将空间、艺术与功能相互融合，把"幸福"这一概念通过造型艺术完美呈现出来的优秀作品（图4-10）。

空间照明，作为地铁空间的功能性设施符号，既是设计的对象，又是烘托表现其他公共艺术符号的基础设施，既能够丰富空间氛围，又可以表现出空间的层次和材质特点。不同光照环境能够给人不同的情感体验，基础照明能带来宽敞明亮感，艺术照明则能带来特殊的情感体验。设计过程中应对空间照明需求进行充分、系统的分析，根据空间结构和建筑风格，

图4-10 台湾地铁小碧潭站"幸福知道"公共座椅艺术景观
来源：http://bbs.zhulong.com/101020_group_201878/detail30414301

来安排灯具及照明系统，通过灯光的布设协调和营造空间特点，突显空间结构以及层次的变化。例如俄罗斯地铁的水晶吊灯，灯具形态充分结合了建筑结构特点，既富有强烈的吸引力，体现出了艺术美感，又契合了整条线路的风格。又如德国慕尼黑西墓园站的空间照明，整体灯光设置充满了艺术感，巨大的圆顶灯散发出暖色调的橘黄色灯光，蓝色、红色和黄色在一个空间内彼此配合，柔和的色彩与灯光、合适的尺度和比例令其呈现出独具特点的装饰风格（图4-11）。

闸机、客服中心、自动售票机、垂直电梯以及无障碍设施等功能性符号，要尽可能地为乘客在寻路、购票等乘车行为中，提供便捷、灵活、安全等人性化的服务需求。地铁作为快速流动和聚散的地下公共空间，其功能设施符号在设置时，既要考虑色彩、材料和新技术的应用，为正常客源提供良好的设施环境，又要考虑特定人群的出行需要和特点，在功能上为不同年龄和有障碍人群的出行，提供更为人性化的设计环境。

图4-11 德国慕尼黑西墓园站照明艺术景观
来源：http://world.chinadaily.com.cn/2017-02/17/content_28238719_3.

显而易见，以上所有功能设施的首要任务，就是满足乘客出行时的一系列活动，如购票、乘车、出站、安全、定位、等待等这些最基本的行为需求。然而，随着地铁建设的高速发展，人们广泛参与地铁和对地铁功能设施的普遍认知，人们对其艺术化的需求随之提升。那些大同小异，没有人文关怀、缺乏个性特征和可操作性的公共设施，已经不能完全满足人们的出行需求；只有将其视为一种功能和艺术完美结合的意义符号，才可能为广大使用者提供更加贴切的出行环境。

符号设计的基本要素和要求

符号设计的基本要素

1. 可靠的"信息"规划要素

公共艺术符号这一视觉传达信息，是使用者的心理场和环境场二者相互驱动的结果，同时也是设计师对站域客观环境、空间构形和布局进行意象解析和认知的结果。其中，导向信息符号是空间环境中的一种特殊的、后加的环境信息，其首要功能就是帮助使用者完成出行任务，信息的上下文依赖于车站人流动线的组织以及站域空间构形的时空逻辑关系。

"快速高效的移动"是导向信息符号的基本目标。为了实现这一基本功能需求，让使用者获得可靠且准确的信息，设计应从两方面考虑：第一，易获性。节省寻找信息的时间，保证导向信息在第一时间可被使用者的注意力所获取。第二，可用性。当人们找到信息后，能尽快从中提取自己所需的信息。因此，可靠、准确和可用的导向信息是地铁导向符号设计的重要因素

（表4-3）。

影响地铁公共艺术符号设计的主要因素　　　　表4-3

导向信息规划要素		图像符号识别要素		站域文化要素	
可靠性	可用性	醒目性	易读性	补充性	体验性
线路	定位需要	色彩	明度对比	地理	亲切感
位置	认知需求	文字	大小比例	安全	归属感
连续	导向需求	图形	简洁美观	方位	安全感
数量	生理需求	形态	尺度比例	风俗	认同感
清晰	助人需求	材料	工艺技术	人情	
密度	携带需求	安装	距离角度	街道	
重复	休闲需求	照明	亮度反光	场所	
	审美需求		周边环境		

2. 可识别的"图像"符号要素

图像符号是"可触目"的"可看"的信息用具，即通过"看"的视觉感官而获得。公共艺术符号作为一个视觉形象媒介，是通过视觉传达的基本要素来进行编码和组织的识别信文，它遵循信息传递的一般过程：发送—传递—接受。设计师扮演发送信息的角色，即设计信息的工作者。地铁公共艺术符号中的图像符号设计相当于一个编码的信文系统。人们总是在不断编码和解码的过程中来认知世界。其中的图像符号，如交通线路图、线路色、车站布局地图、装饰图案、图形符号、壁画符号、顶棚及地面的图案符号等设计遵循同样的原则。设计师只有不断地利用已有的符码进行创新设计，才能为使用者提供更为贴切的服务和适宜的环境。

3. 可认同的"站域文化"内涵要素

地铁不仅是正常的城市公共交通场所，也是一张反映城市魅力的金卡，是城市重要形象工程的展示"橱窗"。不同城市有着不同的文化底蕴和风貌，不同的地铁线路又有着各不相同的站域环境特征。然而，地下封闭的车站空间阻碍着人们与城市自然环境的直接联系，单调的"家庭—地铁—职场"之间的通行，失去了城市记忆，造成了人们对地铁的诸多负面印象。

因此，如何营造出"城市记忆"的文化景观环境，如何为使用者提供"可补充、可亲近、可感动、可体验"的城市意象空间，是地铁公共艺术符号在时代发展中必不可少的设计要素。这也正是体现公共艺术"公共性"这一设计伦理的价值所在。

符号设计的基本要求

随着城市规模的扩大，城市立体化交通技术的提高，城市景观面貌等诸多方面都发生着天翻地覆的变化。然而，与地铁建设的发展步伐和世界诸多经典车站的设计高度相比，我国的地铁公共艺术无论是在理论、实践上，还是在管理和制度建设上都存在着诸多问题，有待提高和完善。例如，地铁导向信息的设计和标识图像符号的设计就滞后于城市地铁高速建设的发展需求，现今有很多城市地铁的标识图像符号设计还仅仅停留在"能够说明问题"的程度，只重视国家标准规范的执行，忽视了人性化的环境行为研究、特殊人群的出行行为研究，以及地方文化特色的研究。因此，提高公共艺术符号设计质量势在必行。其设计应重视以下几个方面：

第一，重视线路主题的统筹规划性。地铁公共艺术符号设计应整体把握线路规划特征，并发挥和利用线路及站点位置所在的自然地理因素和历史文化因素，在设计中始终采取"一线一景"、"一站一景"或二者相结合的总体规划方式，既要体现不同线路、不同站域的站点个性特征，又要形成全线统一的地域性风貌，让艺术符号与社会公众形成良好的互动关系，进而弥补地铁空间环境缺陷，缓解受众在地下出行时心理及生理上的压抑感，确保乘客在出行中获得亲切感、归属感和场所感。

第二，重视规范性、系统性和维护管理设计。首先，地铁公共艺术符号设计必须保证是系统的、统一的视觉面貌。参与设计的所有成员应从宏观上建立统一思路，除了在设计概念方面的一致性外，还需要制作统一的地铁公共艺术符号设计手册。其中包括标准用色、标准字体、统一的设计形式、统一的尺寸、统一的材料、统一的规划方案等，以确保施工过程中的准确无误和完整性。其次，作为设计者或设计方有责任和义务承担后期运营中的设计评价工作，协助管理方及时完善信息、补充信息。

第三，重视地域文化性设计。地铁公共艺术设计应立足城市地域特征，重视城市地域文化个性的表达。每个城市的地域文化个性都是该城市在长期历史发展中形成的，其特定的文化凝聚力和精神所向，影响着该地域人群的整体价值取向和生活方式。地铁公共艺术符号作为交通空间中的文化符号，其设计应关注站点的个性特征，展现独特的地域文化内涵，并形成全线的整体风貌，让乘客在出行过程中获得独特的城市记忆，形成人们有着自我归属感的亲切场所。

第四，重视可持续发展性。首先，地铁公共艺术设计与地域文脉有着密切的联系，因为环境是历史的重叠，历史通过各时代的景观特征使环境产生连续的形象，给人以丰富的体验和感受。地理环境、社会习俗、文化艺术、风土人情等因素也都在不同程度上对环境的发展产生影响。尽管公共艺术设计具有鲜明的时代性，但是，也不能割裂历史文脉，片面地追求全新的形式。其次，"十年地铁建设，百年地铁运营"，作为昂贵的地下工程，这句话形象地阐释了地铁建设持久的特性。因此，从建设初期开始，就要从可持续发展的角度进行设计，为后续可增加的设计内容留出一定的发展空间。

第五，重视高水平设计和无障碍设计。首先，地铁公共艺术设计应从多学科领域进行整体规划研究，利用环境行为学和艺术综合设计专业的学科特点，以车站空间为核心，结合线路布局结构，尤其是大型商业综合体和交通枢纽站等结构特征，探寻"人—站域空间—信息"之间的行为互动关系，以整体、系统、人性化的设计思考体系来统筹设计实践活动。其次，老龄化人群的增加和残障人群自由出入公共场所的发展需求，使得公共艺术设计不可忽视这些弱势群体在乘坐地铁时的心理、生理和行为特征，只有从更为广泛的受众出发，以人文关怀为设计初衷，才能设计出更加便捷、舒适、文明、和谐的交通环境。

另外，关于材料、尺度、空间等方面的问题同等重要。公共艺术符号的识别性、显著性、多样性、艺术性、准确性和持久性等设计特征与以上各项内容均不可分割，它们都是设计中需要同时考虑的问题和要素。

符号设计的认定作用

事实上，地铁公共艺术符号的设计透视了一个社会的文明程度，是评价城市景观质量的重要因素。可从两个方面来认定它的作用：一是实用性的认定作用。要让人们在有限的时间内，花少量的时间和精力到达目的地，成为乘客"作出决定"和"完成决定"的必要环境信息，这说明了公共符号的实用性。二是评价性的认定作用。评价就是对已做过的事情进行喜欢与否、满意与否等的认定。有意义的公共艺术符号是在完成出行任务的同时，让乘客在动态穿行中逐渐阅读城市历史，理解城市特征，并起到增强城市美好印象的社会评价和认定作用。

实用性认定作用

1. 完成出行可达性任务

公共艺术符号是空间规划设计的后加信息，其目的是帮助人们以快捷的方式找到目的地。然而，有意义的公共艺术符号设计不单是为了找到目的地，而且还可以在复杂的环境中激发人们兴趣，并以好奇心和探索愿望达到出行目的。因为出行本身就是一件动态的工作，它包括穿行于空间中的运动，持续地阅读环境、理解信息和再现空间的过程。公共艺术符号设计的作用就是从心理上和精神上，创造激情的环境信息，让乘客在体验空间中到达目的地。

在人们选择地铁出行时，"到达目的地"就是出行的首要任务，完成这一任务要依靠来自空间环境的各种提示。那么，这些提示需要借助各种标识图像符号来完成，如地址名称、指示性图形符号、景观符号、空间地图等。当然，也不可忽视在这些提示中，不仅有地方位置的提示，也蕴含着自然环境因素和特征的信息。一个人要到达目的地，不是单纯依靠空间的提示，还需要对该环境或类似的环境信息有一定的知识。美国建筑规划师Romedi Passion，将能够给予人们出行提示的一切有关信息，定义为"环境信息"[1]。如果没有环境信息，人们的出行将是无目的和困惑的。例如：某人到某地，这本身是无法实现的。倘若给予一些环境信息，用地图标出某地位于什么地方，告诉他某地就是北京，他就会去想办法解决并完成此项任务。这说明了出行任务和环境信息是完成出行的两个重要方面。

2. 减少出行者的挫折和压力

可以说，人们的每次出行中都会遇到这样或那样的阻碍。出行中出现障碍会造成什么样的负面影响？研究者发现："在不同情况下迷路者会有不同程度的灰心和紧张，导致各种设施及服务的效率降低，引起公共空间的安全事故，甚至造成人员伤亡。"[2]一旦"迷失"方向，随之而来的焦虑和恐惧说明寻路与我们健康的联系是多么紧密[3]！迷路导致的压力甚至会使人血压升高、头疼、心跳加速、生气、敌意、愤怒，而且会使病人失去救治时间。对于年老者、残

---

[1] Romedi Passine. Wayfinding in Architecture[M]. New York，1986.54.
[2] 牛力. 建筑综合体的空间认知与寻路研究 [D]. 上海：同济大学，2007.
[3] 凯文·林奇. 城市印象 [M]. 北京：华夏出版社，2001.3.

疾人或者其他弱势群体，会更为严重。除此之外，还有让人更为窘迫的事情：有什么比白白浪费时间和精力，却没有找到目的地而让人难受的呢？日常生活中，每个人都会遇到迷路的现象，但很少有人认为是设计者造成的，大多会怪罪自己是"路痴"或"路盲"（图4-12）。

无可非议，造成以上诸多负面影响的主要原因，应当归结于公共艺术符号设计的品质问题。公共艺术符号的设计质量在日常生活中有着重要作用和意义，其设计价值就是帮助人们尽快完成出行任务。它需要设计者的精心安排，准确的信息和科学合理的规划是其必要的前提，只有科学、合理的设计规划，才能减少上述负面影响。

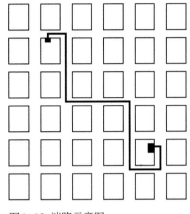

图4-12 迷路示意图
来源：[美]凯文·林奇. 城市意象[M].
北京：华夏出版社，2001.3.

由此可见，公共艺术符号是完成出行任务的主要环境信息，这也充分说明了它的实用性设计作用。有意义的公共艺术符号，应当可以让使用者减少出行挫折、尽快抵达目的地，同时也可以营造城市文明秩序，在旅途中愉悦地感悟城市意象。

评价性认定作用

1. 给予出行者的安全感和归属感

凯文·林奇在《城市意象》中指出："寻找道路是环境意象的最基本功能，也是可能建立感情联系的基础。"[1]林奇认为寻路与环境意象有着直接的关系。"一处好的环境意象能够使拥有者在感情上产生十分重要的安全感。"[2]

林奇为了说明他的观点，列举这些事例："在澳大利亚中部，传说中的土著英雄总是在所谓的'梦想时光'道路附近出现。因此，这些道路成为环境意象鲜明的组成部分，当地人在其间穿行时也感到很安全。"[3]历史虽已成为过去，传说毕竟只是传说，但是留给人的记忆却是永久的。不同的城市、不同的地区、不同的环境都有着丰富的记忆，那些曾经的事实、历史和遗迹组成人类群体交往活动的共同记忆符号和基本材料的源泉，人们因此而被联系起来，进

---

[1] 凯文·林奇. 城市印象 [M]. 北京：华夏出版社，2001.94.
[2] 凯文·林奇. 城市印象 [M]. 北京：华夏出版社，2001.3.
[3] 凯文·林奇. 城市印象 [M]. 北京：华夏出版社，2001.94.

而得以相互交流，使人类与环境之间建立了感情的安全联系。

由此可以看出人、符号、出行、环境意象之间的密切联系。公共艺术符号不仅从属于环境意象，而且也影响着环境意象的价值，不能把公共艺术符号理解为简单的地图和指示方向，而应该将其理解为环境意象或者是一种信念甚至是一种社会习俗。许许多多的历史事实，都是形成环境意象的可能性组织素材。

2. 增强出行者的体验感

地铁公共艺术符号是以动态的观察方式，让出行者体验环境特征的行为活动。它不但需要表现出时间顺序，同时更需要表现出周围环境特征，以及人与环境之间的情感交流。这是因为符号的行为是一个复杂的心理认知过程。当一个人出发走向目的地时，他会有一个不断持续的理念，就是必须通过仔细观察环境，选择出准确执行决定的信息，以顺利完成出行。这就表明了环境信息不是消极地停留于大脑中，而是要进行阐释、组织成为一个认识体进而才能呈现。那么，在这个不断地选择—判断—决定的过程中，环境不仅是"看到"，还要去处理、征服，特别是感受。

可观察、可体验和可感动的公共艺术符号，总是唤起共同的场所回忆，从而成为有意义的符号。其象征性的组织，不仅能够意象性地暗示和帮助人们战胜恐惧，获得认同、归属和情感安全的联系，而且扩展了出行者经验的潜在深度和强度，在一个生动的环境中，必定会让出行活动的行为充满崭新的意义。

因而，公共艺术符号设计不仅要完成出行任务，同时也必须对出行者的安全感、归属感和体验感进行设计评价认定。

国际规范性原则与城市地域性原则

不同民族、不同国家的不同城市，有着不同的历史文化积淀。国际上一些著名城市的地铁公共艺术符号设计，不但具备着国际化的特质，而且能够反映出地域的个性和风格。究其缘由，离不开自身城市所独有的地域文化特征对公共艺术符号设计的影响。如莫斯科地铁向世界展现了"权利美学"；巴黎地铁表述了贵族的"优雅风度"；位于地中海的海法城铁以景观艺术符号的"历史感"创造的"地点感"，让人印象深刻；英国维多利亚地铁线以城市建筑遗迹和历史人物等元素创造出每一站的站名符号，形成完整的地下"城市文化走廊"；北京地铁公共艺术符号让人体会到大众平民的特色；西安地铁公共艺术符号向世人叙述"周秦汉唐"的历史人文意象。可见，以"本土文化"所表现出的地域性特质本身就是一种与国际化接轨的表现。建筑大师贝聿铭对国际化设计的理解只有四个字："因地制宜"。

笔者认为，针对地铁公共艺术符号设计更要以"因地适意"的设计观念和态度，才能立足于国际，被世人认可。在遵循国际性设计原则的前提下，利用地铁线路与城市区位文脉以及站域环境特征，充分发挥公共艺术设计的指向功能和定位功能，形成自我城市意象的公共艺术符号，这才是真正与国际接轨的国际化设计体现。因此，其设计原则可从两个方面考虑和归纳：一是公共通用图像符号国际规范性原则，二是城市人文景观符号的地域性原则。

地铁通用图像符号的国际规范性原则

我国城市地铁有着50余年历史，但与世界地铁百余年历史相比，尚处于发展阶段，相关组织、协会、学术机构、专业设计单位等机制建设还落后于我国地铁高速发展的势态。为了改善和提高设计要求，国家质量技术监督局相继颁发一系列设计规范。2006年发布《公共信息导向系统要素的设计原则与要求》，次年又颁布了《公共信息导向系统设置原则与要求》《城市轨道交通客运服务标志》，2008年相继出台《图形符号术语》和《标志图形符号表示规则》等交通标识的多项规范要求。2017年1月，住建部与质量监督检验检疫总局联合颁布《公共建筑标识系统技术规范》。由此可以看出，有关公共通用符号设计的规范和要求在城市规划和建设中逐渐引起了重视。

除了上述的国家制定的一些标准规范之外，这里需要补充一些对国际性设计原则的理解和认识。所谓国际性原则的具体含义：一是强调使用对象的范围应为来自世界各地人群；二是强调符合国际设计水平的高标准设计要求。也可以理解为，地铁公共通用符号的国际性原则首先要满足国际范围内的乘客易辨识和易使用的要求，从而达到国际水平和国际质量的设计标准。为了能够长时间被国际范围的使用群体所记忆和使用，在设计中则表现出两个特征：强调用以表达提示信息的语言应使用国际性语言；强调公共艺术导向符号采用统一的国际通用符号语言。主要体现在以下几方面：

第一，文字信息采用双语设计。由于来自世界各地使用人群，有着各自不同的文化背景，所以对于城市地铁公共交通环境的导向符号设计，其文字信息均采用双语形式：母语（优先）＋英语。因为英语是国际认可的世界语言。

第二，数字信息采用阿拉伯数字设计。阿拉伯数字作为国际通用性数字符号，也常被应用在地铁的导向符号设计中。韩国首尔地铁车站的站名，就是用数字代码与韩文、英文、中文以及日文四国语言文字共同组成的一种表达形式，非常具有国际性标准。如："201"号车站，表示二号线的第一站，即首尔市政厅站。

第三，方向信息采用通用箭头设计。表明方向指引的箭头非常具有国际标准性，因其简单容易理解。

第四，图形符号信息采用公共交通通用符号设计。国际认同的交通符号是由美国联邦政府委托权威平面设计机构所设计的34种标志符号。目前，我国制定的通用性公共交通标志符号大致有70个。

第五，紧急逃生信息采用通用性的标准图形。

第六，安全、消防信息采用通用性的标准图形。

采用国际性的公共通用符号设计标准，目的是让更广泛的使用人群接受和理解。另外，对于线网密集的城市、星罗棋布的车站，尤其是商业综合型车站以及大型枢纽型车站，保持一致性和统一性的通用信息符号，可以减少使用者的信息负荷，让使用者更轻松地完成出行任务。

地铁人文景观符号的地域性原则

地铁人文景观符号的地域性原则强调三重含义：一是要考虑所在国家、城市的具体情况；二是要考虑地铁线路在城市区位中的文脉关系；三是要考虑站域的地理位置和地方文化特征，即车站在站域城市文脉中的具体特征。只有综合这三种含义才可以给予地铁公共艺术符号准确的设计定位，利用车站与城市区位中的文脉关系，充分发挥公共艺术符号的识别性作用。

地铁人文景观符号的地域性原则应遵循装饰性、艺术性、公共性、指示性、安全性和"绿色"六大原则。在具体设计中还应当注意以下几点。

1. 主题和题材选取的基本范畴

主题内容的获取原则。从地铁线路在城市区位中的文脉关系上获取线路主题和内容，从车站所处的站域文脉中获取主题和内容。如历史街区、商业中心、枢纽换乘中心、城市地标性建筑、文化古迹区、风景名胜区等。

题材选取的原则。地铁人文景观符号所要展现内容应是城市环境范围内的客观物质文化或非物质文化，包括政治、经济、文化、历史、生态以及科技等诸多方面。不同城市应根据自身的特色文化及站内环境，选取适宜的表现题材及形式，如城市文化、站点文化、历史文明、风土人情、传统民俗、政策导向、自然环境、工业科技、党政建设等。

2．公共区内艺术载体的基本要求

艺术吊顶。宜选用质地较轻的材质，可采用透光或无透光的吊顶形式，提升地铁车站空间的光照强度及美观性。吊顶造型的表现形式应具有视觉冲击力、色彩鲜明，兼具一定文化内涵和比例体量。

地面砖雕。宜采用简洁、变化平滑的方式，避免出现高差大、凹凸不平等现象，防止磕碰。地面砖雕可以表达路径指引，也可以表现与城市地域文化相关的纹饰、文字、图样等，简洁又不失美感是其设计的基本要求。

玻璃地台。宜采用多层（3层以上）钢化玻璃或钢架结构；玻璃表面平整无缺点，有防滑性能及防滑相关处理。利用玻璃的透明性质，可在地台下铺设自然植被或架设展示空间。

雕塑、艺术装置。应避免尖角、锋利等不安全因素；有一定的互动体验性，但也要注意人流集散问题。

地铁出入口装饰设计。宜充分考虑周围建筑环境特征，适当增强出入口的造型设计的识别性和地域文化特征，也要注意设计的安全性、方便性和客流疏散等问题，同时，垂直电梯和无障碍设计也是出入口设计中不可忽视的基本要求。

石柱。宜结合顶面和地面的设计风格，从造型、色彩、材质等方面进行整体设计。

空间整体装饰。应对站内空间进行统一的艺术设计，需要从色彩、灯光、空间利用等多个角度进行整体考量。

公共设施。使用功能优先，装饰不得阻碍原有功能正常使用。

照明设计。应力求简洁明快、美观大方而实用，既便于安装和维修，又与车站整体装饰风格相协调。

3．艺术景观墙的基本设计要求

艺术景观墙的位置及规模。以经济、美观、安全、绿色、易识别为基本设计原则。宜根据城市轨道交通车站空间环境规划统筹安排。设计风格宜与车站空间整体装修风格协调、统一。

艺术景观墙的表现内容。宜根据城市文化特征选取适宜的表现题材，如文化性、装饰性、历史性等。

艺术景观墙的表现形式。应采用简洁、变化平滑的形式，不宜出现棱角或尖角，满足安全观赏的要求。景观墙的静态或新媒体动态表现形式，宜符合车站空间装饰需求。

艺术景观墙品的材质和工艺。材质主要包括不锈钢、铜、石材、马赛克、砖、漆画等，采用符合安全标准的材质和材料，应符合《地铁设计规范》《建筑设计防火规范》要求，并严格按照加工工艺流程实施。

艺术景观墙的光照。光照强度不宜过强，避免使用强烈的光线破坏艺术品色彩明暗，避免造成光污染，影响观者对艺术品的欣赏体验。照明色温、照度值应符合《地下铁道照明标准》GB/T 16275—1996、《建筑照明设计标准》GB 50034—2013。

总之，与世界地铁经典车站相比，我国地铁车站设计尚处于工业化发展阶段，对公共空间艺术的国际性设计内涵、规范、标准等概念还有待学习、完善和提高。国际设计原则既强调公共符号的"同一性"使用原则，又强调具有高质量的地方"差异性"视觉审美原则，"同一性"与"差异性"二者相互融合、互为补充，有机地、合理地、适度地整合，按照"国际地域化"的设计方针进行设计工作，才是可持续发展理念和以人为本走向国际舞台的价值体现。设计人员应以创新设计精神，协助相关政府管理部门共同完成这一任重道远的使命，使得地铁建设成为城市人引以为豪的形象工程，而不至于失去地铁所特有的长久"历史美学"价值属性和特征。

地铁公共艺术符号设计体系的建立

继前面章节所述，中西方哲学均以不同的致思趋向论证了意义符号，无论是中国古典哲人程颐的"体用一源"论，王夫之的"言象意道，固合而无畛"论，还是西方现代符号学先驱索绪尔的"能指与所指"论，以及莫里斯为符号学划分的三个分支（语构、语用和与语义），人们对符号世界的"物中之事，事中之理"的研究，始终没有脱离对独立于"客观对象"的纯粹思想——"意义"领域的科学探索。意义符号是人类创造文化秩序、科学把握物质世界的认识论和造物思想观。

地铁这一人造的地下空间场所，就是一个独特的文化符号组成体，在这样特殊的符号世界中，不可缺失意义符号观念，地铁公共艺术符号的社会价值也正体现于此。公共艺术符号的介入，既是为解释站域交通组织而存在的物象，也是可意谓的城市精神文化的象征符号，是在主观"意"的统摄下，由多维度意指功能共同集合形成的有机整体的意义符号。

笔者通过对中西方意义符号理论的梳理，以西方符号学的结构主义方法，结合我国古典"言、象、意、道"固合的造物思想观，探讨地铁这一典型"器（交通场所）"的"事理"本质。从三个向度的逻辑结构中，归纳出地铁公共艺术符号的设计理论体系的组成，即"意"（符号语义）↔"象"（符号识别）↔"言"（符号信息）。这三个向度是相融无间、不可分割的有机整体，它们的集合体构成了地铁空间公共艺术符号视觉传达的本质和趋向。三个向度的具体指向是：地铁空间导向"信息"的语用规划设计；地铁空间"符号"本体的语构识别设计；地铁空间"适意"的地域性语义风格设计。

1. 地铁空间导向"信息"的语用规划设计

语用学，是符号学从"行为中符号的起源、应用与效果"为出发点的一个分支。地铁车站作为站域空间的一个核心"力场"，研究车站空间环境和行为环境相互作用力，这是建立符号信息（言）设计的基础，同时也是评价地铁公共图像符号（象与意）表达效果的依据。此部分在整体视觉符号生成过程中作为基础性研究内容，是符号化设计意指的基石，是由众多单向"言"的信息所组成的意指行为，是针对使用人群心理行为对空间认知方面的研究，也是探究公共符号能指"可以使用层"的研究。总之，是涉及公共导向符号在符号整体系统中的一切起始与结果的重要环节。

2. 地铁空间"符号"本体的语构识别设计

语构学，作为研究"符号相互之间联合关系"的又一个分支，其主要研究内容是采用视觉传达理论，从地铁车站空间视觉特性角度来探讨符号本体物理属性的构成、图像符号的视觉识别特性以及编码形式规则等。

符号实体事实上是由两方面因素构成，一是物理实体构成因素，一是形式认知因素。前者关系艺术符号的物理加工，后者关系艺术符号在系统语境中的视觉要素可否顺利传达。因而，此项研究是针对如何将行为的信息（"言"）加工为可易识别的信文（"象"）的问题，使之成为可"看"且易于识别的物质实体，即从"可使用层"到"便于使用层"的感知形式表现问题的研究。

总之，地铁符号空间的公共艺术就是一个意义符号的编码系统，是解决如何将其构成的视觉要素进行整理归纳，并成为探究规律性的信文的问题。它是发信人信文构成的依据，也是收信人信息重建的依据。研究符号实体识别性就是研究符号之间相互依存的整体关系问题。

3. 地铁空间"适意"的地域性语义风格设计

语义学，是研究"符号的可意谓问题"，没有解释的行为就没有意谓，也不能称其为意义符号。从地铁站域城市意象的角度，来研究公共艺术符号内外相间的地域性语义，探寻地铁符号空间在国际规范视野下，如何适合自我城市特质、个性以及合乎公众心愿的地方发展风格，是公共艺术符号设计的又一重要意旨。

地铁公共艺术符号作为连接站内与站外重要环境信息的物质实体，承担第一视觉感知的形象识别，同时也是解读城市文脉、传播城市文化和增强城市记忆的标志物，符号的形象识别是以内涵城市精神为"意"而存在的根据，是以人为本、可持续发展的终极目标。

地铁公共艺术符号是由站域空间导向信息语用、各类符号本体的视觉形象以及站域城市空间意象共同构成的整体意义符号。其中的"站域城市空间意象"就是内涵城市精神的象征，缺少了这个内涵的设计和研究，则不能构成完整的符号。地铁符号空间的地域性语义研究是针对"乐于使用"需求层次的研究。缺少了乐于使用层的研究，就无法让使用者精神满足。因而，从"可以使用"到"便于使用"再到"乐于使用"，这三个需求层次分别对应于符号的行为语用、本体语构和风格语义三个向度（图4-13）。

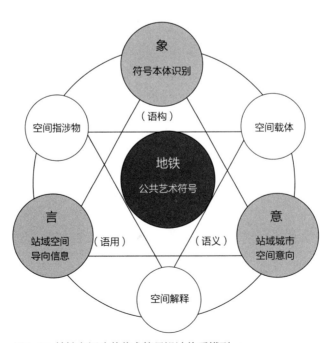

图4-13 地铁空间公共艺术符号设计体系模型

综上所述，在我国地铁高速发展的转型阶段中，从社会文化视野的角度，引入意义符号理论界定地铁公共艺术设计的内涵与外延，体现了地域人文关怀在地铁公共艺术语境中的重要性，为改善当下我国地铁公共艺术"重功能、少人文"的现状，为开拓我国地铁公共艺术学术领域的深度和广度，为高速发展期的我国地铁文化建设，以及提升城市公众认同感、归属感、参与感等问题，尤其是为弥补地铁空间"城市失忆"的负面影响问题，指出了一定的发展前景和方向。

"地铁出行·品味中国"
图片来源：http://t.cn/Rc134rp

海报选取"中国城"品中餐的素材，表达伦敦市民仅需搭乘地铁去都市中心的"中国城"，就可以享受中国文化，体现地铁给伦敦市民生活带来的便捷。

第5章 地铁公共艺术符号的语构与识别设计

第 5 章　地铁公共艺术符号的语构与识别设计

地铁既是一个解决城市交通问题的物化工具,也是一个凝结了人类文化与智慧的载体。然而,文化不是一成不变的,而是随着历史的变迁、文明的转换不断变化的。人们总是不断地总结着规律,同时又不断地注入新的内涵,在这种变化着的规律当中,地铁不知不觉转换为一种客观的文化符号,成为人类文化的构成部分。地铁公共艺术符号作为地铁文化的重要组成,其视觉艺术设计构成了传达地铁站域文化的重要方式之一。

本章以地铁公共艺术符号本体视觉认知为研究基点,从公共艺术符号与站域空间的横向组合关系中,探讨符号的功能表达问题、符号相互间联合的形式问题、视觉识别的编码规则问题等。以此为基础,探索在人的主观"意"的统摄下,地铁公共艺术符号的形式与内容、功能与审美相互依存的文化价值。

符号的信息与传达

从古至今,人类通过交流推动社会发展,交流链接彼此,达到信息传达的作用。然而,信息的交流始终都离不开客观的物理空间和主观的心理空间的连接关系。在传达信息的过程中,符号的编码、发出信息的媒介和符号的解码等任何一处出现问题,都会影响信息传达。

信息与传达

信息的传达是一个复杂的交流过程，既有客观的物理空间交流，又有主观的心理空间交流，二者彼此相融、缺一不可。"交流，在本质上就是继时性地出现正逆两个传达过程。"[1]以语言信息为例，语言就存在着两个传达的过程。首先，是以发信人经由人体器官加工成的语音信息或肢体信息，向另一方发出或表现的传达过程；其次，是以接受人经由个体器官接受此信息，并在大脑中对此信息进行解码和理解的过程。通过物理连接来分析这两次传达之间的关系，前者是将大脑中欲发出的信息通过言语或肢体等语言，经由"客观空间"中的媒介进行传达，而后者则是受信人通过视觉器官、听觉器官等接受信息后，通过主观心理将信息解码成语言。这期间无论发信人还是接受人，都经过了主观心理空间和客观物理空间的连接关系（图5-1）。因此，信息传达既是一次完整的编码、发信、收信和解码的过程，又是一次完整的信息交流过程。

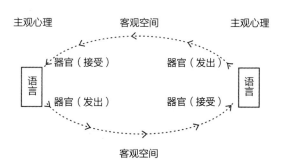

图5-1 信息在空间交流中的连接关系示意

然而，仅以此定义信息的传达，似乎缺少了什么。事实上，人的交流和传达都是有目的、有思想和有情感的，并且，人们更习惯于将抽象的思想和情感转换成可知觉化的信息，特别是那些具有物理属性的存在于客观空间中"符号"信息，更容易让人产生共鸣，同时获得理想的传达效果。事实上，人们主观臆造的那些符号，无论其造型、色彩、形式如何动人，最终的目的无非是将自己所拥有的信息、思想、情感等，通过物理空间中的信道传给受信人，并在受信人心理空间中形成一定的"共鸣""共知"和"共感"。所以确切地说，传达是将思想和情感通过"信息符号"的形式在受信人心理空间中形成相同的思考状态的过程。在这个过程中，既发生了物质空间和心理空间的移动，又带动了某种思想的传达。

从语言信息的传达特征中，我们可获知理想型信息传达应具备的条件：一是传达者必须将所要传达的内容形式化，就是将"思想"或"情感"转换为知觉化的物象；二是这种"形式符号"要想得到受信人的理解，必须运用以往经验，形成相同的认知；三是传达的物理空间必须

---

[1] 张宪荣. 设计符号学 [M]. 北京：化学工业出版社，2004.37.

顺畅无阻，不会形成阻碍或扭曲信息传达的障碍。只有这样，信息在物理移动的过程中，才能让发信人和受信人之间的"思想和情感"得到交流和互动。

地铁公共艺术符号同样遵循这个交流规律，通过"形与意"的视觉信息编码，并以其物理属性表现于客观空间中，迫使人们通过主观心理空间进行解码或解读，从而形成两种不同空间下的交流。因此，主体发信人的传达过程是由主观心理空间到客观空间的一次编码交流，是"意生象"的一个创造过程，而主体使用者则是从客观物理空间到心理空间的一次解码交流，是"象明意"的一个认知过程。

符号实体与形式

首先，外部物理属性构成了符号实体的存在，任何时期符号总是以物理属性的实体表现形式，存在于客体的物理空间和主体的心理空间中的。在信息传达的客体空间中，以某种物理属性表现出的符号，即符号实体。

其次，符号实体的形式并不影响符号本质的心理表现。同一种性质的符号，会因为不同的发信人而产生不同的符号实体，甚至传达同一语义的符号也会存在不同形式的实体。这是因为设计师的喜好、地域的文化差异甚至偶然创造出来的符号，都会影响符号实体存在形式上的差异。事实上，无论符号实体存在怎样大的差异，也不论其自身颜色属性的变化大小，只要语义的基本编码没有改变，在读取者眼中都能识别出它所传达的意思。

以中国国旗为例，无论是随风飘扬的五星红旗、谈判桌上代表国家的桌旗，还是大型庆典中人们脸上的红旗彩绘或纸贴等，尽管材质、大小甚至载体形状都发生了改变，但物理属性的改变绝不会影响人们心理世界中对五星红旗符号的意义识别（图5-2）。可见，符号实体的形式并不影响符号本质的心理表现，或者说一个符号的外部物质，在另一个符号系统里往往有大幅度变化的可能，但是它并不会影响人们对符号本质语义的认知。

图5-2 五星红旗的标识符号形式

究其原因，那就是任何符号在通过物理空间传达语义时，都会在人们的主观心理中产生解码，人们会自然地用大脑中的记忆对该符号进行解读。这里必须指出，有一个不可忽视的重要环节，那就是设计者对"元符号"所进行的"赋义"。正因为设计者对符号进行主观内涵的附加，让符号的编码隐含特有的内涵语义，并且这个附加内容还必须是广泛深刻地记忆在人们心中的符号，才使得这个符号具有一定的可读意义。换言之，设计者利用"元符号"进行不断的形式上和物理属性上的改变，使得符号的外部"能指"结构与内部"所指"内涵紧密黏贴，才成就了符号可被视觉感知和可被理解的传达意义。"符号的形式就是符号的物理属性在心理空间中被认知到的、确认其能指与所指、经过加工过的统一化的语义解读。"[1]

同理，地铁这一人造物符号和其符号系统必定以某种形式的实体而存在。可以说，地铁空间中的各类符号系统，是地铁空间环境特征和视觉条件相对应下的实体形式表达，具有适应自身空间的物理属性和语义表现形式。

从符号空间实体"对象"到视觉识别的"符号"

研究者认为，人的视觉信息处理始于模式识别，模式识别是通过"特征"分析（Feature Analysis）来实现的，视觉符号的识别就是设计者不断地创造特征刺激物，进而形成符号快速识别和传达的生产活动。

首先，如何理解模式识别？"模式识别（Pattern Recognition）是指对刺激模式的觉察、分析和确认。"[2] "一个模式（Pattern）就是一组刺激或刺激特性，它们按一定关系（如空间、时间）构成一个有结构的整体。"[3] 这里提及的模式，可理解为符号实体这个客观存在是一个刺激物，是想要被知觉到或是被识别到的一个刺激物，是人的大脑经过记忆匹配、知觉分析、理解和核证确认等多个阶段性的信息处理之后，才可识别到的刺激物。换言之，人们了解外部世界的重要方式，就是通过识别各种各样的符号实体来认知。也就是说，人们认知世界的过程中，绝不可能离开对视觉信息的识别和认知。正是因为人们利用模式识别或是符号识别将视觉世界组织成有机客体，而每一个有机客体又具有相应的识别模式，才让人们根据不同模式进行识别和认知。简而言之，模式识别或符号识别就是一个认知过程，是认知"特征刺激"的一个识别过程。

---

[1]　张宪荣．设计符号学 [M]．北京：化学工业出版社，2004.38–39.
[2]　张春兴．认知心理学 [M]．浙江：浙江教育出版社，2004.12.
[3]　张春兴．认知心理学 [M]．浙江：浙江教育出版社，2004.49.

其次，模式识别的特征刺激能带来怎样的识别效果？刺激是外界事物作用于生物个体，让个体视知觉感知之后起积极变化的反应。刺激被认为是基本特征的组合，刺激存在于某一模型中，而模型中每一个特征就是一个微小的刺激。特征指的是在一定程度上一些线条或笔画形式，人自身所具有的视觉边缘察觉器能够快速地提取这些最基本的特征（图5-3）。所以，在识别某些视觉信息时，个体只注重物体形式最基本的特征，也习惯忽略其他不重要的细节部分。为了更快速、更方便

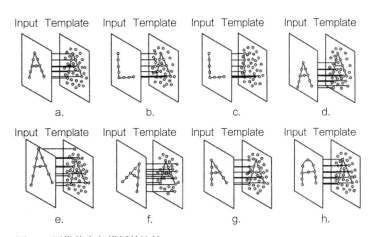

图5-3 图像信息与模板的比较
来源：John R.Anderson-Cognitive Psychology and its Implications.7th Ed.（2009）:43

地传达某一信息内容，符号的设计特征就必须做到数量少且简单明了，组成符号的各要素也必须与人们的视觉记忆和经验相吻合，这样才能达到快速辨识的目的。

那么，形成符号实体特征的基本条件又是什么？构成地铁车站空间实体的形式特征和条件是什么呢？地铁车站空间是为大众服务的公共交通空间，车站各类公共设施和空间设计均是为满足乘客各种心理需求和行为需求所设立的，而这个公共符号空间就是一个人为的环境信息和象征符号空间，是设计师从站域空间中提取各类（闸机、售票机、扶梯和电梯、列车轨道、站台等）功能设施"对象"和一些不可直接感知的文化记忆"对象"，对其进行高度概括、艺术加工后所形成的，具备可看、可感知、可解读性的实体符号空间。如列车是人们熟悉的客观事物"对象"，将其艺术化处理后的"乘车"图形符号，就具有了一定的"造型性"，其造型是通过对"列车头"实体对象的外部物理属性进行模拟，具有了特定的"表象性"。同时，这一图像还具有乘车确认和乘车指引的作用，使得这个符号暗含着一定的"示意性"。因而，"列车头"图像符号作为一个释义的解读符号存在于地铁站域物理空间和人们的心理空间中。

因此，任何符号实体，包括地铁符号空间实体，或地铁公共艺术符号实体的物理存在，都必须具备三个基本条件：一是作为符号要具有一定的"构成性"和"造型性"；二是作为符号要具有一定的"表示性"和"表象性"；三是作为符号要具有一定的"示意性"。只有如此，才能够构成符号实体，并被视觉识别到，从而让使用者根据自己的动机作出某种行为需求的决策。

信息符号传达的存在方式

不同的符号有着不同的实体存在方式。在地铁符号空间语境下的信息传达中，首先，符号表现出多种物理属性；其次，符号存在于不同维度空间中；再次，符号是可被解读的感知信息。

人们所能感知到的声音符号存在于一维空间，图像符号存在于二维空间，建筑符号存在于三维空间。随着计算机技术的迅速发展，出现了虚拟图像。虚拟图像有别于传统的二维平面图像，是二维平面图像向三维空间图像的变革与融合，旨在表达虚拟界面、全息影像以及虚拟人机交互等内容，是一种全新的视觉形式。这些不同空间维度的符号，无论其存在形式是怎样的，都遵循一定的传达规律。例如人们常见的声音符号，要完整无误地传达一个声音符号，必须按照一定的语法结构进行编码，再通过受信人的心理空间的解码才能达到正确的语义传达，否则就会发生语义传达失败或者失误。

当然，地铁这个三维空间符号实体也不例外，它有着完整的命题和规律，同样遵循着自身交通功能的组织编码规则，既要传达有地铁空间环境特性和视觉条件相对应的实体物理形式，也要有传达和解读特定交通功能的内涵语义。作为感知信息系统，从空间维度上地铁公共艺术符号的物理属性有三类存在方式（表5-1）。

符号的物理存在性与分类 表5-1

符号存在性	符号要素	系统符号举例	本书涉及内容
一维（时间）性	声音	音响符号、音乐符号、语言符号等	否
二维（空间）性	平面形状、色彩、材质	图形符号、文字符号、绘画符号等	是
三维（空间）性	立体、空间形、色彩、材质	雕塑符号、建筑符号、形体符号等	是

地铁公共艺术符号的视觉传达特征，是对地铁交通组织特定空间条件下建构的感知和认知，是经过严密编码和解码过程后最终确定下的实体形式。由于大脑记忆功能的作用，符号的形式特征往往存在于心理空间中，只有符号的能指（形式）与符号的内涵语义相结合时，才能成为一个典型的艺术符号，而符号形式本身必须简洁明了、易于识别。

在公共艺术符号的视觉传达过程中，人们能够自觉地利用视觉器官认知到符号的形状、色彩、质地等，并在心理空间中对应其记忆模式进行解码，形成相应的符号语义，符号的能指（形式）与所指（内涵）成为获得各种行为指令和暗示的代码。地铁空间中的艺术符号，大多数存在于二维空间和三维空间中，是与空间环境相结合的视觉符号和触觉符号。

二维空间的符号，可理解为标识图形符号。究竟一种图形是不是视觉符号，则要看该视觉符号的内容（所指）与其相结合的符号形式（能指）是不是通过视觉认识到的。地铁站域中的标识符号多数具有二维空间的图形特征，如地面标识符号和装饰图案、墙面标识及壁饰、顶棚图案装饰、屏蔽门上的标识图案等，二维的标识图形符号，在参与交通指引与确认的过程中，符号实体（符号要素）与其相结合的符号形式（能指）均向使用者传达相应的视觉信息，通过使用者视觉获得感知，并在心理空间中形成正确的符号解码，进而形成各种行为需求的意指结果（图5-4）。

西安地铁

南京地铁

香港地铁

图5-4 地铁空间中的二维图形符号

三维空间的符号，可理解为艺术景观符号。地铁这个围合的实体空间本身就是一个三维空间符号，只不过是人们利用各种造型、材质和色彩等艺术营造手法，才使得这个三维物理空间实体呈现出丰富多样的有意味的空间景观。除此之外，大多数地铁空间的景观艺术均具有三维空间性，如出入口构筑物、站外立柱装饰、座椅之类的设施、各类装置品、雕塑品以及风亭等。像出入口这类艺术景观符号就是在一定的物理功能基础上，赋予相应的站点文化内涵，使之成为既有功能性，又可传达该站点地域性特征的符号实体景观。三维空间的艺术景观是将各种符号实体进行组合和艺术编码的结果，因而更具有站点确认的标识性功能，可以让使用者通过视觉、触觉等三维空间性的感受去体验和感知符号的形状、色彩、质地、内涵语义等，以便获得各种行为需求和情感需求的满足（图5-5）。

俄罗斯圣彼得堡

德国柏林

波兰华沙

图5-5 地铁空间中的三维艺术景观

符号的分类与联系

符号学的符号分类

皮尔斯的符号分类学说是符号学理论发展史上的重要突破。他的"三元一体"符号理论是对索绪尔能指与所指"二元一体"论的深化和扩充。他以实用主义哲学、范畴学和逻辑学为基础，从媒介、对象、解释这三个角度建构的符号分类学，具有自然科学的倾向，成为研究一切事物意指作用的科学。皮尔斯在对象指涉物这个向度上，将符号划为图像符号（Icon）、指示符号（Index）和象征符号（Symbol）（图5-6）。在三分法的基础上，这三种类型的符号交叉重合又可以划分出10种符号类型。最基本的三种符号分类在意指作用上具有不同的功能，被广泛应用在现代符号设计中。

图像符号，是通过对客体的相似模仿来表征对象，因而也称为肖似符号或类象符号。因为人的视野范围是有限的，无法突破空间维度的局限，而图像符号的存在则暗示着复合型空间的存在及功能布局等信息。所以，图像符号主要是指用于难以通观认知的领域，不可以全部纳入视野且无法顾全的情况下给予概括的符号。诸如市区图、地图，科学技术中的各种图案（结构图、模型图）、画像、图形等，其中的平面地图就是用来帮助人们确定方位的图像符号。

指示符号与表征对象之间是一种直接的真实的联系，并与对象构成一种因果或接近联系。指示符号具有标定的作用，这种标定性将人们的注意强制性引向所表征的事物，"对于信息交流以及思维是绝对必要的"[1]，如路标、指针、箭头、基数、专有名词、指示代词。任何事物只要作为"此时此地"的存在物被表征出来，指示符号均起作用。

象征符号，是一种与其对象之间没有相似性和直接性的联系，也可以是完全自由的表征对象。其最大特征就是符号的形式（能指）和意义（所指）之间无必然的联系。象征方式的表征

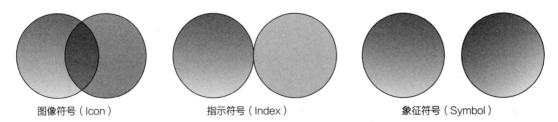

图像符号（Icon）　　　　指示符号（Index）　　　　象征符号（Symbol）

图5-6 对象关联物上构成的符号类型

---

[1] 伊丽莎白·瓦尔特. 广义符号学及其在设计中的应用 [M]. 北京：中国社会科学出版社，1992.29.

与解释者相关，其所表征的并非是单一个别的存在，不受特定时空条件的制约，而强调"普遍性"事物。例如将"房子"理解为变数，那么"房子"就包含了所有现在、过去和将来的具体个别房子，房子可有亲切的、浪漫的、神秘的……因而，象征符号作为表征对象的关联物是以"解释"功能为前提的，解释符号的意义既是符号生成的前提，又是符号传达效应的终极目的。

不同角度的分类方法不仅决定了符号的功能和价值，同时也决定了符号之间的关系和系统传达效率。明确了符号不同视点的分类，才能真正掌握它最根本的特性和应用效果。符号的分类见表5-2。

地铁公共艺术符号在指涉物对象关系项上的分类示意　　　　表5-2

符号分类	构成	举例	获取方式
图像符号	与客体相似性	线路地图、车站空间示意图、扶梯标志	可以"看"
指示符号	与客体逻辑相似	乘车/出站标识、箭头、卫生间标识	可以"想"
象征符号	传统或约定	城铁标志、壁画、顶棚、地面、立柱图案	可以"学"

地铁公共艺术符号的分类和联系

尽管皮尔斯将符号划分为图像性符号、指示性符号和象征性符号。可是，三者之间绝不是互相排斥、各自独立的，而是存在着一定的依存关系甚至是递进式的交叉关系。因为皮尔斯是站在符号整体的思考角度来划分符号的，他从符号载体的属性、指涉对象以及解释意义这样一个三元组合的交叉视角上让符号的分类更加具有逻辑性和实际应用性。依据皮尔斯的三元组合论和符号分类说，作为交通空间命题下的地铁符号空间实体，其公共艺术符号的类别又该如何呈现和划分呢？符号之间有无区别和联系呢？

首先，要明晰地铁空间是一个"三元一体"的符号整体。车站空间这个容器构成了艺术符号实体的媒介物；空间结构的各功能组织和地下环境特征构成了艺术符号的指涉对象；而站域文化意象和空间精神则构成了艺术符号的解释意义。这三项关系彼此交叉重合，共同组成了地铁空间符号实体的视觉感知相貌和特性，是"言、象、意"浑然一体的符号空间，这其中既有二维空间的符号形式，又有三维空间的符号形式。

其次，在这样一个三元一体相互关联的地铁空间语境下，以地铁使用者出行需求为目的，从指涉对象这一项关系中所对应的车站空间结构、组织的功能属性和空间精神的解释意义，可形成皮尔斯指出的三种符号类型（图像、指示和象征），这三种类型符号相互交叉重合，又会形成下位的多种符号类型如确认符号、咨询符号、导向符号、安全警示符号、景观识别符号等。其中每一种类型符号都会兼有其他符号功能，各类符号之间既有区分又有联系。如一个由箭头和乘车文字组成的符号悬挂在地下通道中，就构成了与交通空间有直接联系的导向标识符号，它既是一个指示性符号，同时又兼有图像性和象征性，只不过它的指示性功能远超过于象征性的功能，可见，符号的性质越强大，与外界的关联性就会越小。

再次，符号分类是在使用者行为需求的基础上建立的。图像、指示或者象征性的符号分类和联系方式主要依赖于符号的使用功能和方式。在地铁特定环境下，使用者的使用目的决定了符号的类别选择。随着时代的发展和文明程度的提高，一种公共符号渐渐地拥有多种联系的可能。例如：男女卫生间标识符号，它既是图像符号，与指涉对象有类似之处，具有确认性；同时，它又指示了卫生间的具体位置和方向，具有指引路线的功能；再次，它也是象征符号，它与卫生间的指涉对象无必然联系，只是社会文明发展后出现的文化产物。人们日常生活中依赖符号，无法离开对符号的使用和选择，就像卡西尔所说，"人是符号的动物"，人们利用符号创造符号，生活在符号秩序的世界中（表5-3）。

地铁空间公共艺术符号的分类及联系方式　　　　　　　　　表5-3

符号分类	地铁符号分类	符号举例	联系方式
图像符号	确认符号	站域出入口确认、售票处确认、卫生间确认、无障碍垂直电梯、扶梯、家具及功能设施等	以图像性为主，兼有指示性和象征性
	咨询符号	站域街道图、地铁路线图等	
指示符号	导向符号	站点寻路方向指示箭头标识、乘车方向指示灯等	以指示性为主，兼有图像性和象征性
	安全警示符号	禁止、管理、说明符号等	
象征符号	景观符号	站名识别标识、景观装饰艺术符号、地铁形象识别标识、站内环境艺术、入口建筑物符号等	以象征性为主，兼有图像性和指示性

因此，在地铁符号空间中，为了达到全面有效的信息传达和人文关怀的设计取向，往往会将图像、指示和象征性三种功能不同的符号相互搭配使用，以满足使用者的各种行为需求和情感需求。基于符号功能表达的不同，根据与指涉对象之间的关系，可以归纳出地铁公共艺术符号的联系法则（表5-4）。

地铁公共艺术符号的联系法则				表5-4
符号	与指涉对象之间的关系	联系法则	意义	符号功能
图像性	再现或相似性联系	相似法则（类似性法则）	美学意义	美学功能
指示性	有直接、必然联系	指示法则（必然性法则）	指示意义	指示功能
象征性	无直接、必然联系	文化法则（制度性法则）	象征意义	象征功能

符号的功能表达形式及其相对性

地铁站域各类符号承担着各不相同的功能作用。图像符号、指示符号和象征符号是最为广泛应用的。不同使用功能的符号不仅决定了符号的价值，同时也决定了符号之间的关系和系统传达效率。只有明确了不同符号功能作用，掌握它最根本的特性才能获得最大化的应用效果。

地铁公共艺术符号设计是以空间因果关系来表征对象的，研究这一空间对象的表征符号，离不开对符号功能的分析。

地铁空间"图像符号"的功能表达形式

图像性符号的首要功能就是承担美学意义和指示性作用。按照其功能特征可分为再现性图像符号和类比性图像符号，它们各有不同的形式语言并承担着不同的功能指示意义。

1. 再现性图像符号的功能表达形式

再现性的图像符号是完全模仿现实事物来表达意义的符号，其中包括纯粹心理再现和艺术再现。然而，这里的"再现"有别于对事物的照搬和复制，它是通过心理回忆，以记忆的方式对印象中的形式进行选择，或通过艺术表现手法加以整理、归纳、提炼后的文化符号，是对周边事物的模仿和关注后的高度艺术化表达，是设计者对自然事物的直接感受和对精神实质的高度把握。地铁公共艺术符号中，再现的图像性符号主要表现在确认性符号中，如闸机出入口、上下楼梯、自动扶梯、垂直电梯、卫生间和票务中心等符号。从单一符号的性质和命题的角度，可将再现性的图像符号细分为如下两种形式：

第一，以人和物体为基础的符号形式。这类符号与具体存在的事物是相对应的，通过对自然事物属性的镜像或模拟，能够直接反映事物的本质特征，直接显示出信息，不需要预先的学习过程，通过以往记忆和经验便能够识别和认知。这类符号越简单，就越容易被理解，它具有直观、真实的特点（图5-7）。

第二，以概念为基础的符号形式。这类符号需要观察者拥有更多的注意力和推断逻辑行为的能力，这类图像符号更注重行为过程的表达，需要进行思考并依靠以往的知识来理解这一类图像符号传达的信息（图5-7）。

2. 类比性图像符号的功能表达形式

类比性的图像符号，是参照现实对象事物提取出对象特征的一种表达形式。类比图像性符号包含了空间性和时间性特征，是利用联想思维，有依据地进行创造性表达的一种方式。站域街道图、地铁横行车线路图、列车方向线路图等均属于类比图形性符号（图5-8）。

地铁空间"指示符号"的功能表达形式

指示性符号的主要功能，是规范和引导乘客按照一定的交通秩序完成出行任务。其表达形

以人物为基础的符号

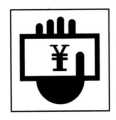

以概念为基础的符号

图5-7 再现特征的图像性符号

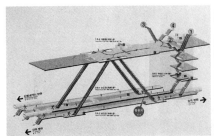

图5-8 类比特征的图像性符号（韩国地铁站域街道图和地铁横行车线路图）

式需要嵌入图像符号中，并以物理属性特征，呈现在站域空间媒介物里，目的就是让使用者据此作出正确的行为选择和判断，达到预期的目标。按照其功能特征可分为因果关系的指示符号、邻近关系的指示符号、制度关系的指示符号。

1. 因果性指示符号的功能表达形式

因果指示性符号，常常表现出"显在"的关系特征，由符号本身说明指示内容的实质，通过一定的图像造型形式，以空间实体中的各类功能对象作为信息指涉内容，显示符号在空间媒介中的内在联系，有着显著的规则性。地铁空间的指示性符号，是以车站空间的平面布局、人流交通组织的序列关系以及功能设施等为指涉内容，从而产生的规则性信息符号。因果特征的指示性符号是利用日常生活中形成的固定经验模式，通过箭头、文字和图形的规则化组织，帮助人们利用符号信息来认知空间、了解空间功能并正确使用空间的一类符号（表5-5）。

地铁空间因果关系指示性符号特征分析　　　　　　　　　表5-5

箭头＋线路数字＝线路确认的引导功能	出口位置＋汉字＋英文编号＝出口方位指示	乘车文字＋线路编号＋箭头＝乘车基本信息	票务服务图形符号＝购票方位指引和确认

2. 邻近性指示符号的功能表达

邻近指示性符号，是指通过空间、色彩、形态上相邻的视觉特征而构成的具有指示性作用的符号，即系统化的统一形式的标识符号。通过这种邻近的指示性符号的设置，可以有效地指引人们完成交通行为（图5-9）。在地铁公共艺术符号系统中，交通标识牌、指示牌、特定场所及区域示意牌、交通线路图、车次时刻表以及信息显示屏等都属于邻近的指示性符号范畴。

图5-9 邻近特征的指示性符号

3. 制度性指示符号的功能表达

制度性指示符号，是源于社会制度约束而产生的具有指示性效果的符号，属于单一性质的规则化符号，既有着指示符号的特征，又有着图像符号和象征符号的特征。这类符号因制度的规定而使得符号的形式与意义之间可以产生必然的逻辑关系。国际标准化组织机构ISO向世界推出的残疾人符号和紧急逃生符号，以及国家标准规范中指出的一些安全警示类符号，就存在制度性特征（图5–10）。

图5–10 制度性的紧急逃生标识

地铁空间"象征符号"的功能表达

象征符号的功能是以"解释"功能为前提的，它不强调与对象的直接联系，而是强调对象的内涵意义，因而具有强烈的意指功能作用，也可称为表意符号。其表达形式可以是二维的，也可以是三维的。按照其意指功能的特征可将其划分为单一的象征符号和综合的象征符号。

1. 单一性象征符号的功能表达

每个民族在时代演进的历史中都积累了无数的文化象征符号。人们借助这些象征符号表达心理空间的思维、想法和意念。象征符号是在社会群体共同意愿中形成的，是人类不断发展过程中所产生的约定俗成的符号。象征符号通过间接形象的表达方式来约定某种意义，显示出社会、地域、民族的文化价值，更是人类智慧的集中体现。世界各城市地铁的标志设计，就浓缩了民族的智慧和文化精神内涵，成了各自城铁形象的"代言人"和符号象征（图5–11）。

如广州地铁形象符号，在充分体现美学功能的同时，也表现出了指示性功能和象征性功能。设计者通过"羊角"变形处理，表达广州"羊城"的人文特征，同时符号造型又形似铁路轨道，以此传达轨道交通的含义。通过"赋义"将符号的形式与内涵紧密结合，唤起人们对城市及轨道交通的认知和归属，实现了信息符号的认定性作用、评价性作用和文化传播的价值

巴黎市地铁标识

印度德里市地铁标识

匹兹堡市地铁标识

悉尼市地铁标识

旧金山地铁标识

图5–11 世界城市地铁形象符号

（图5-12）。

2. 综合性象征符号的功能表达

在象征性符号中，将多种意象符号进行组合可构成综合的象征性符号。主要通过联想方式来表达更高层次的象征意义，以高度创意和丰富的艺术表现手法加以融合进行创造，意在提升艺术文化价值和增强站域识别性。综合的象征符号在空间表现中，是通过连续场景的变化来抒发特殊情感，让使用者在场景中有着深刻的空间体验，将空间认知转化为空间精神，获得其蕴涵的象征意义。地铁车站空间中的景观艺术符号，就是利用顶棚、地面、墙面、柱饰、通道等建筑要素结合城市历史文化特征，共同营造出的综合性象征符号。例如瑞典斯德哥尔摩地铁站的岩洞空间景观，就是最典型的体现了地域文化的综合性象征符号（图5-13）。

图5-12 广州地铁形象符号

一个符号都有一定的解释，任何符号都不是单独存在的，必须与其他符号相互关联，形成一个完整的符号系统，才能使符号深深融入人的心理、精神和社会中，才能构架起一个连贯性的文化象征环境。如此就需要挖掘人们赖以生存的文化土壤，给予符号"显义"的解读内容，让使用者通过对象征体的相似性、文化传承、内涵解释来理解、感悟和体验象征体的本义。只有形式和意义之间的对应关系明显，表层与深层内涵相互融合的意义符号，方能得到社会的理解和认可。反之，那些只注重形式表达的符号，则会让使用者产生模糊的判断，难以获得生存环境的安全感和归属感，更谈不上良好的指示性效果。

不同的社会形态或文化背景对于象征性符号的约定存在差异。因为特定的文化土壤会形成

图5-13 综合特征的象征符号
来源：http://blog.sina.com.cn/s/blog_49b9c9080100q95e.html

特定的行为活动和场所特征，只有通过学习，了解这些文化特征符号，并使其融入形态、色彩、材质、空间等设计要素中，才能创造出艺术化的生活环境，才能有别于其他城市，让城市更加具有文化内涵和社会竞争力，形成相应的形象、特征和风格。

地铁公共艺术符号功能表达的相对性

图像性符号、指示性符号和象征性符号的区别并不是一成不变的。随着时代的发展和人们对符号认识的进步，符号类型的区分具有一定相对性和递进性。

以世界各国的城市地铁标志符号为例，从它与指涉对象的性质上看，它是一个单一的图像性符号；从它与建筑、道路、出入口等空间关系上看，则是一种指示性符号；而把它作为规则符号时，又是城市地铁形象的象征性符号。又如，地铁站域中的服务类符号，它是通过对人、肢体形象和行为动作的具体模拟、镜像所形成的一类图像性符号；当该符号出现在标识牌上时，具有了特定行为的指示性功能，则成了指示性符号；随着人们日常生活中对该符号的不断使用和认可，就会形成固定的内涵意义，成为社会文化约定的象征性符号。

可见，这三种符号类型存在着一定的相对性和递进性。只是象征符号的包容量最大，它既包含着图像符号的功能，又包含着指示性符号的功能。因此，在地铁空间环境，充分利用好公共艺术符号的相对性，发挥"象征符号"的意指功能，强调站域历史文脉、文化意象以及隐喻表达的特征，不拘泥于固有"形式追随功能"的模式，灵活利用空间要素和功能设施，运用不同符号的功能和符号类型相对性特征，让单纯的功能地铁变得艺术化，让地铁空间的顶棚、墙面、地面以及各种功能设施成为艺术化的符号功能和符号化的艺术空间，才能够令人具有体验性的丰富感受。

符号的约束性和差异性互补作用

地铁公共通用符号的"约束性"特征

公共通用符号存在着规则化的"约束性"特征。公共通用符号代表着城市文明和秩序，站域内的导向标识符号就有着强烈的规范性和约束性特征。随着城市交通系统的快速发展，为了方便人们在参与交通行为过程中快速抵达预想目的地，各类交通环境中的公共通用符号设计有着相对一致的规范和要求。

首先，在地铁这一通过性的空间中，为了更好地发挥交通环境的中转和枢纽作用，方便使用者达成出行目的，在设计导向标识符号时会采用直观的、国际化的、喜闻乐见的通用符号形式。通常情况下，我国在指引交通行为的导向符号选用上，均会采用汉字符号、英文字体符号、指引箭头三者相结合的形式来表达空间方向和位置。在这种统一规则性约束下，简单明了的符号形式能够被使用者迅速辨识和认知（图5-14）。

图5-14 日本地铁导向标识符号

其次，在站域内不同的交通转换空间中，为了满足多种行为需求，避免不同交通流线之间的相互交叉影响，对导向符号系统有着严格的规范要求，尤其在比例、尺度、位置的选择，色彩的区分，字体、图形的设计以及信息的分级上，都有一定的规则性约束，只有这样才能发挥指示性符号的功能，让使用者在最短时间内选择最佳路径完成出行任务。

再次，对于站域内的安全警示符号，无论造型还是色彩都具有严格的规则约束性特征。如造型一般会采用最容易被识别的三种形状：圆形、方形和三角形。同时，色彩也有极为严格的规定，如黄色三角形代表警示，红色圆形代表禁止等。通过这种约束性符号特征，规范和指导使用者在公共交通环境中的安全文明行为。

地铁景观艺术符号的"差异性"特征

地铁交通环境中的公共符号虽然存在规则化的约束性特征，然而，在体现更高层次的文化差异性方面，以及区别不同的城市精神文明和不同地域文化特征时，就需要在公共符号系统中增加"差异性"文化特征的符号设计。

在站域的空间景观设计中，装修风格、柱式造型、装饰图案和地面铺装的色彩及材质等方面，都会因为城市个性和文化内涵的不同，存在一定的差异性设计。这种差异性的表达，使得使用者在感知站域城市意象以及城市文化内涵方面产生强烈的视觉认同和心灵触动，并能够与其他城市地铁空间符号形成对比和区分，从而获得城市认同感和归属感的艺术效果（图5-15）。

在地铁站名符号中的图形和文字设计方面，其形式表达上也有着很大的差异性。每个国家甚至每个城市之间都存在着差别，这就必须在依附于同一符号形式的基础上，融入差异性的符号特征，通过差异化的图形符号或文字符号，体现各个城市的文化特点和独特个性。例如，墨西哥地铁、伦敦地铁的维多利亚线以及我国西安地铁等的站名图形符号设计就有着鲜明的城市地域特征（图5-16）。

图5-15 地铁空间的差异性特征

图5-16 西安地铁站名图形符号设计

除此之外，车站出入口建筑物设计也是极具差异性特征的。不同时期、不同城市的出入口设计各具特色，表达着设计师对所处时代及社会文化价值和审美诉求。例如，巴黎地铁和法兰克福的波肯海曼·瓦特站出入口建筑设计，均向人们诠释着各自城市在特定时代下不同的艺术审美取向。

约束性与差异性的互补作用

事实上，地铁空间就是一个利用符号塑造约束性和差异性共融的艺术化公共空间环境。约束性和差异性之间的相互补充和协调关系，对实现和满足出行者的多种行为需求和心理需求有着极为重要的作用。

首先，人们在参与交通行为的过程中，通过导向符号约束性的规范，让使用群体读取和获得基本的行为指引信息，其图形符号通常采用人们喜闻乐见的国际标准通用符号进行信息组合编码，目的就是引导人们获得最佳信息传达效果，作出正确的路径抉择和判断。约束性特征既可以提示使用者作出行为决定，保证人们完成基本交通出行任务，同时也能够与空间组织和环境意象形成图底整体关系。约束性符号的设定，在连接不同空间环境的交通指引和方位确认上起到了重要的指示作用。

其次，约束性特征与差异性特征具有互补作用。约束性符号可以规范和完成人们的基本出行行为需求，而差异性符号可以满足和实现更高一层的精神需求，差异性是对约束性的补充。为了区分和塑造不同的场所精神和空间意境，常利用差异性的城市意象符号营造艺术化空间环境，这不仅仅是为了美化环境，更重要的是为乘客营造一个有着美好记忆和联想空间的环境。世界著名经典车站的公共艺术符号设计就是最好的例证，因为它们发挥了符号的相对性和递进性功能表达形式，最终成就了一个又一个极具地域文化特征的地铁符号空间。虽然一些指示性符号有着显著的约束性特征，然而，这种清规戒律的模式也不是不能打破的，因为符号本身就存在着递进和变化的可能，只要人们不缺失这种创造性的意念。例如，英国火车站的标识符号设计就是采用约束性和差异性共存的设计手法，在标准规范的符号系统中巧妙地将站名设计融入地域文化色彩，不仅满足站点指引、确认功能，同时又区分了站点场所的精神特质，呼应和提升了地面场所特征和站域环境文化氛围（图5-17）。

因此，地铁站域空间需要把握公共艺术符号的约束性特征和差异性特征，运用这两种特征的互补关系，强化地铁空间的规范性、科学性和艺术性，增强使用者对城市的归属感、认同感和亲切感，在满足出行需求的基础上，达到精神文化层次的提升。

图5-17 英国火车站标识符号
来源：[美]大卫·吉布森.导视手册——公共场所的信息设计.王晨辉译.辽宁出版社，2010.99.

"形、色达意"的色彩符号识别设计

"形、色"视觉特征

世界万物"形形色色"，此语用来形容客观事物与现象的复杂和多变，以及二者内在的依附关系。形色原指事物的形体和容貌，即客观呈现出的样貌。形状和色彩是人类感知自然界万物并与其产生情感沟通的第一要素，形与色构成视觉艺术设计的最基本的"象"。视觉艺术设计中的形与色，既来自于自然万物，但又不完全一致，因为人总是主观有意识给予其特定的内涵和约定，使之成为某种象征性符号。

色彩依附于"形"，"形"同时因"色"的存在而更加容易被感知。色与形是承载和传达设计意念的重要信息媒介，有着其他艺术形式无法替代的内涵和作用。色彩并不仅仅以再现自然为唯一己任，而是一种具有独立表达设计内涵的元素。德国魏玛时期包豪斯学院的教员约翰·伊顿指出："色彩向人们传达着普遍化的情绪状态，图形也传达着类似的信息——这种类似性指的是情绪和精神上的类似，必须注重这些自然而然的富有亲和力的组合，正方形与红色、三角形与黄色、圆形与蓝色。"[1]可见，在形色相互关联的本质下，产生的艺术美感是基于人们意识的渗透。这种人为的对形、色的客观属性的创造，离不开现代社会大背景下，文化观念的影响和时代情感的赋义活动。

---

[1] [英]弗兰克·惠特富德.包豪斯——BAUHAUS[M].北京：生活·读书·新知三联书店，2001.110.

形、色不分离，相互关联，有形就有色，有色就有形，形、色艺术表"象"的最终目的是为"达意"而服务的。世间万物都具有最基本的形和色，地铁空间也不例外，形、色作为公共艺术符号最基本的相貌特征，传达地铁符号空间中最基础的语言信息。同时，形、色作为信息传达的基本视觉要素包括更深层次的内涵意义，既可以表达出空间符号的基本认知，也内涵一定的城市精神气质（图5-18）。

图5-18 形、色符号语义特征分析

形、色的运用，需要以科学的方法对形、色语义进行深层次剖析。形、色既是对客观事物的一定模仿和认同，也是对客观事物在意识形态上的再创造。形、色之间的关联，形成了它特有的视觉属性，可归纳为下面几种特性。

1. 形、色关联具有支配力

形、色关联具有统摄整体视觉效果的支配力和制约力。支配力和制约力是基于形、色的视觉信息与人们情感认同一致性的传达作用。不同的社会形态产生不同的文化观念，这样必然会带来人们意识形态上的差异。如果对于某种美的现象在意识形态上有认同感，人们就会下意识地期待和寻找这种认同感的出现，并与出现的视觉现象产生对应，从而产生情感共鸣。认同感所产生了支配力，影响人们观赏和艺术设计等活动。

如奥地利维也纳地铁空间使用连续性的红色装饰面板，营造出独特的城市地铁气氛，烘托出维也纳人民热情、活泼、好客的精神情怀（图5-19）。

图5-19 奥地利维也纳地铁色彩符号
来源：http://bbs.zhulong.com/101010_group_201811/detail10013961

色彩是一个复杂的物理现象，它以和谐的姿态美化人们的生活环境。通过形、色语义支配力的表达，可以传达贴切的艺术意境。

2. 形、色关联具有暗示力

形、色关联具有暗示力。暗示力来源于暗示对象被视觉接受后，作用于心理空间的反应，这种暗示作用需要一定的数量，包括时间和空间上的作用程度。

在地铁符号空间中，通过对形状和色彩的指示暗示力，驱动使用人群根据指示符号的暗示来作出行为决定。所以，在连续性形状和色彩的暗示力作用下，能够有效传达信息符号，完成快速、有效的出行任务。例如，在各城市地铁交通线网中，常以不同线路的不同配色规划，对线路进行定位，这是一种极为理性的以色彩来构建符号的导向方式。以符号特征来区别信息，利用信息来辨别信文主题，使得人们在出行乘坐地铁的时候，能够第一时间确认行为路线、感知特定街区的边界（图5-20）。因此，通过不同色彩的暗示力，可让人获得心理空间中期待的相应的抉择和信息。

3. 形、色关联具有共性和个性

形、色关联具有共性特征。"人类对美的接受程度基于自身结构和临近自然生态环境的结构在记忆中的存储以及时代特定教育影响，并再度对美的认识进行探索。"[1]由此可以看出，形、色关联必须基于共性的认识，才能达到辨识的目的，而个性特征则必须基于共性基础，经过再提升和创造而完成传达效果。

形、色关联的共性特征是在国际视野下，人们在参与地下交通行为的过程中，普遍趋于理性习惯，更依赖于指示符号的认知。人们通常是根据以往记忆和经验，对指示符号的形状和色彩进行理性辨识，以寻求心理空间的认同感和熟悉感。所以，对于指示符号，如导向标识符号的形、色设计，就需要采用具有共性特征的形式，以达到最直观、最准确的语义传达。

形、色关联同时也具有个性特征。不同的人群在意识形态上表现出不确定性和不同的联想。人们通常会有意识地突破时代和民族固有美学观念的思维框架，寻求不同的精神层次的表达，并对形状和色彩赋予个人的独特意志，融入个人意趣，对形状和色彩进行特别的"赋义"，获得个性化的形、色视觉效果，进而满足和丰富人们的精神审美需求。

4. 形、色关联构建线路文化主题

首先，形、色作为地铁符号空间的首要组成要素，应保持整体化的视觉传达设计。在设

---

[1] 师晟. 探索形状美与色彩美的互助因素 [J]. 东华大学学报（社会科学版），2003.46.

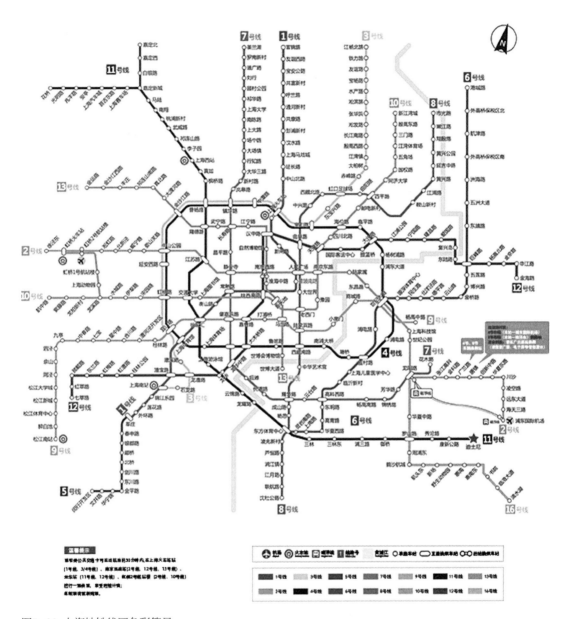

图5-20 上海地铁线网色彩符号

计过程中，提倡符号的形态与色彩趋向国际性、地域性、民族性、时代性、功能性等，并以人的审美倾向和内心需求作为最终的评价标准，提倡形、色之间的审美性和功能性的有机结合。

其次，通过形态与色彩共有的生理、心理特点，精神、情感联想等联系，运用整体化视觉设计思路，使得车站整体空间传达相同的视觉内涵语义。

从地铁线网的角度看，线路是构成网络交通的基本单位。线路之间的差异与个性表达，是地铁线网建设的重要环节。强调线路色彩与车站空间整体设计思想，结合城市地域文化特色，形成线路文化主题，有助于宏观上确立各线路视觉上的共性和个性风格，既可以保持统一风格，又有一定的个性变化。

比如，上海地铁6号线的线路色之所以定为品红色，是因为综合了线路的地域特征。6号线是一条全线平行于浦东海岸线的地铁线路，是全线网中最先被阳光普照的线路，也是迎接海上第一缕霞光的线路，加之浦东区是上班族集中的地方，因此"日出、霞光、活力、朝气"的品红色，被定位成全线体现地域人文特色的形象色，同时也形成了全线空间设计的文化主题。上海地铁线路的"形、色"文化主题规划见表5-6。

因此，形、色对于构建地铁网络视觉形象相当重要。充分把握形、色视觉特性与线路文化特征的融合，有助于形成地铁空间统一且独特的整体艺术氛围。

上海地铁线路的"形、色"文化主题规划一览[1]　　　　表5-6

线路	线路色	线路文化主题	线路地域特色	线路空间设计意境
1号线	大红色	南来北往	南北纵贯市中心	
2号线	浅绿色	东行西进	东西横贯市中心、连接两大机场	绿野清风
3号线	黄色	明珠生风	市区西面南北走向，为轻轨站，又名明珠线	璀璨迅捷
4号线	深紫色	四通八达	一条环线、串联各线，通达南北东西	通达祥和
5号线	紫色	紫气凌云	市郊西南方向，为轻轨站	浪漫轻盈
6号线	品红色	海上霞光	全线位于浦东，平行于海岸线	明快洗练
7号线	橙黄色	金橙秋实	通过市中心商业圈和生活圈，穿越世博主会场	辉煌收获
8号线	蓝色	蔚蓝畅想	南北纵贯市中心	舒展气象与轻松活力
9号线	浅蓝色	古道时速	东南走向，线路车站从古镇到现代新城交替出现	历史与现代的时空转换
10号线	浅紫色	申江年华	途径区域的城市人文底蕴丰厚	怀旧与时尚
11号线	深红色	斜阳映红	西北至东南走向	华美温润
12号线	深绿色	翠染春华	西南至东北走向	欣欣向荣
13号线	浅品色	桃红柳绿	途径区域充满城市活力	雅致飘逸

---

[1] 章莉莉.地铁公共空间设计管理研究[D].上海：上海大学博士学位论文，2013.57.

形、色视觉传达的意义

1. 形、色呼应主题,增强识别力

主题是一个地铁站域空间氛围营造的灵魂,也是公共艺术符号语义传达的主旨所在。设计师在充分把握城市地理、人文、历史等环境的基础上,融入个人及广大受众的心理情感,借助一定的手法和手段,使形态与色彩传达的语义与人们的心理需求相吻合。通过形、色的传达体现出一定的内涵语义,使得人们与地铁空间环境产生情感上的交流和共鸣。

如柏林地铁标识符号的色彩设计,选取柠檬黄作为柏林地铁企业的基准色,这种黄色视觉符号,不仅具有很强的识别性,也能在寒冷的冬天带来一丝温暖。在地铁站域的售票机、车厢内部标识、导识牌体等底色选择上全部采用此种颜色,通过不同功能性设施的柠檬黄色的统一表达,利用形、色视觉特性满足功能性需求,发挥色彩特性,使标识符号系统与车站空间环境形成了"图和底"的整体空间景观。柏林地铁的标识符号系统就是通过色彩的物理属性营造了更深层次的内涵语义,用色彩符号暗示和补充柏林寒冷的地域自然特征,给人们的心理空间产生温暖、舒适的心理感受和情感共鸣(图5-21)。

图5-21 柏林地铁导向标识符号色彩主题
来源:http://www.sohu.com/a/113337162_103461

2. 形、色体现站域文化特征

文化包含人们喜闻乐见的众多形式在内的图像，以及一些广为流传的典故、传说等，这些记忆影响人们对形、色的某种偏好和审美趋向。

地铁空间文化氛围的营造，离不开形、色相互联系所体现出来的独特意象。地铁空间总是或多或少地侧重于表现某一方面的文化内涵，或体现浓郁的民族特色，或传达鲜明的时代特色。通过"支配力"的作用，运用形、色在客观物理空间和人们心理空间的作用，表达地铁线路和车站空间的文化特征，强化站域识别力。

例如，北京地铁奥运支线北土城车站的形与色设计（图5-22），是以中国传统青花瓷的蓝白色为基础，通过形态和色彩的搭配，创造出人们既熟知又新奇的视觉景象。因为蓝白色的纹饰早已被记忆在人们内心，更容易让使用者获得最大程度的亲切感，也可以让人们对地下空间环境形成独特的认识。形、色设计符合民族文化特质，使地下空间环境不再是一个抽象的、单纯的、客观事物的存在，而是一个赋予了文化内涵的可识别形象符号。北土城车站的形、色符号设计，成为当今中国地铁空间传达民族精神的代表性象征符号。

又如，意大利那不勒斯大学地铁站。设计师凯瑞姆·瑞席（Karim rashid）以丰富的色彩与空间形态的结合，塑造了一个具有数字时代特质的意象车站空间。采用透镜技术不断变化颜色效果，以对比色和互补色作为基调，增强了空间趣味性，使得整个地铁空间被独特的符号和绚烂的色彩充斥，运用形、色特别的语义表现手段，向人们传达一种设计观念，体现了新时代下数字科技的独特魅力（图5-23）。

3. 形、色营造空间意象

地铁空间有别于地面空间，各线路之间、车站之间既相互分离又相互连接，既静止又流

图5-22 北京地铁奥运支线色彩符号

图5-23 那不勒斯地铁大学城站色彩符号
来源：http://blog.sina.com.cn/s/blog_673c8b9e0101lvw2.html

通，"收—放—收—放"的穿行式地下走廊空间形态，只能是以通道、站厅、站台和隧道等的相互连接，以及各部分功能的联系，构成"真实的"地铁空间。然而，除了这种物质技术上的连接方式以外，审美形式的形、色视觉组织，也是一种极好的连接方式。利用形、色第一视觉感知将各构成空间有效地组成一个整体，是营造地铁空间独特氛围的重要设计手段。

形、色作为地铁空间的主要视觉语义要素，需要按照一定的形式美法则来营造空间氛围。通常运用整体与均衡、对比与协调等手法。只有合理规划地铁空间中的形、色关系，强调连续性和对比性等特征，强化形、色的视觉效果，才能为乘客提供一个舒适、便捷的出行空间。在满足功能性要求的同时，充分发挥形、色的共性和个性语义表达，促成使用者心理空间中的情感趋向一致性，形成良好的心理归属感和城市意象。

例如，迪拜地铁系统中的形、色设计就是一个最典型的实例。迪拜地铁系统是阿联酋投巨资兴建的世界上最长的无人驾驶快速轨道交通系统。规划中的迪拜地铁拥有红、绿、橙、蓝四条线路，每条线路通过不同色彩的氛围设计，营造出别具一格的环境气氛。由于迪拜所处地理位置的特殊性，室外温度较高，所以在地铁红、绿线车站的整体氛围和营造上，就大面积地采用了连续性的蓝色调色彩，各功能设施的造型选用波浪形进行装饰，并以矩阵形式整齐排列，以象征海洋的独特气息，整体风格突出凉爽的情感享受。另外，在地铁站台屏蔽门处，设计者采用蓝黄相间的形、色构思，不仅起到了黄线警示的功能性作用，又表达了"沙漠中的绿洲"这一自然色彩环境的特征（图5-24）。

图5-24 迪拜地铁空间红、绿线车站色彩符号
来源：http://t.cn/ROnWScP

"图、文解意"的标识符号识别设计

"图、文"视觉特征

"图"的繁体字体结构是由"囗"与"啚"组成。囗（wéi），表示范围；啚（bǐ）等同于"鄙"本字，表示艰难。二字合起来表示规划一件事，需慎重考虑。因此"图"字本义是谋划、反复考虑的意思。"图"作名词，是指用一定的色彩和线条等绘制出来的形象，即"图案"，是具有装饰意味的、结构整齐匀称的花纹或图形。

"文"也是"图"的一种特别形式。《说文解字》："文，错画也。象交文。今字作纹。"这里的"错画"是指交错的笔画。"交文"和"错画"是一个意思。"文"在后来也有"花纹"的意思。"图"的呈现大多是以人、物为基础的图形，有以概念为基础的图形，也有象征性的抽象图形。"文"由简单地记录生活、劳作、狩猎、祭祀等行为的图画演变而来，本身具有"图"的意味，经过时代的发展，"文"逐渐趋向于专门用来记录语言的文字，以表达更为抽象的形象。因而，也就有了"图"、"文"二者之间功能性的差别。

"图"和"文"在某种程度上各有其长处，文字信息更准确但抽象，而图形直观、形象，但又有不确定性。然而，二者有机结合形成"图文并茂"视觉信息的传达方式，更有利于准确反映客观事物的自然属性，全面传达事物或行为的内涵特征。

在地铁发展历程中，地铁公共艺术符号的表达形式，始终随着时间的推移而不断演化变迁。从一开始单纯采用"文字"信息的形式，到与标准化通用图形的结合使用，再到图、文与地域文化图形的共同使用，这一演变过程，既表明了图、文之间的紧密关系，又反映出二者在视觉传达意义的语义变化（图5-25）。

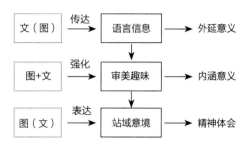

图5-25 地铁空间"图、文"符号的语义演变

地铁空间中的"图、文"，是图解和传达空间功能和人流组织的象征性符号，是人为"后加信息"的环境要素，其所蕴含的语义极为重要。"图、文"所外化的视觉形象在传达广义信息的同时，也表达更深层次的内涵意义。只有创造出有语义特征的图、文符号，才能够准确地表达信息，传达城市与站域场所的文化内涵。

"图、文"的功能性表达

图、文作为地铁公共艺术符号的重要组成信息，首要功能就是帮助乘客完成出行可达性任务，即采用图、文形式构成的指示性、图像性、象征性符号以满足各类状况下人们的行为需要。图、文以其最直观的形象，表达站域空间的功能、布局、设施等信息，让乘客形成概括性空间认知地图，辅助乘客了解空间、使用空间。通过对站域空间属性的模拟、抽象和加工，以达到最基本的图解车站空间结构和布局的初始功能。

例如，用于描述车站空间环境特征的空间地图和带状的线路信息图，就是一个综合性的空间图、文符号。"通过呈现绝对或相对位置、地理风貌、空间比例尺度等，提炼出客观环境的物理属性或人们的主观理解。"[1]空间地图的绘制，基于人对环境特征、代表性参照物以及空间连接关系而产生的综合认知，包含事件的简单顺序，方向、距离、时间和空间的信息关系等。车站空间地图表现的是车站空间结构布局的特征，强调空间的边界、节点和地标，通过各种图、文符号标注的方式，提供完整、准确的空间信息。带状地图是以线路为中心展开的图、文符号，只是简单地表达空间的组成，是一种限定方向、路线的图像符号。通常地图符号又分为带状地图和平面地图（图5-26、图5-27）。除此之外，地铁车站中作为确认和指引交通行

---

[1] 向帆. 导向标识系统设计 [M]. 南昌：江西美术出版社，2009.135.

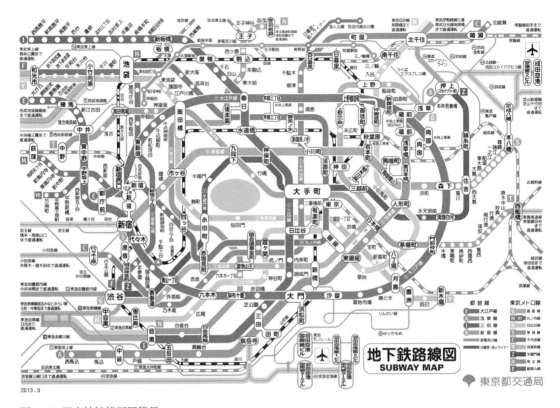

图5-26 日本地铁线网图符号

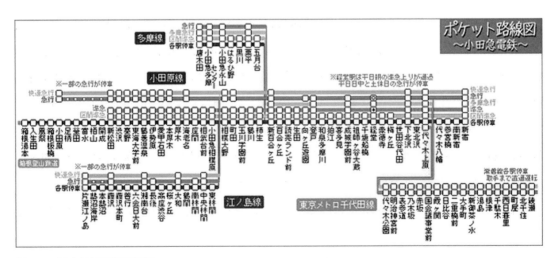

图5-27 日本地铁线路图符号

为的图文符号，在形式表达上基本上是参照国家规范标准进行设计，体现统一的设计风格，强调快速、准确、有效地传达信息。

图、文符号具有强烈的象征性和隐喻性，在不同层次上传递着站域历史性和地域性等特有的信息。建筑作为一个可交流的视觉图像符号，车站出入口是连接站域内、外的重要节点，不仅具有重要的象征性意义，同时还起着重要的指示性作用，因而备受人们关注。

例如，台北城铁淡水线的"剑谭站"，其入口建筑符号是以中国传统建筑风格呈现的，体量庞大且雄伟。这一设计意念来自于"龙舟"的隐喻和象征，设计手法是以钢构和混凝土材质融合中国建筑木结构特征来完成的。这种让建筑的内涵与外延紧密结合的意象表达手法，使出入口建筑成了台北地铁乃至台北城市的地标性文化符号。另外，在这条线上每一座车站的站台上都设计了各不相同的景观装饰，或是八角窗，或是格扇窗，或是牌楼等，传统建筑语汇结合站名文字，既表达所在位置的确认性，也增强了站域场所的识别性（图5-28）。利用图、文符

图5-28 台北地铁剑谭站符号
来源：http://t.cn/ROn448H;http://t.cn/ROn4bdD;http://t.cn/ROn4qGX
杨子葆著.世界经典城铁建筑[M].北京：生活·读书·新知三联书店，2006.138.

号表达地域文化的象征性，这种语义传达方式更能够唤起人们情感记忆和联想空间。

"图、文"的意象性表达

美国后现代主义建筑师和理论家罗伯特·文丘里对意象性有如下论述："建筑师在建筑中传统地使用象征主义以丰富建筑的内容，同时使它不再是一个纯粹空间的工具，象征主义的范围扩大了，不仅表现其自身，也赋予含义并发出不仅是内涵，而且也是外延的明确信息。"从这段话中，可以明确地感受到建筑师强调建筑的"附加属性"，即建筑要表达一定的含义。这使得建筑物不再只是一个"纯粹空间"，而是具有多层文化意义的多维艺术空间。地铁公共艺术符号也同样遵循这种"多维艺术"空间的表现形式。

"图、文"这种似乎更倾向二维空间的符号，事实上也同样具有空间意象表达特征。地铁公共艺术符号的"图、文"意象性语义表达，主要体现为两方面的联系：一是地铁沿线各站之间的图、文符号联系；二是地铁车站的图、文与站域城市空间的符号联系。利用图、文信息符号将地上与地下"缝合"成为整体的意象空间，可避免人们对地下空间的隔离、冷漠感，进而强化站域场所特征以及情感的表达。

1. 地铁各站图、文之间的联系

地铁线网复杂，每一条线路都有对应的形象色彩和图文符号。图、文符号的初始功能，就是保证出行者顺利完成出行任务，因而它是图解车站空间结构和布局的最基本环境信息。图、文符号的二次功能，上升为内、外相间的表意符号。图、文作为地铁交通符号中最重要的视觉要素，在风格上需要保持统一，设计形式、文化特征和内涵语义的统一，可促使地铁站域公共符号意象性语义表达的形成。同时，让使用者在识别站域图、文符号时，下意识地将车站空间和站域城市空间呼应。

举例而言，伦敦地铁之所以成为全世界交通系统的典范，主要源于其"圆环"标志（London Underground Roundel）图形设计。该图形设计虽然十分简单，但却以极为抽象的方式象征了地铁的概念，意味着多重地铁特征的含义。圆环中间部位的深蓝色横杠代表着铁道形象，将圆环划分成上下两部分，同时又将其连接成一个站点目的地，且两个半圆环形成铁道两侧的站台。金斯顿大学的设计历史学家劳伦斯说："这个圆环并非图片，也不是字体。不管在什么情境下，它总能被一眼识出。它不仅是伦敦的视觉代表，更传达了与都市和交通相关的理念。"每一座地铁站外空间和站内空间随处可见伦敦地铁圆环标志，在深蓝色横杠上，采用爱德华·约翰斯顿（Edward Johnston）设计的铁路体字体书写各个站点的名称。圆环图形

的标志设计,强化了地铁功能性特征,通过图形和文字的连续性延展,增强了人们对地铁的认知和所处方位的确认,行走在伦敦地铁线上,无形中感受伦敦地铁的繁忙和先进。这个图形符号是世界上极少数的,既是一个城市标志,又代表一座车站和一条地铁线网的符号案例。圆环标志的广泛使用,使得该标志深深嵌入市民内心,成了伦敦市民生活不可或缺的一部分,也成了伦敦市民的骄傲和自豪象征(图5-29)。

伦敦地铁标志符号的图、文意象性表达,对后来其他城市地铁的文化建设有着极大参考价值,其作用和意义可概括为如下三点:

第一,伦敦地铁标志符号的图、文符号设计,处于现代主义设计的萌芽阶段,及时应随时代的发展步伐,以简洁、明了的语义和设计风格,体现了伦敦地铁文化建设的敏感性和时代审美取向,引领了之后其他城市地铁文化建设的发展方向。

第二,伦敦市将此圆环标志广泛应用于城市各种交通系统中,这种从整体性出发,大力推广、宣传标志含义的文化传播方式,是当时欧洲兴起的企业形象识别设计系统的最好案例。该标志符号的广泛使用,构成了人们生活和出行方式不可或缺的连接纽带,成了市民物质文明和精神文明的象征。

第三,伦敦地铁将此圆环标志符号运用于各个站点,旨在形成连续性的视觉效果,通过强化地铁交通的视觉形象,与人们出行时对交通工具的选择诉求相一致,突出了城市交通文明的

图5-29 伦敦地铁各个车站的图、文符号
来源:http://www.19lou.com/forum-1599-thread-25173701-1-1.html?qq-pf-to=pcqq.c2c&qq-pf-to=pcqq.c2c

发展，强化了人们对城市独特情感的归属意义。

2."图、文"呼应地上与地下的联系

地铁空间中的图、文符号不仅仅是一个功能性的指示符号，它还是传播城市文化的象征符号。利用各个站域人文要素，挖掘站域城市空间客体事物特征，使之成为车站形象识别系统中的重要组成部分。在形态上可采用适合城市个性的造型语言，或具象，或抽象。这种图、文符号的语义设计手法，既可以通过视觉形象形成该车站的识别特征，又可获得地下空间和地上空间的呼应和联系，让使用者直观感受到图、文所传达的地理环境特征以及城市文化内涵。

如墨西哥城市地铁图、文符号设计。墨西哥地铁四通八达，快捷方便，而且地铁各站点都设有一个特定的图形符号。设计师Lance Wyman与其团队成员采用了对站点地上周边典型事物自然属性的模仿和构成，有效地传达了站域特征，同时，也使得每一条地铁线路形成了"地下文化走廊"，让使用者形成良好的场所感、方向感和认同感。其中，动物园站就设计一个动物图形，森林公园站用一棵树来表达，博物馆站用博物馆建筑外形进行体现……每一个站点都用该站点地上场所的代表性事物传达该站点地域、文化特质。这种符号语义的表达方式，方便了不懂西班牙语的各国游客，使得人们可以不阅读语言文字而快速地辨识方位。这种图形的表达方式，能够让使用者在辨识符号指引功能的同时，增强对该站点文化内涵的联想，以达到对站域城市空间的整体认知，以及内涵城市文化的象征（图5-30、图5-31）。

又如伦敦维多利亚地铁线的图、文符号设计（图5-32）。维多利亚地铁线车站标志符号的独特之处，是站台墙壁上有着以瓷砖铺成的不同图形的设计。每一个图形设计都与该站所在地区或附近建筑物有关，这非常有利于乘客分辨不同的车站方位。在20世纪70年代兴建银禧线时，该线新建的车站亦跟随维多利亚线，加入图案设计。这种地下交通站名符号的运用，提取站点地上空间对应的事物属性，以抽象化的图形设计语言，充分体现了站域文化特征。穿梭在伦敦地铁维多利亚线中，众多的有意味的图形符号传达给人们的印象是站点地上空间的建筑和环境特征，让人们通过地铁交通也可以认识和记忆城市所具有的独特历史文化符号。

图、文并茂的意象性表达方式，形成了地下空间与地上空间的纽带，营造了城市地铁文化氛围，同时对提升城市文化品位、宣扬城市精神内涵均起到积极作用。

第 5 章 地铁公共艺术符号的语构与识别设计 / 173

图5-30 墨西哥地铁7号线站名来源及图形符号
来源：http://rovinggastronome.com/mainblog/2011/06/27/mexico-city-6-simply-signage/

图5-31 墨西哥地铁7号线站名图、文符号
来源：http://www.metro.cdmx.gob.mx/la-red/linea-7/aquiles-serdan

图5-32 伦敦地铁维多利亚线车站站名图形符号
来源：http://randomlylondon.com/victoria-line-stations/

"观景得意"的景观符号识别设计

"景"，环境的景象、风光和面貌。在地铁公共空间中，"景"可以理解为空间的环境意象，如柱饰、顶棚装饰图案、壁画艺术和一些即时性的、具有纪念意义的艺术展示等。各式各样"景"的巧妙设计和布置，能够更大程度地提升地铁文化氛围，传达城市精神文明，提高城市内涵品位。

随着时代的进步，地铁在人们心中的概念已经不再是单纯的交通工具。地铁的功能性转变是历史性的、自发的、群体的。20世纪末至今，地铁在人们心目中的形象，不仅是一种文明、快捷、有意味、有内涵的生活方式，也是城市文明、城市历史的展示窗口。地铁公共空间"景"的环境营造，让地铁具有了浓厚的人文色彩。

"景"的意象性表达

景观符号最大的特征是具有与相应环境的共存价值。"景"是现代城市中人和环境之间持有密切联系的重要物象之一，那些令人印象深刻的"景象"艺术符号，在一定程度上都充当着城市"节点"和"标志物",是赋予人们记忆和印象的参照物。不同的艺术符号所营造出的景象,可形成空间的差异化,使得空间具有强大的识别效果。

然而,地铁空间与地面空间截然不同,地面有诸多的景物可以参照,地下却是一个全封闭的没有方向感的空间环境。"景"的存在旨在调节地铁空间氛围,形成与城市地铁相对应的文化内涵,它是地铁空间中不可或缺的组成部分,是城市地铁重要的文化价值景观(图5-33)。随着时代的发展,地铁这个人类工业文明之后出现的交通方式,已经从纯粹的功能性逐渐走向了功能与人文并重发展,其中,"景"的塑造起到了不可替代的作用。

图5-33 地铁空间"景"的构成示意

地铁公共空间环境有着与地面任何空间形态大相径庭的特性。艺术景观最大的特点便是创造出与其相适应的环境氛围,取得与空间有联系的文化价值。地铁公共空间在满足建筑结构功能性的前提下,经常会花去大量财力和物力来设置艺术景观,其目的不仅仅是装点美化环境,更是为了形成站域空间独特的人文意象特征。

地铁中塔柱构筑物的艺术装饰常被用来作为艺术景观的重要组成部分。出于结构需要,塔柱常以矩阵形式排列,从而分割了地铁空间区域,区分不同区域功能性特征,形成强烈的空间导向。因此,作为地铁空间的重要建筑构件,塔柱和顶棚顶面相互连接形成的艺术景观,是设计师最易发挥创意的节点和标志物,也是塑造地铁车站空间独特艺术氛围的重要景观要素。

例如,由中央美术学院设计学院参与设计的北京地铁奥运支线"森林公园站",室内顶棚和柱式上的艺术景观设计与地面环境形成了相互辉映的艺术效果。以塔柱作为"树干","枝桠"部分蔓延至顶棚顶面,通过构成艺术表现手法,体现"森林"枝繁叶茂的艺术美感,其清新的装饰风格呈现出丰富的视觉效果,让人仿佛置身于大自然的怀抱中。这种"景"的塑造,不仅让人们体验到独特的空间"意境",同时也让人们联想到外部空间自然生态的景色特征(图5-34)。

又如,设计师Oscar Tusquets Blanca为意大利那不勒斯Toledo地铁站设计的建筑"景"观,通过覆盖深浅不同的蓝色马赛克,将地铁空间中的地面、墙面、柱式和顶棚有机地联系在一起,营造出别具一格的空间氛围,让人仿佛置身于海底世界,通过这种方式的呈现,向人们传达站点独特个性的同时,形成了较强的站域识别性特征(图5-35)。

176 / 地铁 · 公共艺术 · 符号

图5-34 北京地铁奥运支线森林公园站艺术景观

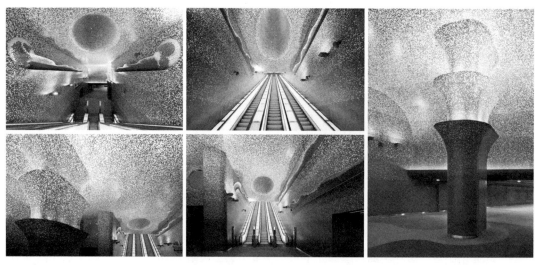

图5-35 意大利那不勒斯地铁站艺术景观

1. 墙面艺术景观的表达

地铁作为地下围合的实体空间，墙面是构成空间的重要元素。为了丰富地铁公共空间的氛围，墙面"景"观装饰艺术的设置必不可少，通常专业术语称为壁画或公共艺术。事实上，墙面艺术"景"观不仅仅是为了增加空间的艺术氛围，还担负着一种社会责任的思考，是一种探讨人们如何健康生活的表达媒介，也是表达人文关怀和体现城市对公众情感需求的重要载体。

地下空间封闭、单一的线性特征，造成人们对地铁站点的识别性和认同感异常模糊。因而，地铁墙面艺术景观的基本功能就是强调"站域"特征，通过感性的艺术符号来增强每个站点的识别性，建立地下与之相呼应地面空间的联系，营造站域的场所感，增加和丰富运动变化状态下的视觉趣味，帮助乘客形成空间地图，更好地辨别不同的站点。

通常情况下，墙面艺术景观的设计方法是依随站点整体风格贯穿始终的主题而进行设计。如一线一"大"主题，或是一站一"点"主题，抑或是二者结合的方式。西安地铁2号线景观墙艺术设计就是采用上述"线与点"相结合的方式，全线以"汉风唐韵"为大主题，同时结合站点地域特征，形成五个副主题："人文西安、活力西安、生态西安、科技西安、和谐西安"来展开设计（表5-7）。

西安地铁2号线车站景观墙（壁画）艺术主题设计　　　　表5-7

站点	全线主题	汉风唐韵文化主题				
		人文西安	活力西安	生态西安	科技西安	和谐西安
1	北苑站	变迁		金秋新绿		
2	运动公园站	扇舞	律动之风			中国风
3	凤城五路站		凤鸣朝阳		科技时代	
4	市图书馆站	文化之光		绿满长安		
5	大明宫西站	花开富贵				对话
6	龙首原站	书法龙	百兽率舞	鱼跃八水		
7	安远门站	御守		繁花似锦		护佑
8	北大街站	百变		尽然秦林	邮政	
9	钟楼站	大秦腔			数字古城	
10	永宁门站	唐韵		朱鹮飞翔		迎宾图
11	南稍门站	书塔	鱼嬉	秦岭四宝		

续表

站点	全线主题	汉风唐韵文化主题				
		人文西安	活力西安	生态西安	科技西安	和谐西安
12	体育场站	盛世	活力四射			
13	小寨站		时尚之都			古韵新尚
14	纬一街站	秦风秦韵			信息时代	
15	会展中心站	万花思路				城市魔方
16	三爻站	秦风韵彩	城市交响曲			天地合一
17	航天城站		未来梦想		蓝色畅想	新意民风
18	凤栖原站	凤舞		终南叠翠		
19	韦曲南站	关中八景		遍是花枝		自然之梦

北京地铁四号线的车站墙面艺术景观，则是采用每座车站地域特征的"点"作为创作主题来营造全线文化景观的。如国家图书馆站的主题为"书的海洋"，壁画以书籍为表现元素，着重体现该图书馆四宝（赵城金藏、敦煌古卷、永乐大典、四库全书）的文化历史；动物园站采用马赛克镶嵌工艺，以儿童画的形式描绘卡通动物造型，色彩与构图十分生动有趣，充分体现该站文化特征；圆明园站的浮雕画面以代表性的圆明园建筑（西洋楼）残柱为背景，以御题《圆明园四十景》的文字形式为内容，加上建园、毁园、烧园三个历史年号，静静地讲述了圆明园的历史；西四站的主题为《京华旧梦》，采用高温彩釉陶瓷工艺，描绘西四作为北京著名商业街市的七百多年历史变迁和文化足迹。这些墙面景观艺术作品通过对站"点"地域文化符号的挖掘，既营造了地铁空间的文化氛围，又建立了与地面场所的联系，形成了良好的站域识别特征（图5-36）。

莫斯科地铁共青团站的壁画艺术是莫斯科城市的标志。该地铁站于1935年5月正式开放。该站壁画艺术创作时间正处于两次世界大战之间，因而地铁空间充斥着古典主义的艺术气息，以"爱国历史"为设计主题的这批作品，散发着激励民族荣誉感和对未来充满向往的意愿。车站的墙壁、塔柱、顶棚顶面等都有设计师技艺精湛的马赛克镶嵌画，大量的社会主义绘画装饰，充分体现了那个年代的爱国主义情怀和浓厚的对"权力美学"的追求，是苏维埃辉煌历史的有力见证（图5-37）。

因此，墙面艺术景观作为地铁站域空间的重要节点，对区分站点位置、强化区域氛围，以

国家图书馆站

动物园站　　　　　　　　　　　　西四站

圆明园站

图5-36 北京地铁4号线壁画艺术景观

图5-37 莫斯科地铁共青团站艺术景观
来源：http://blog.sina.com.cn/s/blog_66c76ff00102e3o7.html

及提升城市文明、营造城市意象均有着重要的作用。充分利用艺术景观建立站域的"场所感、亲和感、地方感、历史感",让乘客在艺术空间中获得情感满足和精神愉悦。

2. 雕塑艺术景观的表达

雕塑艺术在与地铁空间密切衔接的同时,旨在调和、提升环境文化氛围。莫斯科地铁通车于1935年5月,经过80余年的经营和建设,成为世界闻名的艺术地铁之一,在通道的两侧和顶部都设置有来自不同时期大师的雕塑作品,以其审美趣味,向人们传递莫斯科地铁独特的艺术风格和精神内涵,成为莫斯科地铁特殊地域、文化、历史文明的重要象征。美国著名的公共艺术家Tom Otternes为纽约地铁创作的"小铜人"作品,通过小人物的生活写照,运用卡通式、夸张的人物造型,调节了地下空间环境的气氛,为人们带来欢乐感(图5-38)。

我国地铁车站空间中,目前较少有雕塑艺术的设置,这主要是因为雕塑艺术体量较大,作为三维空间的艺术品需要较大尺度车站空间,才容易形成一定的观赏美感;另外,为避免人流拥堵,尽量控制其设置数量。

莫斯科地铁

纽约地铁

图5-38 莫斯科地铁共青团站和纽约地铁雕塑艺术景观
来源:http://blog.sina.com.cn/s/blog_66c76ff00102e3o7.html; http://blog.sina.com.cn/s/blog_621bad480100p4kt.html

3. 即时性艺术景观的表达

地铁已经成了人们出行和生活不可或缺的一部分，其快速、便捷的优势吸引着更多的乘客使用。地铁也不再是纯粹的交通工具，而是以其独特的空间视觉语言，俨然成了文化艺术衍生的天堂。越来越多的艺术"景"观作品以地铁为媒介，展示于地铁空间中，在提升地铁空间文化氛围的同时，让更多人得到艺术的熏陶，传达独特的艺术观念。

英国艺术家马克·渥林格（Mark Wallinger）在伦敦圣詹姆斯公园地铁站（St Jame's Park Station）公布了他为伦敦地铁设计的作品，作用共用了270件世界独一无二的迷宫图案，展示在270个伦敦地铁站内。此次艺术活动是为庆祝伦敦地铁150周年的系列活动而专门设计的。马克的作品灵感来源于伦敦地铁"圆环"标志，采用黑白相间的迷宫图案，表达了每年数以万计的人穿行于伦敦地铁走向各自旅程的过程，每一个作品都设有一个起点，根据马可设计的"迷宫"寻找行走路线，都能最终到达目的地——"迷宫"中心。这种展示方式体现了伦敦地铁线路的错综复杂，但是无论如何，人们都会根据线路指示，走向预期的目的地。这种艺术形式被永久展示在地铁车站内，每当人们看见这些艺术作品，都会联想到伦敦地铁的繁华和有序。这个特别艺术活动再一次为伦敦地铁赢得了世人的赞赏，也成为伦敦市民骄傲和自豪的象征（图5-39）。

在忙碌的生活节奏之余欣赏艺术展览，是很多人钟爱的休闲方式。2013年6月，在北京国贸地铁站，平淡无奇的地铁通道被艺术家的手笔描绘成了富有创意的艺术长廊，这就是"因爱之名，刷新生活"地铁主题涂绘艺术展。通过全新的艺术创作手法，描绘出一幅幅独具特色的艺术作品，带来了地铁中的文化新风尚。通过对"刷新生活"主题的阐释，传达生命意义和健

图5-39 伦敦地铁站"迷宫"艺术景观

康生活的精神内涵，预示着地铁影响着人们的生活，让人们能在地铁中抛弃负面的感受，完全沉浸在对美好生活向往的艺术氛围中（图5-40）。

4. 新媒体景观艺术表达

随着科技的进步，计算机和互联网的大规模普及，人们在城市中的生活发生了根本性的变化。在这样的时代背景下，地铁车站空间作为公众频繁出入的场所，出现了许多新媒体技术表达形式的景观艺术作品。

例如，德国大众公司推出的一款音乐楼梯，率先在瑞典斯德哥尔摩地铁站试运行，楼梯被设计成一个巨大的钢琴键盘，每走一级阶梯就会产生一个乐符，提供有趣的音乐体验，吸引乘坐地铁的人们尽量使用楼梯移动（图5-41）。该楼梯的每一梯阶的半侧均覆有地板式压力传感

图5-40 北京国贸地铁站"因爱之名，刷新生活"主题涂绘艺术景观

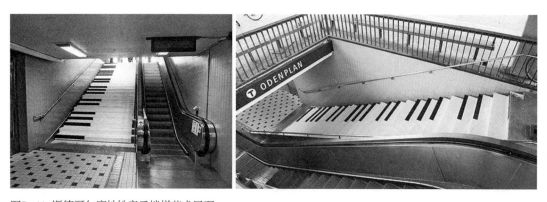

图5-41 斯德哥尔摩地铁音乐楼梯艺术景观
来源：http://t.cn/ROnWScP　http://t.cn/ROnWScP

器（另外半侧留给不参与此装置者），当脚踩上去时，开关信号就被送到一块Arduino电路板上，然后它会带动一个套着螺线管的小锤敲击一块金属共振片。每块共振片可发出不同音调的声音。在试运行音乐楼梯的地铁站内，选择爬楼梯的人们比乘电梯的人多了66%。一些人还把自己上下楼梯的视频上传到YouTube上，展示自己创造的乐曲。这种将传统思维中的功能性楼梯，改变为音乐楼梯的创新手法，既是一种全新生活方式的体验，也是对固有设计观念的一次革新。

除了音乐楼梯这样体验式的新媒体地铁艺术景观，LED互动感应装置也逐渐出现在地铁站内。例如，上海地铁车站LED大屏幕肯德基"被蛋卷"早餐广告，就是以计算机和虚拟现实技术为基础实现的互动体验广告。地铁站内的观众可以在现场模仿肯德基KFC"被蛋卷"制作过程中的打鸡蛋、搅面粉、煎蛋饼、包馅等动作，以零时差的方式即时体现在大屏幕上，同时也会触发相应的音效反馈，让乘客身临其境地体验在厨房里制作蛋卷的过程。真实性加上趣味性的互动形式，获得了难以想象的展示效果（图5-42）。

又如，德国柏林还开播了世界首家地铁电影，人们在乘坐地铁时，可透过车窗欣赏到精彩的短片。从动物园至汉萨广场这一段线路中的隧道墙壁上，安装了900台电影投影机，每秒钟向每扇车窗口投射30个画面，单个画面在旅客眼里形成连续的整体，并配有声音。地铁影院使用电脑系统辨别各型号列车，根据列车速度和车窗规格设置图像，使图像精准地呈现在乘客面前。而在韩国地铁里，连锁超市Home Plus（全球零售巨头Tesco在韩国的品牌）推出了一

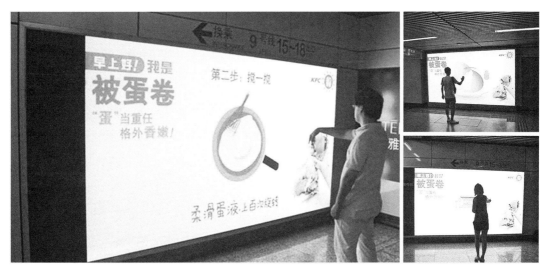

图5-42 上海地铁肯德基"被蛋卷"互动广告艺术景观
来源：http://www.linkshop.com.cn/web/archives/2013/262295.shtml

种新奇的虚拟超市。在地铁站台的防护玻璃墙上贴上印有各色商品的平面海报，顾客遇到心仪的产品时，只需拿出安装有Home Plus客户端程序的手机，用摄像头对准每件商品上的二维码进行拍摄，应用程序会将拍摄的商品放入电子购物车，再用手机银行进行结算，超市就会在顾客下班以后将其订购的商品送货上门。地铁站里的灯箱广告再寻常不过，经过韩国连锁超市Home Plus嫁接上二维码与手机支付功能，地铁变身成一个神奇的虚拟超市。

采用新媒体技术创造的地铁艺术景观，将人和空间紧密地联系了起来，寻求人与空间的对话和交流，让乘客简单的交通行为从被动乘坐改为主动参与，增加了出行的新鲜感和体验感，同时也使地铁车站空间拓宽了使用功能，延展出购物和展示空间，令人耳目一新。

景观符号的设计意义

艺术景观符号是地铁文化景观和价值景观的重要组成部分，对构建地下文化走廊，展示城市历史美学，彰显城市个性和城市精神，均有着多维度的意指作用和价值，扼要概况为如下几方面：

第一，拉近地下与地上的时空感。地铁艺术景观符号的形式，无论是具象符号还是抽象符号，抑或是数字虚拟符号，作为图像符号都具有可读性，是实现人与空间环境对话的桥梁和纽带，是体现人性化设计和体验式设计的重要载体。艺术景观的营造，缩短了人与自然空间的距离，消除了地铁空间环境的陌生感，调动了人的视觉思维，联系了地上景观和城市地标，在时间维度上可以让人产生联想，缩短地上、地下时间与空间的距离。

第二，消除空间模糊和冷漠感。艺术景观符号是地铁空间环境的有机组成部分，充当着空间环境的组织者，是界定空间环境、实现空间表达、形成空间关联和秩序的重要组成部分。不同尺度的墙面装饰艺术品具有相对应的地理位置和周边空间环境特点，在其所营造的独特空间中形成固有的环境氛围，以消除不定性感和模糊感，起到连接不同空间的纽带作用。

第三，补充和优化地下空间的气氛和主题。艺术景观符号是对地铁环境景观的优化和补充，它能以形式美感完善和充实地铁环境，通过不同材质、肌理、色彩以及造型形式的变化对地铁环境产生影响，从而烘托车站主题和氛围。

第四，传达站域城市文脉，彰显城市文化品质。艺术景观符号具有彰显城市文化、传达城市文明、提升城市形象的作用。艺术景观设计是对地铁站域所处的地理位置、文化特征、历史文脉等元素的深刻挖掘，通过高度概括的艺术表现手法，向人们传达形式之外更深层次的站域文化内涵。

综上所述，地铁空间公共艺术符号的识别设计，是利用地铁空间的"原型"规划以及站域城市空间的多种文化要素，经过概括、归纳和抽象化以后的一次集体性创新意识的活动。公共艺术符号的视觉传达具有复杂性和非稳定性特点，需要根据风格调查法、语义调查法进行具体的整体规划。地铁空间公共符号的"形、色""图、文"以及"景、象"的塑造，意在呼唤使用者的社会、历史、文化感受或者风俗习惯等深层次含义，表现历史的、自然的、文化的记忆脉络，通过符号的深层语义设计，达成一种信仰、寓意、仪式的信息互换，从而建立起地域性、历史性、美学性的文化传承。

Too Much of a Good Thing

John Henry Lloyd设计的"Too much of a good thing"中,海报以典型的英国家庭作为代表,将地铁作为举家出游的重要交通工具,告诉伦敦的市民地铁可以带大家去享受更多的田园风光。

第6章 世界地铁公共艺术符号的语义与风格

第6章 世界地铁公共艺术符号的语义与风格

地铁空间公共艺术符号的语义风格是针对"符号可意谓的象征性"作出的具体研究。因为没有"可解释"的行为就没有意谓，不能称其为"意义符号"，风格更无从谈起。本章从地铁站域城市意象的角度，以世界地铁发展的纵向时间脉络为线索，综合分析地铁公共艺术符号语义与风格的发展脉络和趋向。

成长过渡期："新艺术"语义风格

地铁的初步发展期（1863~1924年），从世界第一条伦敦地铁的建成通车，到欧美个别城市的快速发展为一个阶段。这期间共有13座城市建成了地铁，主要有英国的伦敦，美国的纽约、芝加哥和波士顿，匈牙利的布达佩斯，奥地利的维也纳，法国的巴黎，德国的柏林等。此阶段也是地铁艺术风格的初步形成时期。在欧洲艺术设计主流风格的影响下，地铁车站整体视觉形象回应和对照了时代，为后人留下了诸多经典艺术作品，并在艺术史上留下了永不磨灭的风格，成为特定历史、特定地域文化的具体表征艺术符号，正是它们的出现，奠定了之后地铁整体设计系统的"城铁风格"（Style Metro）。本节以伦敦、维也纳和巴黎这三个城市为代表，针对其公共艺术符号的语义和风格进行历时性分析。

从"新古典主义"走向"新艺术"风格的地铁建筑符号

1. 伦敦地铁的"新古典主义"建筑符号

19世纪上半叶,欧美一些国家流行一种古典复兴建筑风格,遵循理性主义观点,崇尚古希腊的理想美,注重古典艺术形式雕刻般的造型,追求典雅、庄重、和谐的艺术效果,并坚持严格的素描和明朗的轮廓,因而被称为"新古典主义"建筑风格。

19世纪60年代,伦敦开始建设地铁,推动了人类出行方式的革命。70年代末,地铁已经完全替代伦敦街道的有轨电车,一个崭新的现代化都市为工人阶层提供着更加文明的生活方式。这个转折性的变革时期,尽管离不开技术发展的影响,但也不可忽视建筑师和工程师们在地铁建筑和工程方面所作出的努力。伦敦地铁作为世界地铁开创性的首例,其建筑并没有表达单纯的功能需要,而是将艺术与工程尽可能地融为一体。正因如此,才奠定了伦敦地铁文化价值模式,成为世界地铁建设重要参考。

1865年至1868年建成的潘克拉斯车站和帕丁顿车站,是早期最具代表性的两座车站。这两座车站的建筑设计有着共同特点,站台雨篷设计都有着巨大的拱顶,由大尺度的铸铁和玻璃构成,底部承重部分也都是砖砌。这些符号特征体现出了伦敦地铁艺术与工程相融合的建设理念(图6-1、图6-2)。有了这样的经验积累,20世纪初,建筑师莱斯利·格林(Leslie Green)采用钢架结构和釉面砖相结合的建筑语汇,相继设计了40多座车站,形成了伦敦地铁建筑符号的景观样式和语义风格,其中查克农场站的建成,标志着杰出的新古典主义地铁建筑风格的诞生(图6-3)。

图6-1 伦敦地铁圣潘克拉斯车站建筑艺术符号
来源:https://baike.so.com/doc/6405460-6619124.html

图6-2 伦敦地铁帕丁顿车站建筑艺术符号
来源:http://blog.sina.com.cn/s/bloga3d710570102w6c4.html

将伦敦地铁新古典主义风格发挥得淋漓尽致的建筑师查尔斯·霍尔顿（Charles Holton），继承伦敦地铁建筑思想，既不模仿已有样式，也不追求现代主义运动"功能至上"的理念，形成了伦敦地铁神话一般的霍尔顿风格。

霍尔顿设计了多个具有代表性的车站售票大厅和站台区，以萨德伯里镇车站（1931年）最为著名。其设计风格更加倾向于古典主义传统建筑的特征，延续乔治亚式砖石房屋的特色，

图6-3 伦敦地铁查克农场车站建筑艺术符号
来源：[英]肯尼斯·鲍威尔著.伦敦地铁——银禧延长线[M]. 北京：中国建筑工业出版社，2008.11.

注重扶手电梯、站台照明以及座椅等方面的细节设计，车站建筑体现出一种温情的语义表达（图6-4）。"霍尔顿的风格与特定的英国式的现代性相一致——敏感、谨慎、适度。尽管它也不仅活跃在荷兰和瑞典，也是兴盛于德国和意大利的现代功能主义学派的一部分。"[1] 令人尊敬的是，霍尔顿没有受到主流设计运动的影响，而是继承和选择了具有地域性的文化要素，继而让伦敦地铁成为伦敦市民值得骄傲的象征符号。

霍尔顿风格，不仅在理论上为伦敦运输局奠定了相对持久而稳定的设计理念和模式，在设计实践方面也为后来城市地铁细节设计和人性化设计提供了可参考的范例。直至1967~1971年维多

图6-4 伦敦地铁萨德伯里镇车站空间艺术符号
来源：[英]肯尼斯·鲍威尔著.伦敦地铁——银禧延长线[M]. 北京：中国建筑工业出版社，2008.11

---

[1] [英]肯尼斯. 鲍威尔著.伦敦地铁——银禧延长线[M]. 吴晨译. 北京：中国建筑工业出版社，2008.11.

利亚地铁线的开通，伦敦地铁建筑设计才开始转向冷漠单调的现代主义风格。

2. 维也纳"分离派"的地铁建筑符号

奥地利维也纳，在19世纪后期开始兴建市区地铁。1898年，维也纳成为欧洲大陆第二座拥有地铁的城市，并且是三条地铁线网的城市。

此阶段的维也纳，虽然受到欧洲大陆主流艺术运动——"新艺术"运动的冲击和影响，但维也纳的这次运动却自成一格。主要因为美学价值观相异，那就是对曲线装饰艺术风格的扬弃和重新思考。维也纳的一批前卫艺术家、建筑家和设计师组成了自己的团体，摒弃新艺术风格的自然主义曲线，探索简洁几何形态，以最少量的曲线点缀方式达到装饰效果，认为建筑是居住、工作和沟通的场所，并提出了"为时代的艺术——艺术应得到自由"的口号，于1896年正式与保守的"艺术家宫廷协会"分离，成立了分离派协会，设计史上称"分离派"。

"分离派"的代表人物奥拓·瓦格纳（Otto Wagner），维也纳建筑师、城市规划师、教授，欧洲现代建筑设计开创人之一。他认为现代建筑设计的核心是交通或交流系统的设计，遵循"艺术服从实用"的基本原则，以功能主义、材料美学、工程技术以及科技成果作为建筑新理念，参与了大约30座维也纳地铁车站的设计和建设，为世人留下了精彩的具有重要时代意义的地铁车站作品。最著名的两座车站是1898年完工使用的霍夫楼站和另一座众所周知的卡尔斯广场站（图6-5、图6-6）。

这两座车站有着共同特征，既保留了传统的巴洛克建筑特征，如中央小高顶、圆拱形门窗，屋顶上突出小柱头与矮护栏的螺旋形装饰等，又大胆尝试直线形几何形态，如白色大理石墙的平面化处理，显出质朴且低调的质感，体现着立体化结构造型之美。因而，两座车站建筑表达出了在这个过渡时期建筑师对现代建筑的探索精神，反映了一种新建筑潮流的萌芽和开始。

卡尔斯广场站是瓦格纳将其思想理念与科技、工程完美融合的典型建筑，其所展现出的时代特征，可归纳为三点：一是金属建材的骨架结构造型特征。利用金属骨架结构是世纪之交欧洲新建筑的重要特征，成为探索现代功能主义建筑基本理念的代表之一。二是直线几何构图的平面美学特征。运用白色大理石"面"与绿色钢柱"线"形成几何感设计，体现出现代设计的简洁功能之美。三是金色几何图案的装饰手法特征。尽管采用了装饰图案，然而却是几何化了的装饰图案。

总之，这个时期的维也纳地铁车站，有着自成一格的建筑设计风格，特别是瓦格纳设计的卡尔斯广场站，在世纪之交的地铁系统上，形成了与巴黎地铁"新艺术"风格的一次相遇和挑

图6-5 维也纳地铁霍夫楼站建筑艺术符号
来源：杨子葆著.世界经典城铁建筑[M].北京：中国建筑工业出版社，2008.38.

图6-6 维也纳地铁卡尔斯广场站建筑艺术符号
来源：杨子葆著.世界经典城铁建筑[M].北京：中国建筑工业出版社，2008.32.

战。这既是历史的，也是地域的一个转折点，最终成为维也纳城市地标性建筑和文化符号的象征。

3. 巴黎"新艺术"运动的地铁景观符号

"新艺术"运动（Art Nouveau）是在1890年至1910年左右，以法国为发源地和中心，波及欧洲、亚洲和美国，跨越30年的一场"装饰艺术"运动。它涉及和影响到建筑、家具、产品、服装、平面设计甚至雕塑和绘画艺术等领域，其重要设计口号是"回归自然"，主张运用高度程序化的自然元素作为创作灵感，广泛使用有机形曲线，特别是花卉或者植物等元素。"新艺术"运动是工艺美术运动的继续深化和发展，被视为"最后的欧洲风格"，也是20世纪文化艺术运动中最有创新力的先行者，这与德国的"青年风格"和维也纳"分离派"所作出的努力和探索不可分割。因此，这场运动被公认为是20世纪现代主义形成的前奏，在它之后就是纽约或新世界的崛起。

1899年，巴黎第一条地铁开通。年轻建筑设计师埃克托尔·吉马尔（Hector Guimard）以一种新的艺术形态——"新艺术"建筑与地铁交通系统相结合，从1899年到1913年，15年间共设计了141座造型别致的车站，其中地铁出入口建筑最具代表性，在艺术史上留下了永不磨灭的印记，被人们称为"城铁风格"。这些建筑均采用铸铁、毛玻璃、羊齿植物状的曲线蔓藤元素，以及变化的书写文字和海贝形状的顶棚，形成了自然流动的艺术特征，成为"新艺术"风格中最重要的艺术符号（图6-7）。

图6-7 巴黎地铁"新艺术"风格出入口艺术景观符号
来源：https://sanwen8.cn/p/30ckDvj.html　　http://www.ikuku.cn/article/xiaotiliang-dajianzhu

巴黎地铁"新艺术"建筑的最高成就，可归纳为三个特征：一是新建材的技术之美。以现代性十足的铸铁和毛玻璃建材，构建地铁出入口建筑物主体，开启了地铁建筑形式新语汇。二是植物曲线结构之美。摆脱了"洛可可"时期矫揉造作与戏谑之风，用概括性曲线塑造"蜻蜓翅翼"的自然形态。三是高度简化了的象征性自然意蕴。吸收东方自然观的立场，尽管将自然世界看成是一切艺术形式的源头，却没有全然模仿自然，表现为高度简化的线条和图案。

世纪之交的伟大建筑师吉马尔以其创新精神在一百年前所设计的车站，现如今仍然保留有86座，并屹立在巴黎街头，成为巴黎最重要的"新艺术"文化遗产之一。这些设计作品凝结了历史文化内涵，让地铁成为内涵文化精神的具体物态，提升了巴黎市民对自我的认同感，成为巴黎市民日常生活不可或缺的并引以为豪的历史见证。巴黎地铁"新艺术"建筑成为特定时代的一种意义符号，是巴黎城市文化的一个重要组成部分。

"新艺术"运动中的地铁导向标识符号

19世纪末期是地铁交通系统初步形成阶段。随着工业化进程的发展和城市公共交通规模化的建设，地铁交通环境也愈加需要系统化的视觉形象设计。此时，大批设计家开始涉猎对地铁字体、地铁线路图和站名符号等方面的研究和探索。与此同时，创建于1907年的德国工业同盟和创建于1915年的英国设计与工业设计协会，也为形成一致的交通设计策略作出了多方面的努力。在"新艺术"运动的影响下，建筑设计领域和视觉平面设计领域均作出了积极探索。在地铁导向标识设计方面，体现在最为集中且能够代表这场运动特征的两个阶段性的变化中。

第一个阶段，吉马尔的"新艺术"风格专用地铁字体。文字作为信息传达的基本要素，在地铁交通系统中起着重要的指示性作用。早期"手写式"的字体极为流行，比如吉马尔设计的巴黎地铁字体就是手写式（图6-8）。图中的文字METROPOLITAIN是"大都会地铁"的意思，现已被作为著名艺术品陈列在巴黎奥赛博物馆内。特别值得注意的是牌匾上的字体风格设计，既不是无饰线字体，也不是带有饰线的正规罗马字体。这是吉马尔作为装饰艺术家，特意为巴黎地铁"标识系统"专门设计的"新艺术"风格专用字体。字体最突出的特征就是"有机形态化"，所有笔

图6-8 巴黎地铁"新艺术"风格专用字体

画都是由自然植物形态的曲线形式构成，几乎不用几何的水平线、垂直线和弧线；牌匾用字均采用大写的组合形式，但首写字母通常会更大一些，同时对各大写字母的高度作了升高或降低的"穿插迎让"处理；另外，为了与金属立体构筑物的"青铜"外观相协调，字体的颜色均采用墨绿色，牌体以淡黄色作为底色，明暗对比强烈，形成直观的视觉区别。

这套巴黎地铁"专用字体"，将字体设计处理得与立体的铸铁入口构筑物的风格完全一致，达到了互为印衬、融为一体的视觉效果（图6-9）。

第二个阶段，爱德华·约翰逊（Edward Johnson）的无饰线"铁路体"设计。随着印刷技术的不断进步改革，手写字体逐渐被印刷字体所取代。在大规模的地铁线路使用范围内，人们需要更为统一、规范、便于识别和加工生产的字体形式。1916年，英国平面设计家约翰逊创造了无饰线"铁路体"字体，开辟了地铁字体符号的设计先河（图6-10）。无饰线"铁路体"字体的特征就是无任何装饰性的直线性字体，这种字体被世人公认为是"代表时代的字体"，并被命名为地铁体（London Underground Railway Type）。

"铁路体"字体是世界上第一个运用在公共场所的无衬线字体，因其清晰、规范、识别性强的特征，激发了英国各界字体改良和统一的风潮，加速和推进了字体造型向易读性发展的趋势，使字体更加具有了使用性、应用性和现代性。"铁路体"这种早期探索性的现代特征字体，也让"新艺术"风格的字体变为永久性历史记忆的文化符号。

"新艺术"运动中的地铁海报艺术符号

19世纪中期以后，彩色印刷品进入千家万户，具有图画式的彩色招贴海报日益成为流行的广告形式。平面设计业除了石版印刷技术和摄影技术的发明与发展以外，职业的具体分工也开始明确，这些都极大地促进了平面设计的发展。书籍插图、漫画、报刊和招贴广告在19世纪中叶以后成为社会的重要行业。在那个时代，作为大众传媒的招贴广告具有绘画和设计双重身份的特征，它是连接美术与实用美术、文化与商业的重要纽带，成为当时综合了绘画、摄影照片和印刷工艺的新行业。巴黎街头如同海报艺术画廊一般，当时的伦敦就有150名张贴工人，每周要张贴大约19万张宣传画，这吸引了大批富有才华的著名画家和各类设计家投身于其中。

美籍平面设计师爱德华·麦克奈特·考弗（E. M. Kauffer），受伦敦运输公司委托，以招贴海报形式为伦敦地铁各个站点的宣传工作，设计了141幅作品。这些海报设计既突出了地铁所带来的站点吸引力，如商场、博物馆或郊游等内容，又强调了这种出行方式的便利和愉悦。

图6-9 "新艺术"风格的巴黎地铁导向标识符号
来源：http://www.yododo.com/area/photo/01202381A517284EFF8080812020685D

图6-10 伦敦地铁无饰线字体导向标识符号
来源：http://t.cn/ROESjSk   http://t.cn/ROESven   http://t.cn/ROESven

| 最亮的伦敦 | 人潮汇集 | 冬季购物最好乘坐地铁 |

图6-11 伦敦地铁"新艺术"风格海报
来源：http://t.cn/ROEqVFp　　http://t.cn/zTaGv4t
　　　[英]杰里米·安斯利著．设计百年——20世纪平面设计的先驱[M]．蔡松坚译．北京：中国建筑工业出版社，2005.130．

其中"冬季购物最好乘坐地铁"是考弗为伦敦地铁运输公司所设计的一幅作品，从画面对人物造型、装束及背景的处理手法中，可以看出作者吸收了当时正在流行的立体主义、未来主义等激进的绘画特征，同时也兼有装饰艺术的特征（图6-11）。

在一代人不断努力和探索求新的感召之下，20世纪中期地铁交通系统中出现的这种海报艺术形式，广泛应用于地铁文化的形象宣传之中。在"新艺术"运动、象征主义、"装饰主义"运动等多种风格的影响下，此时海报设计作品数量之巨、题材之广、作用之大都是前所未有的。地铁招贴海报作品反映了发达城市对自己拥有地铁而流露出的那种自豪感，这个新旧交替时代所产生的地铁海报作品成为印证城市文化发展的重要传播符号。

战争时期："现代主义"语义风格

20世纪上半叶的两次战争和汽车工业的发展，迫使城市地铁的发展进入停滞萎缩阶段（1924～1949年）。汽车的灵活、便捷及可达性，使其成为此时城市交通的宠儿，而地铁交通因投资大、建设周期长，一度失宠。此阶段世界上只有五个城市发展了城市地铁，主要有希腊的雅典、日本的东京和大阪、俄罗斯的莫斯科、西班牙的巴塞罗那，其中莫斯科地铁独具特色。

"社会主义现实主义"的地铁建筑空间符号

早在1901年，莫斯科就开始了地铁的规划与设计。20世纪30年代进入了建设阶段。1935年第一条地铁线（1号线）正式通车，长度为11.6公里，共设有10个地铁站。20世纪50年代，车站总数达到126个，线路里程增加到204公里。八九十年代，莫斯科地铁进入相对缓慢发展期，截至2010年，莫斯科已经开通12条线，170多个车站，里程累计280多公里，成为全球城市地铁密度最高的地区之一。然而，在此线网下的诸多车站中，当属1935年开通的1号线最为世人瞩目。这条在特殊时代背景下建成的地铁线，堪称建筑与艺术结合的典范，被誉为闻名世界的地下工程和俄罗斯民族文化的艺术殿堂。莫斯科地铁1号线建筑符号特征大致体现如下三点：

第一，"红色苏联"时代特征的地铁建设。"二战"前与"二战"中，苏联作为世界唯一的社会主义国家，其外交对象就是资本主义国家。1927年，斯大林的崛起，让苏联进入社会主义建设时期，为苏联的工业建设创造了奇迹般成就。两个"五年发展计划"，使苏联工业产值增长3.7倍，其发展速度超过世界上所有资本主义国家。1936年工业总产值跃居欧洲第一位和世界第二位——仅次于美国。工业化必将带动城市化进程，政府决定修建一条高品质的地铁交通系统，为社会主义大众提供公共服务，也向世界发达国家展示苏联的经济、技术和文化实力。

第二，为无产阶级服务的"社会主义现实主义"建筑美学特征。从20世纪30年代开始，苏联的"构成主义"作为前卫艺术极大地影响着欧洲现代艺术运动的发生，然而，在这个社会主义阵营里却被视为是西方资产阶级腐朽思想的反映，虽然受到排挤和打击，但是对于布尔什维克的战士来说，构成主义就是革命。随着国力的迅速增强，一些建筑家、艺术家提出构成主义为无产阶级服务，为无产阶级国家服务，这个旗帜鲜明、政治目的明确的口号以及斯大林权威的最高指示，最终将构成主义演绎成了一场无产阶级的古典主义复古风格，这是设计史和艺术史上少有的现象。身为世界上第一个社会主义国家，政治的需要，经济的崛起，科学技术的发展，最终让莫斯科的地铁建筑设计成为"社会主义的现实主义"典型代表符号。可以说莫斯科地铁就是斯大林时代对"古典主义"表现风格在现代交通环境中的一次重要实验和尝试。超级大的空间尺度，奢华的装饰，纪念性与庄严性的雕塑艺术渲染，一方面向世界展演出权力下的高傲，另一方面也表现出向无产阶级提供一流公共服务场所的决心，在风起云涌的动荡年代，这些史无前例的举措，让莫斯科地铁成为"权力美学"极致化的象征符号（图6–12）。

 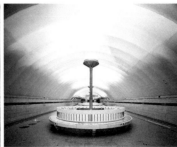 

图6-12 莫斯科地铁空间艺术景观符号

第三，两种"意识形态"之间的一次竞技。莫斯科地铁之所以能够成为一种历史文化遗产，这与两种意识形态之间的论争有一定关系，即资产阶级与无产阶级之间在经济、技术与艺术审美等方面的一次竞技和较量。因为在苏联革命者的心里，西方资本主义的地铁系统是资产阶级剥削无产阶级的典型象征，有钱人以私用汽车占据城市道路，只有贫苦大众才会使用那个拥挤、狭小、通风不良的地下车站。在这种对立意识主导下，莫斯科当局决心要向世人展示出一条有别于资本主义社会的更加上品质、宽敞、明亮、便利、舒适、通风良好的世界一流地铁交通系统。在符合"斯大林美学"的一切高标准下，莫斯科的地铁必会成为世界运量最大、最美丽的、标志性的人民艺术宫殿。

第四，与城市文化环境相一致的地铁文化符号。莫斯科地铁站的文化环境是城市文化环境的组成部分。地铁站内选择多种题材和主题，运用大量的雕塑、壁画等艺术形式来营造车站环境，呼应城市街景文化，形成城市整体艺术环境。不同历史时期的领袖人物、战斗英雄、革命家、诗人以及自然风光等都是雕塑、壁画艺术的主要表现题材和创作内容，这些作品都集中反映着社会主义国家的战斗场景、劳动场景和人民对美好生活的憧憬。

第五，罕见的奢华装饰材料用于公共交通建筑空间中。巨大尺度的莫斯科车站装饰材料，如大理石、贵重金属、稀有木材、水晶、石膏及珊瑚等，都来自于西伯利亚、高加索、乌拉尔山以及整个苏联境内。各种数不尽的水晶吊灯、壁画、马赛克镶嵌壁画以及金属圆雕等艺术品，成为俄罗斯历史上第一次将珍稀昂贵的建材，用于为无产阶级人民服务的"人民宫殿"这个重大建设中的历史见证。

20世纪30年代，与世隔绝的苏联，在财力、物力与技术等条件欠缺的时代，凭借信念和决定，最终实现了举世无匹的"为社会主义公共大众"服务的梦想——"宫殿式"地铁。在此选择莫斯科地铁1号线具有代表性的三个符号性车站，作出具体的语义分析。

1."电力厂"车站的"电台"符号空间

"电力厂"站的站名是由附近电灯泡工厂而得,该站是在第二次世界大战期间(1944年5月15日)开放的车站。此站被称为最壮观和最著名的"电台"车站,因为其建筑景观装饰而闻名于世,这是莫斯科地铁系统中的一个标志性车站。

在车站六角形状的前厅,设有一个圆顶结构的低鼓,使得圆顶结构更加突出。在壁龛的街角有六个浅浮雕的徽章,是由先锋电力和电子工程方面的专家所做的开创性研究装置。门厅的内部空间采用猩红色大理石,空间布局的最大特征是将吊顶布满循环嵌入式的白炽灯(共318个)。通过大量灯具及光环境的巧妙设计,营造一种科学文化氛围,创造了科学与文化完美融合的地铁空间景观(图6-13)。

图6-13 莫斯科地铁发电厂站站厅空间及照明艺术景观符号

来源:http://www.sohu.com/a/132598109_383587

"电力厂"站的建筑设计在1946年被授予斯大林奖。该站之所以能够作为莫斯科地铁系统的历史遗产,其原因有两点:一是它连接着斯大林主义的战前艺术特征,并对战后地铁车站艺术建设具有重要影响;二是车站景观艺术的营造完全呼应地面场所的文化特征。

2."革命广场"站的画廊式艺术景观符号

"革命广场"站是莫斯科最为著名和受欢迎的地铁站之一。车站构造是根据标准设计建造的,属于吊梁式、深斜度放置的圆柱形三跨度车站(33.6米)。从名字可以看出,这是坐落在革命广场附近的车站。

由于该车站以革命胜利者和新生命诞生为创作主题和目的,所以在车站大厅设计中,特别采用了以吊架方式组成的18个拱门作为空间特征,并以此连着站台。吊架被固定在大理石台座上,它同时用于青铜雕像的底座;在车站大厅的圆柱和墙壁装饰上,使用了红色、黑色和浅金色的大理石;拱门是由深红色的"什洛沙"大理石做成,并且成功地与铺有黑色亚美尼亚大理石"大瓦拉"的站台部分相配合;地板用深色和浅色的花岗石铺成。这一系列的构造方式和装饰艺术手法,充分表达出了该站点在特殊地理位置上的高大形象和特征(图6-14)。

艺术画廊式的展示空间是该站另一个突出特征。该站布满了出自著名的社会主义雕刻家

图6-14 莫斯科地铁革命广场站站厅艺术景观符号
来源：http://www.mafengwo.cn/i/3262097.html

Манизер之手的76个青铜雕像。在每个柱塔的下方均设有四个雕像，并按照时间分布，其主题分别为从1917年10月到1937年12月期间发生的重大事件。这些壁槽内设计的青铜雕像，主要表现工人、农民、士兵和水手以及"新世界"的代表者，如集体农庄庄员、工人和学生等。艺术家通过现实主义艺术手法充分表达出国家辉煌的过去和光明的未来。观赏这些雕像就好像在翻阅一页页的伟大革命历程——从内战时期到繁荣的斯大林时期。如今，这些青铜雕像已经融入人们的日常生活之中，成为莫斯科人民日常生活的一部分，人们很难想象地铁站里没有这些青铜雕塑的样子（图6-15）。

图6-15 莫斯科地铁革命广场站雕像艺术符号
来源：http://blog.sina.com.cn/s/blog_6cf33a820102vnsu.html

3. "马雅可夫斯基"站的古典主义艺术景观符号

"马雅可夫斯基"站于1938年9月开放，是为了纪念苏联革命诗人马雅可夫斯基而命名。该站可以称作莫斯科地铁系统里最著名的车站——不仅仅是因为诗人的名气，也是因为车站建筑特色。

"马雅可夫斯卡亚"地铁站，是世界上第一个深坡度的圆柱形三跨度车站（33米），其建筑风格被设计界归为"斯大林式新古典主义风格"。建筑师杜什金（Alexey Dushkin）大胆创新，放弃了吊架并且将车站大厅与行驶隧道结合在一起。大厅的拱顶依靠圆柱支撑，主拱门与侧拱门的内侧为抛光后的不锈钢，使得车站空间具有强烈的空旷感、体积感和颜色感（图6-16）。最吸引人的地方是吊顶，每组灯饰围成圆形装饰带，每个圆圈里面都另有风光，

图6-16 莫斯科地铁马雅可夫斯基站站厅艺术景观符号
来源：http://t.cn/ROERiaU　http://t.cn/ROERQKB

在这里镶嵌着苏联著名画家杰伊涅卡的马赛克壁画，共有31幅。整个车站的壁画主题和装饰元素都与"苏维埃国家日"有关，如国家建设、农田丰收、盛开的花园、运动、跳伞及航模等。所有的一切都围绕着歌颂人民美好生活场景而进行创作（图6-17）。此外，地面中央铺设的红色大理石通道，犹若一条红地毯，仿佛在欢迎每位乘客。

马雅可夫斯基站在世界地铁工程史上，是一个以前卫艺术观念为主导，融合新工艺和新材料，采用简约大气的墙柱式结构取代传统塔柱式结构，并以金属和石材混搭的方式，将当时流行的装饰艺术风格推到极致的典型代表作品。这座车站设计，在1937年获巴黎世界博览会奖章，1938年获得纽约国际展大奖。令人叹为观止的设计方案使"马雅可夫斯基"站成为世界级的地铁站，被誉为"20世纪建筑艺术精品"。

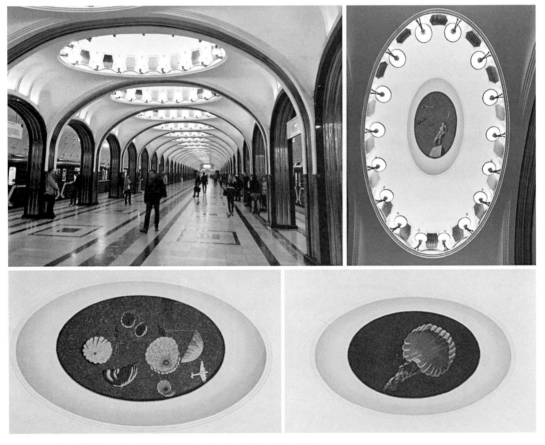

图6-17 莫斯科地铁马雅可夫斯基站新古典主义风格艺术景观符号
来源：http://blog.sina.com.cn/s/blog_6f7585300102vy0f.html

20世纪上半叶的世界地铁里程中，莫斯科人民为人类写下了光辉而灿烂的一页。在战火弥漫的动荡年代，苏联所建设的地铁交通系统既是复杂的、宏大的技术工程，也是那个"红色时期"最出色的建筑、绘画和雕塑艺术精品。莫斯科地铁建设一方面表现出城市发展的需要，另一方面展示了科学技术的高速发展以及苏维埃政权取得的成就。这里最值得借鉴的是莫斯科地铁站的文化塑造保持和发扬了城市记忆和历史文脉，成为特定历史见证的重要文化符号和世界地铁文化遗产之一。

"现代主义"的地铁导向标识符号

"现代主义"设计在20世纪二三十年代达到高潮，其核心思想强调和谐统一，特别是设计的民主主义倾向和社会主义倾向。在技术上追求新材料，如钢筋混凝土、平板玻璃和钢材的创新运用；在艺术形式上反对任何装饰，认为"装饰即是罪恶"，歌颂简洁的几何体，提倡简洁就是美、美在关系、美在比例、"少即是多"的功能主义。

在"现代主义"设计思潮影响下，地铁交通系统的导向标识设计受到了极大影响。导向标识设计开始趋向简洁的圆规与直尺的几何图式。重要的是人们开始努力探索无需文字的"世界视觉语言"方式，大力推行和探索公共交通符号的标准化和系列化规范。伦敦地铁第一套公共交通符号体系的产生，就是一次集中反映"现代主义"设计风格的重要社会实践活动。

1. "标准化"的地铁字体和图形符号

20世纪20年代，地铁系统的视觉平面设计有别于现代主义建筑运动，没有过多地提倡设计改善社会和劳动人民的生活，而主要集中在提高平面设计的视觉传达功能上。利用设计达到沟通的目的，是现代主义视觉艺术设计的中心内容。其变化过程可归纳为三个阶段。

（1）探索阶段

20世纪30年代前，虽然有很多前卫性的现代设计运动形成了一系列重要的研究成果，但是，就地铁视觉标识系统的整体"现代性"状况而言，多数国家的城铁标识设计还处于探索阶段。这个时期，地铁站外标识符号的设计形式多以金属栏杆与华柱结合的装饰样式，配以玻璃铭牌和地铁线路图，并用陶瓷石基为基座；地铁站内标识牌体注重"艺术性"和"耐用性"，为了抵御长期刮擦，多以耐磨、方便替换的马赛克和瓷片作为基本材料，如悬挂式标牌以珐琅工艺完成，并与铸铁的柱式相固定；车站墙面上嵌入由马赛克拼贴而成的站名文字或是烤瓷的站名标牌，且字体多以粗壮、几何感很强的大写字体来表现（图6-18）。

图6-18 美国早期地铁站名字体
来源:https://www.typeisbeautiful.com/2009/07/1399/zh-hant/

可以看出,此时地铁标识符号充斥着各种式样的瓷片特征,标牌的种类也极为繁杂,如顶上垂下的、墙上挂起的、站外入口的指示牌、地下走廊的和站台的标牌,还有提示犯罪、危险或不健康行为的警示牌,如禁止设摊、禁止卧轨、禁止穿越轨道、禁止吸烟、禁止吐痰等。另外,虽然大部分字体都是无衬线的大写体(有常规的、窄体的、方形字的、切角的、轮廓线的),但是,明显看出此阶段还尚未形成整体统一的系统性视觉形象。究其原因有二:一是技术工艺的问题;二是设计形式语言的问题。然而,无论如何它们构成了工业文明早些时期的设计特征。随着问题的加剧,混乱不堪的标识设计最终得到了重视。人们越发意识到文字作为理性信息的根本,只有规范的字体、工艺技术和统一的系统性设计,才能确保信息传达的准确性、识别性和高效性。

(2)形成阶段

英国是最早采用无装饰线字体的国家,爱德华·约翰逊创造的"铁路体"(Railway Type)早在1916年就被广泛应用在伦敦地铁系统中。1928年,其学生埃里克·吉尔(Eric Gill)将"铁路体"字体进行改进,形成了"吉尔无饰线体"体系(The Gill Sans Series)(图6-19)。改进后的字体有了显著的现代主义特征和人文气质。吉尔加强了圆弧和条线的结合,使得字体更加饱满,且精确和理性,并严格规范了大写和小写的区别,并将

图6-19 埃里克·吉尔改进后的"铁路体"字体(1928年)
来源:[美]大卫·瑞斯曼著. 现代设计史[M]. 北京:中国人民大学出版社,2007.223.

这种新字体应用于车站入口、站台以及时刻表、检票机等处，可谓是小至车票，大至站牌的各种媒体中都广泛使用。这套被称为"铁路体"的字体成为战争年代最流行的无饰线字体，也是世界上第一个在正式公共交通系统中应用的无装饰线字体。由于力求清晰、明确、规范统一，"铁路体"的识别性强，应用效果好，一直沿用至今。

此举激发了世界各地对字体改良与统一的热烈响应，推动"通用字体"的造型向"明视易读"的方向发展，使无饰线体文字成为现代平面设计的基本体例之一。"铁路体"作为通用字体，是20世纪上半叶现代字体设计史上的重要标志性符号之一。

（3）发展阶段

20世纪上半叶，也正是国际图形语言的实验性阶段。1928年，奥地利社会学家奥托·纽拉斯（Otto Neurath）发起的图形传达系统运动，又称为依索体系（Isotope Movement）运动。纽拉斯同许多艺术家一起创造了普遍的图示象征符号，这是一种纯粹的视觉平面语言系统，以简单明了的图形方式将统计数字传达给公众，使人们在社会和商业问题上可以实现信息共享，旨在避免文化上的曲解和信息的模棱两可。也在这一年，纽拉斯为伦敦机场设计了国际标识图形（图6-20）。该图形语言的产生开创了世界上最早的现代图形识别体系，也是全新的能够为大众服务的世界性交流语言（图6-21），它的出现标志着标识符号现代主义设计风格的诞生。

总之，在两次战争期间发展起来"现代主义"设计思潮和其产生的世界影响，使得视觉平面艺术领域中"铁路体"字体和国际图形设计进行了一系列的探索性活动，这是一次自发的、群体性的、具有划时代意义的革命性重大突破，其强大的传播效应和完整的图形化设计对后来城市轨道交通的标识系统设计取向起到了巨大的推动作用，其影响波及诸多公共交通系统的规范化和标准化，如美国、法国和德国等城市地铁和机场标识系统的整体视觉形象设计均受其影响。

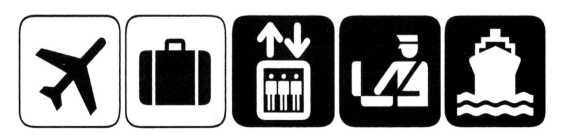

图6-20 奥拓·纽拉斯为伦敦机场设计的国际图形符号
来源：[英]杰里米·安斯利著.百年设计[M].北京：中国建筑工业出版社，2005.133.

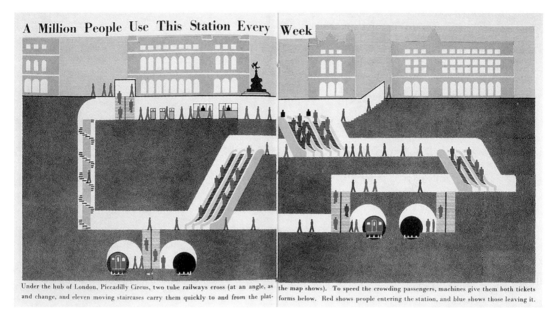

图6-21 伦敦地铁进站与出站的图形语言应用表达
来源：http://t.cn/ROga1on

2."格子状"的地铁交通分布图符号

20世纪20年代开始，相对科学、理性和准确的视觉传达体系开始出现，并且在少数发达国家应用到地铁交通场所中。这期间有一项重要的设计成果，就是地铁交通路线分布图的版式设计。

1933年，英国设计师亨利·贝克（Henry C. Beck）创制出"格子型"几何式样的地铁线路图，成为高效传达信息的典范。设计师吸收现代主义简约、理性的抽象几何形特征，将路线方位全部限制在90°和45°角之内，把复杂的线路交错部分放在图面中心，通过这种方式绘制平行线，完全舍弃具体线路长短比例，只注重线路走向、交叉和线路的不同区分（图6-22）。贝克这种理性、简约的"格子型"设计方式，不仅使线路系统本身变得更为合理，而且为乘客在转站换乘、明确定位和查找站点信息等方面提供了极大方便。这种现代理性的设计风格易与乘客形成视觉沟通，为人们出行增添安全感，既解决了乘客出行的拥堵问题，又方便了城市本身的管理和控制。之后，贝克在27年当中，不断地对交通线路图进行改进，"格子状"地铁交通图设计风格奠定了全世界所有地铁交通线路地图的发展模式（图6-23）。

随后，美国、德国和日本等世界各城市地铁交通线路地图的设计，根据各自城市线网特征，在贝克的"格子状"模式下进行改良和不断发展。1965年末，来自米兰的图形设计师马

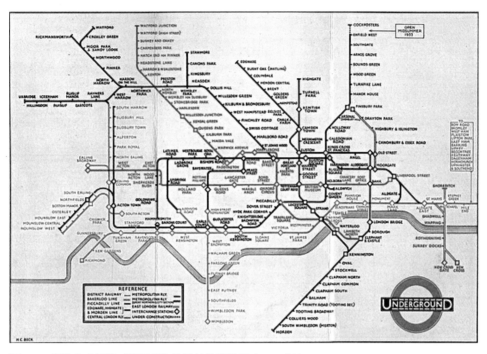

图6-22 现代主义风格"格子状"的地铁线路地图（1933年）

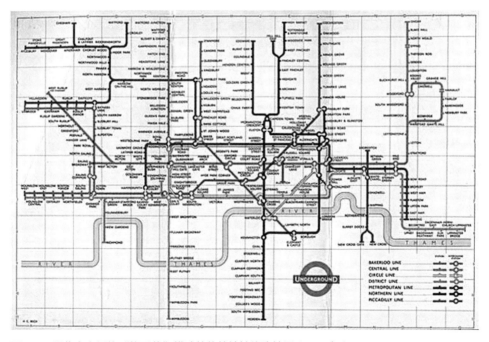

图6-23 现代主义风格"格子状"模式的伦敦地铁线路地图（1959年）

西莫·维格纳利（Massimo Vignelli）结合美国的市场和欧洲的现代设计，并联合美国设计师鲍伯·诺达（Bob Noorda）等人，聘请前包豪斯学派的拜伊（Herbert Bayer）为顾问，共同为美国纽约地铁交通线路地图作出新的设计。纽约地铁的地图系统由点和线构成，每根线都有显眼的原色标记，就像亨利·贝克的伦敦地图一样，把车站之间地理关系系统化，不指明相应距离，所有方向被简化为45°角和90°角。可以明显地看到色彩编码的排列方式更为规整，整体视觉对比度增加，既没有改变"格子状"模式图的表达方式，又提高了线路地图的识别性（图6-24）。

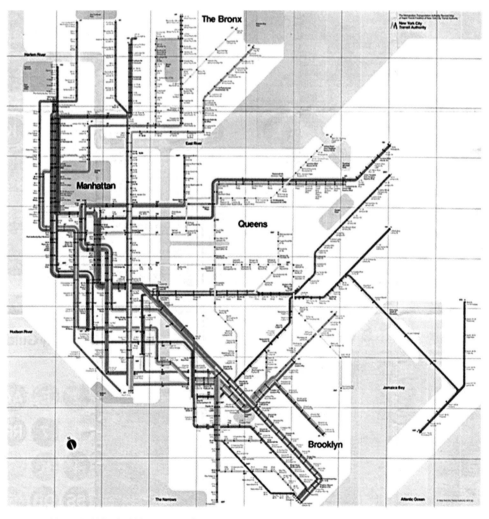

图6-24 美国纽约地铁线路地图（1972年）

"现代主义"风格的地铁海报艺术符号

"现代主义"设计运动几乎与欧洲的"装饰艺术"运动同时发生。这一时期，一系列的艺术改革运动，如立体主义、未来主义、达达主义也相继产生，这三个划时代的艺术及设计运动此起彼伏，错综复杂，三者之间相互交叉影响、渗透借鉴、并存发展。

与此同时，随着一系列科学技术的重大发展，艺术家和设计家们开始敏感地认识到科学技术对日常生活中的社会实践所起的重要作用以及时代发展的必然性。他们用诚挚与理性的思考态度取代了"新艺术"运动那种回避机械化和现代化的狂热艺术设计梦想。因此，在新的时代设计也具有了新的含义。科学技术的进步引领了设计态度及观念的变革，观念的分歧体现了人类进入更高层的文明与进步的探索。

地铁海报设计的发展与这个时期的发展是一致的。海报作为地铁车站主要广告传播媒介，此时是非常盛行的一种艺术表达载体。张贴在站台墙面上色彩斑斓的旅行海报，不仅彰显出地铁在市民心中的文化地位，也是鼓励乘客去探索都市与乡间不同魅力的重要文化宣传形式。日本东京是亚洲国家第一个拥有地铁的城市，东京地铁于1927年开通。早期的东京地铁海报设计作品"东洋唯一地下铁道"，以现代装饰主义的艺术风格，描绘出了当时东京市民身着盛装（西化了的洋装）热烈欢呼列车到站的场景。该作品不仅记录了当时拥有地铁是市民乃至国家的一种自豪，同时也向世人传达出地铁海报的文化传播力量和价值。同时期，各种表达时空速度的未来主义风格以及表现主义风格的平面海报设计不断涌出。英国画家鲍尔（Cyril E. Power）于1932年创作的"从何处来，到哪里去？"的版画作品，就是以表达时空速度的现代主义设计手法，描绘出伦敦地铁站仿佛深不可测的时代感和城市地铁在人们心目中的强烈印象。海报作为传达地铁时尚文化的象征符号可谓是发挥得淋漓尽致（图6-25）。

综上所述，战争期间城市地铁建设几近停滞，但是少数发达国家作为现代主义核心运动的起点和发源地，无论是在技术上还是艺术形式的表达上，甚或是寻求世界统一的规范性方面均作出了前所未有的重大探索和成果。莫斯科地铁建筑成为世界城市地铁的标志性艺术；伦敦地铁标识系统的"铁路体"字体和"格子状"的交通线路地图以及维也纳创建的世界图形语言，不仅创立了各自城市文化的象征符号，同时也为之后新增城市地铁的文化建设提供了更加深远的可参考范例。这些探索性成果成了世界地铁意义符号发展历程中的重要组成部分。

 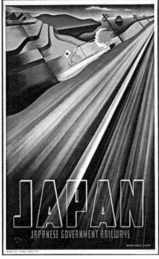 

东洋唯一地下铁道　　　　　日本国家铁路　　　　　从何处来，到哪里去？

图6-25　20世纪20~50年代现代主义风格的地铁海报
来源：http://t.cn/ROEKMSB　http://t.cn/ROEK8Dc
杨子葆.世界经典城铁建筑[M].北京：生活·读书·新知三联出版社，2006.175.

再发展期："国际现代主义"语义风格

第二次世界大战以后，世界经济逐渐恢复发展，城市用地范围开始膨胀，人口和汽车的不断增加，引起了城市交通数量的剧增。从1950年至1974年的24年当中，城市地铁建设在世界范围内得到了重新认识，开始走向了再发展阶段，并且从欧洲扩展到了亚洲。此时有加拿大的多伦多、蒙特利尔，意大利的罗马、米兰，美国的费城、旧金山，苏联的列宁格勒（今圣彼得堡），日本的名古屋、横滨，韩国的汉城（今首尔）以及中国的北京等大约30座城市相继建成了地铁。

战前的"现代主义"运动到战后成为"国际主义"运动，这是对早期现代主义理想的转向和深化。其中有一个重要的转变，就是"现代主义"运动强调"功能至上"而"国际现代主义"运动强调"形式至上"的同一性风格。国际现代主义运动到20世纪六七十年代发展到登峰造极的地步，影响世界各国的建筑、产品、平面设计等领域，迄今依然能够感觉到它的影响力。20世纪中叶开始，地铁空间公共艺术设计同样反映出"功能与形式"并进发展的特征。

"国际现代主义"风格的地铁空间符号

早期修建的地铁车站规模小、设备简陋、功能单一，车站空间多从满足功能需求而考虑，除了莫斯科地下"宫殿式"外,其他城市地铁车站大都装修简单,不注重建筑艺术形式的表现。

20世纪中叶,地铁车站建筑空间从现代主义风格发展成国际现代主义设计风格。这不仅表现在时间上具有延续性,而且在形式和方法上几乎没有什么大的区别。在材料运用上,同样使用现代建筑材料,如钢筋混凝土、玻璃、钢铁和预制件拼装;在建筑形式上,强调非装饰性的简单几何造型,使用玻璃幕墙结构等。最为值得关注的是钢筋混凝土语言构成了城市地铁现代性建筑的主流基调。在此选择20世纪中期,意大利时尚之都米兰和南美文化名城蒙特利尔的代表性地铁车站,对这一时期地铁公共艺术的整体设计风格作出语义分析。

1. "功能主义"的米兰车站空间符号

米兰,意大利第二大城市,全国最重要的经济中心,是欧洲南方的重要交通要点。米兰历史悠久,拥有丰富的文化古迹和遗产(著名的米兰大教堂、隐修院墙上达·芬奇"最后的晚餐"等)。米兰也是艺术的摇篮和许多天才人物的故乡,更拥有一种意大利特有的工作方式和生活节奏。因此,米兰城市享有"经济之都"和世界"时尚之都"的美誉。

意大利的三座城市拥有地铁,分别是罗马、米兰和都灵,其中米兰地铁最长。地铁是米兰市区公共交通网络的骨干,服务于米兰城市和腹地。红色、绿色、黄色、紫色分别代表四条线路,总长度94.5公里。米兰的第一条红线地铁,于1964年开通,绿线在1969年开通。因地下水位高,地质条件恶劣而采用灌浆法、冻结法和局部排水法等技术。红色既是1号线的标准色,同时也是车站内部环境和导向标识系统中使用的主要颜色(图6-26)。

米兰地铁红线与绿线上的车站空间设计,集中反映了国际现代主义简约性设计风格和"少就是多"的设计思想,以及钢筋混凝土和钢铁的拼装结合形

图6-26 米兰地铁红线、绿线车站空间艺术符号
来源:http://www.urbanrail.net/eu/it/mil/milano.htm

式，空间相对低矮且昏暗，主要突出线路色彩和明亮的标识导引信息，以增强车站公共设施的使用功能和识别性（图6-27）。

米兰地铁站空间环境设计没有特别的城市人文气息，线条简洁、毫无装饰，且有中性冷漠之感受，这是战后国际现代主义"形式追随功能"这一设计思想的典型作品。然而，不能不看到，如此理性的"少则又少"的功能表达方式，反映了战后人们需要以冷静、理性的设计方式对待战争给社会带来的伤害和影响。归根结底这是由三方面原因造成：一是此时地铁在人们心目中，尚只为城市的交通工具；二是受主流设计风格影响；三是处于战后经济恢复期的原因。

2."人文主义"的蒙特利尔车站空间符号

蒙特利尔是加拿大第二大城市，坐落在圣劳伦斯河畔的一个大岛上，城市人口268万。它是加拿大经济、贸易、金融中心之一，也是一座文化名城，具有浓郁的欧洲风味和文化气息，与一般的北美城市迥然不同，素有"北美小巴黎"之称。

图6-27 米兰地铁绿线车站空间艺术符号
来源：http://www.urbanrail.net/eu/it/mil/milano.htm

"二战"后，城市规模迅速扩建，大量居民住宅在市区与郊区之间的空旷地带建造起来，从而出现了居民长距离从郊区赶到市区上班的新问题。人们开始考虑，建造一个可靠的、快速的和组织良好的公共交通网来彻底解决这一问题。1966年10月，第一条地铁线正式落成。这条线路连通了蒙特利尔市的大型商业主干道，即Sainte-Catherine大街和Sherbrooke大街。当时的地铁系统包括三条线和沿途的26个车站。

蒙特利尔地铁系统在世界范围内具有诸多与众不同的特征。所有地铁车站中最值得一提的是在三条线交叉处的大型车站"莱昂内尔—格鲁站"（Lionel-Grouls）。此站最具城市特色，共有四层结构，其中有三层是一个整体集中布置的空间（图6-28）。蒙特利尔地铁系统的建设特征概括起来有如下几点：

第一，一座典型的"多层城铁"设计模范。地铁自始至终是城市开发的一个有机的组成部分，它把全城的主要新建和旧建筑全部规划到地铁的控制范围之内，并使地上与地下连成一个有机整体。无论是古老的麦吉尔大学，新建的魁北克大学，还是旧的火车站、新的大旅馆、大商场、艺术中心、表演中心等都通过地下隧道与地铁相通。越是处于市中心的地铁站就越需要与地面建筑物紧密结合，这个特别的需求构成了颇具特色的蒙特利尔"地下城"综合体，因而形成了一种超大型立体化的城市发展模式。

第二，人性化布局、重视经济效益的车站设计。首先，选择位置合理。有不少车站在地面上有不同方向的多个入口，但是到了地下最后归结于一个进站口，复杂的人流与车流关系用隧

图6-28 蒙特利尔地铁莱昂内尔–格鲁站"地下城"的空间艺术符号
来源：http://zh.wikipedia.org/zh-cn/Station_Lionel-Groulx

道和站台分层的办法组合在一个立体布置的空间中，市中心的许多重要车站都有这一共同特点。其次，在设计中特别注意经济效益。建筑师将多个入口组合到一个中间标高的大厅内，然后利用一部自动扶梯把人们送到更低一层的标高上，这一层次的平台如同一个四条腿的桌子骑在地下铁道上，人们由此再走向各自要去的站台，空间的使用效率紧凑且合理（图6-29）。

第三，独树一帜的车站建筑功能处理方式。一是车站建筑形式多样，风格各异。二是车站环境装修繁简分明，重点突出。三是注重为乘客提供舒适和安全的环境服务。如高大空旷的空间装设有很好的音响；站台地面做成向内0.5%的坡度给人们以安全感。四是为了减少车身的震动及与轨道撞击的噪声，采用特制胶皮轮列车，既有舒适感又降低噪声。另外整个线路自动控制，防火及防事故设施也极为严密（图6-30）。

图6-29 蒙特利尔地铁莱昂内尔–格鲁站空间艺术符号
来源：http://montreal-in-focus.blogspot.com/2010/04/lionel-groulx-metro-station.html

图6-30 蒙特利尔地铁柏披诺站、法布尔站、爱德华·蒙比提站站台空间艺术符号
来源：http://www.ruiii.com/html/Photo/Detail/bb5671fad5a2ca36.html

图6-31 蒙特利尔地铁波特站站厅空间艺术符号
来源：http://montrealinpictures.com/blog/tag/lionel-groulx-metro/

第四，利用结构构件进行车站环境装饰，体现交通建筑的实用意义。将结构构件作为装饰构件是现代主义建筑师常用的一种手法，有助于发挥建筑构件的表达力，同时达到结构与艺术相统一的效果。利用层层下降的"钢筋混凝土拱梁"进行空间过渡处理，结合灯饰的点缀，加强层次感，丰富空间变化，给人以敦厚结实的感受，达到了技术与艺术的完美结合（图6-31）。

第五，利用公共设施的色彩质感美化车站环境。在大面积钢筋混凝土墙面围合的空间内，利用各种独特造型的公共设施，如座椅、灯具与垃圾箱等，营造出舒适宜人的空间环境，既为人们提供公共服务，又发挥原材料质感对比，使整体车站空间充满活泼动人的气氛，起到了很好的标识性作用。巴里—魁北克大学蒙特利尔分校站的景观设计，是在形、色、质几种视觉元素的对比中获取协调统一的优秀案例之一（图6-32）。

第六，利用壁画装饰艺术美化车站环境。蒙特里尔车站不像米兰车站那样追随极少主义特征，而是极为大胆地发挥艺术品功能，设置很多优秀艺术家独特构思的艺术品，所运用的材料大都是建筑中最常使用的空心砖及陶管等，反映出现代主义艺术的材料装置特征。其中，巴里站的玻璃彩绘壁画装饰艺术品最受人瞩目，大型彩色玻璃壁画以"蒙特利尔音乐史"为内容题材，采用抽象表现艺术形式，利用成千上万块玻璃拼接组成和105个照明管背光照明，并用一吨重的钢材支撑重量，鲜艳的色彩和玻璃表面的波纹，使得车站环境辉煌而炫彩（图6-33）。

除此之外，在艺术广场站（Place des Arts）的站台楼梯上设置由Robert La Palme创作的画作，主要描画1967年蒙特利尔世界博览会的三个主题：科学、休闲与文化。楼梯上方的壁画题材主要以力学、语言、历史、物理、化学、遗传学、核理论和计算机等科学作为表现内容；落地处的一边以娱乐为主题，描绘有运动、烟火、餐饮和赛马等内容，而另一边以文化为

图6-32 蒙特利尔地铁巴里车站标识符号
来源：http://shenyangbus.com/bbs/forum.php?mod=viewthread&tid=119775&page=1

题材，有古代文明、宗教、教育、戏剧、绘画、舞蹈、音乐和建筑等内容。这些艺术品不仅增强了空间识别性，也美化了环境气氛，更重要的是成为蒙特利尔市的记忆性标志符号。

总之，蒙特利尔地铁站设计是众多设计师灵感和创意的结晶，每个站点都各具特色，呈现出风格不一的城市人文主义气息。从时间延续性看，蒙特利尔地铁站设计属于国际现代主义设计风格，然而，从重视公共艺术宣传、展示，配有众多雕刻、彩色玻璃工艺品，以及诸多精美壁画的角度上看，却彰显着自我塑造艺术氛围的强大气场，形成了十分浓厚的城市人文气息。

20世纪中叶，在地铁建设进入再发展阶段时，蒙特利尔地铁站的设计者以高瞻远瞩的目光，设计出了不同于其他城市的风格，即不完全是国际现代主义的设计风格，特别是从一开始就将主城区两条地铁线路与中央车站以及主城区的"地下城"相连接这一举措，极大地推动了"地下城"综合体的发展和建设。在这一点上，是非常值得中国地铁建设借鉴和思考的。蒙市地铁站所散发出的人文特质，不仅成为该市的象征符号，其建设模式也引领了20世纪80年代世界城市地铁建设新方向。

图6-33 巴里-魁北克大学蒙特利尔分校站壁画艺术符号
来源：http://t.cn/RO6NbG4　http://t.cn/RO6NI54 -know　http://www.metrodemontreal.com/art/lapalme/murals.html

"国际现代主义"风格的地铁标识符号

20世纪中后期开始,地铁已不再被视为新奇之物。这个时候的多数城市地铁站建设由工程师主宰,地铁站成为工程师们用钢筋混凝土建成的标准物(蒙特利尔地铁车站的设计除外)。地铁标识系统也不例外,开始完全进入规范化状态,人们开始使用"国际通用"的图形信息符号,服务于公共交通系统中。地铁交通标识符号开始走向世界统一的发展模式。

1. 国际主义平面设计风格的特征

在国际大背景下,战后的德国和瑞士在平面设计和版式设计的标准化进程中取得了进一步的发展,从而催生了"国际主义平面设计风格"的浪潮。此运动将俄国"构成主义"前沿的设计理论、平面设计的视觉表现手法以及有效的交流方式结合在一起,使得这一风格因"高标准"和社会使命感而著称,且受到长久影响。这一风格与高技术的钢筋、玻璃建筑所传达出的效率和结构美感,有着极为相似的特征。

国际主义平面设计风格主要特征是:采用简约形式,注重水平与垂直方向的对称布局,强调空白空间处理,使用无饰线字体和字体信息层次的大小布局。总之,是一种尽可能地用简约形式来传达信息的语义风格。

2. 符号学与国际主义平面设计风格的联系

国际主义平面设计风格受符号学理论的影响。符号学被定义为专门研究符号意义的学问或者科学,因而这一时期的视觉平面设计更加强调符号的意指过程。符号不仅包括"能指"的交流方式和"所指"表现出的物体的观念,重要的是并不存在固定不变的意义。意义在传达过程中被建构,既包括传达者的意图,也包括受众的接受效果。设计者需要充分了解和掌握符号可能包含的意义,使符号意义更容易被理解,在符号学框架之中,平面设计的语言、图像、布局以及信息的层次,共同形成了有效的视觉交流方式。

3. 地铁导向标识符号的国际主义平面设计风格

20世纪中期以后,美国集欧洲各国设计运动之大成,继续发展"现代主义"运动,使"现代主义"运动成为"国际主义"运动的坚实基础。视觉平面设计伴随着这场"功能为上"的运动一同走向了国际主义风格的发展道路。在世界各地城市公共交通建设中,美国推出了一系列相关的交通标识规范,加速了世界交通标识形象走向国际统一的标准化设计时代,主要有以下几项代表性的举措:

（1）国际标准化组织机构与国际公共交通标识符号

1947年日内瓦国际标准化组织机构（ISO）的成立，标志着全世界范围内有了统一的标识符号专业机构。该标准化组织向全世界推出"紧急出口"、"残疾人"的图形符号，并确立"轮椅造型"为残疾人专用符号。世界交通标识设计开始趋于统一，并走上了国际化的道路，最终促成了国际标准化行为。公共通用标识符号是以经济发展、社会需要、社会文明程度为基础的。在部分发达国家的个别设计行为带动下，标识符号设计走向了国际统一的、标准化的时代。

从1974年至1979年，美国设计学院设计的34种交通标识图形，意味着美国的标准化公共交通标识符号体系的诞生，这一举措为国际交通视觉标识系统带来了重大冲击，促成了20世纪世界交通标识符号形成高度规范且统一的语义发展模式。这套标准化公共交通图形符号，意味着世界范围内不同语种的人们，可以用最直观的通用图形进行沟通。

（2）企业视觉形象的规范化设计

自1956年以来，美国著名图形设计师保罗·兰德（Paul Rand）为IBM公司成功设计了企业身份识别标志之后，美孚石油公司（1964年）、美国电话电报公司（1969年）和大通曼哈顿银行相继推出易于识别的象征符号和粗体无饰线字体，形成了这一时期企业形象识别设计的浪潮。德国乌尔姆设计学院的一批教师在1962年为汉莎国际航空公司设计了统一的视觉形象系统，并综合利用在各种空间环境当中。

1970年，纽约市运输局率先推出《交通图形标准使用规范手册》（图6-34）。这套美国纽约的交通规范手册是继伦敦地铁企业形象之后的另一套更为完整、严谨且便于应用的手册，

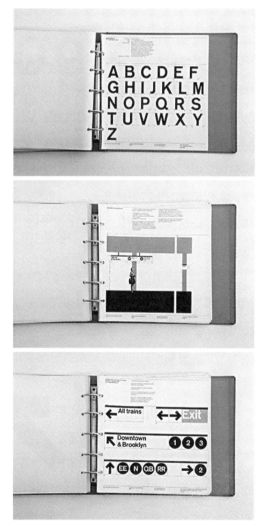

图6-34 美国纽约市交通图形标准使用规范手册（1970年）
来源：http://www.docin.com/p-1888613334.html

对具体工程的进一步实施有着积极的指导意义，成为20世纪中后期，地铁业主推行标准化标识系统建设的重要代表。《纽约市交通图形标准使用规范手册》是企业视觉形象规范化设计的典型案例，反映出一种设计策略或"建筑风格"，不仅能使视觉形象更加同一化，而且能促进员工之间的协调工作，对传达效率、理性、进步、可靠、责任和公共教育等方面的价值观有着重要的时代意义。

综上所述，在大众传媒盛行时代，从战前的现代设计运动延续到战后再发展的"国际现代主义"设计运动，这个变化对形成地铁符号空间的"标准化"语义风格起到了巨大促进作用。因而，"标准化"的国际现代主义设计风格成为这一时期的重要象征符号，其特征可归纳为如下三点：

第一，无论是地铁建筑语言符号还是标识语言符号，它们都有着共同的审美和实践理念，体现了战后强劲的经济复苏环境下，人们支持现代设计，看好现代设计对社会、经济和文化的助推作用，以及其相互间的紧密联系。

第二，在特定时代背景下促成的地铁"国际现代主义"符号空间设计，变得更加贴近生活也更为实用。通过简洁性设计结构、开放式和地下综合式空间，以及大面积的钢筋混凝土的表现，实现了新时期的设计理念。与此同时，回避了模式化的装饰风格和其他更加传统的建筑结构方法，让这种国际现代主义设计原则或者信条更为广泛地得到了认可和传播，使其较为长久地吸引大众的兴趣和目光。

第三，无论是在地铁建筑设计、导向标识设计还是人文景观设计领域，甚或在政治和道德领域，都为自我表达或形式自由设置了一定的标准和限度，使得企业、政府和公众共同参与的能力有了空前的增强。一种极具责任感的统一标准不仅仅涉及品位问题，而且在巩固和加强共同的文化价值观和民主思想方面都扮演着重要的角色。

快速发展期："后现代主义"语义风格

20世纪70年代，随着各国城市化进程的加速，人口也愈加集中，世界上很多国家开始确立"优先发展轨道交通"的方针，以适应日益增长的客流运输需求，各种先进技术的出现，也为地铁交通建设奠定了良好基础，至此城市地铁建设全面进入快速发展期。此阶段世界范围内，有40多个城市修建了地铁、轻轨或其他轨道交通。地铁已不再是个别发达国家拥有的物质享受，而是日益成为人们日常生活的组成部分。人们对地铁的认识已不仅仅是一个单纯的公共交通工具，而是希望在整个出行过程获得一定的精神享受和感悟。因而，地铁站的设计变得更加具有城市文化内涵和历史底蕴。世界各国地铁出现了各具特色的现象，设计形式已不再被一种标准化模式所束缚，追求"个性化的后现代主义"设计势态，成为这一时期最集中的表现特征。

"后现代主义"设计，虽起源于现代主义，但它遵循形式多元化、模糊化、不规则化、非此非彼、亦此亦彼、此中有彼、彼中有此的多重语义，强调历史文脉、隐喻主义和"少令人生厌"（less is bore）的设计思想。其特点大致有以下几个方面：其一，秉承设计以人为本的原则，强调人在技术中的主导地位，注重设计的人性化和自由化；其二，注重体现个性，强调人性经验在设计中的主导作用，突出设计的文化内涵，反对现代主义苍白及千篇一律的样式，并以浪漫主义、个人主义作为哲学基础，推崇自然、高雅、舒畅的生活情趣；其三，主张继承历史文化传统，强调设计的历史文脉，追求传统的典雅与现代技术相融合，创造古典与时尚融于一体的大众审美设计；其四，以复杂性和矛盾性洗刷现代主义的简洁性、单一性。采用非传统的混合、叠加等设计手段，以模棱两可的紧张感取代直陈不误的清晰感，主张多元化的艺术统一。

20世纪中期以来，钢架与玻璃搭配的表现形式，既是现代城市建筑不变的主流基调，也是地铁车站建筑的主要构成元素。作为城市现代建筑的重要标志物，世界各地出现了诸多的"后现代"地铁建筑作品，成为地铁交通系统的经典艺术符号，并在艺术史上留下永不磨灭的记忆。这里选择三个代表性国家——德国法兰克福、法国里尔和巴黎、西班牙巴塞罗那的重要车站对其设计语义和风格进行综合分析。

"破土而出"的地铁出入口符号

1968年德国法兰克福的第一条地铁线通车。受国际现代主义建筑影响，20年时间里法兰克福地铁建筑只有现代主义的"功能"气息，没有任何特别不同的作品。但是，新建于1986的波肯海曼·瓦特站（Bockenheimer）却与众不同。这个车站是三条交汇线U1、U2、U3上的重要运转站。该站不同于以往任何车站，它散发着强烈的"后现代"戏剧效果，成为法兰克福地铁建筑史上的经典符号（图6-35）。车站出入口设计仿佛一辆从地底猛然冲破路面的列车，使人在紧张中获得瞬间的视觉注意力。这一独特的设计打破了以往车站出入口设计模式——或壮观或寂静的静止势态，以一种疾驰的动态车厢为设计理念，将现代主义建筑"形式为功能服务"的唯一标准彻底地进行了一次洗心革面的改造。该作品主观有意识地制造出一种

图6-35 法兰克福地铁"波肯海曼·瓦特站"出入口艺术景观符号

复杂和矛盾冲突的意境，暗含着更为深层的意义。它仿佛要告诉人们，人类应回到地面，享受阳光、微风、开阔的视野……

科技、阳光、绿意、浪漫的地铁景观符号

1. 无人驾驶的"高技术、阳光"地铁空间符号

里尔（Lille），法国北方重要城市，也是法国第四大城市，位于欧洲的十字路口，距离比利时大约20英里，属于一个延伸到比利时的巨大城市群，是诺尔—加莱大区的首府，加上周边卫星城市共约110万人口。里尔拥有欧洲知名电子、生物技术科技园区与一流大学，被视为重要科技学城。

1969年，里尔政府决定兴建一条将科技与城市形象相融合的法国最具影响力的高科技地铁系统。1977年开始动工，历时7年，1984年5月，采用VAL系统即无人驾驶技术的地铁1号线正式通车。1号线全长13公里，共18个车站，是世界上第一条全自动轻型的地铁路线。里尔的第二条地铁线于1984年开始，分为四个阶段施工建设，前后历经16年，于2000年10月建成，全线32公里。里尔也由此成为法国、欧洲甚至全世界使用无人驾驶技术行驶里程最长的地铁系统。迄今为止，里尔的两条无人驾驶地铁系统总长度有45公里，拥有60个车站，依然是全世界规模最大的全自动轻型无人驾驶地铁线网（图6-36）。

地铁作为城市形象窗口，在里尔地铁系统中得到了充分发挥。里尔地铁的"高科技"系统，采用大量钢架与玻璃作为地铁车站主要建材，以展现其现代性形象。车站不仅采用了"高科技"的VAL系统，更为重要的是每座车站都精心设计自然采光，让阳光尽可能地从玻璃帷

图6-36 里尔地铁车站出入口艺术景观符号
来源：https://fr.wikipedia.org/wiki/Porte_d%27Arras_（métro_de_Lille_Métropole）
http://t.cn/ROEW2tu

图6-37 里尔地铁车站大厅艺术景观符号
来源：http://bbs.metroer.com/t-568333-1-1.html?highlight

幕建筑中投射进入地下车站。其设计以人为本，强调人主宰技术和技术为人服务，这种人性化的"科技"与"阳光"相结合的设计理念，构成了里尔地铁车站后现代建筑设计的独特风格（图6-37）。

2. "绿意和浪漫"的地铁空间符号

巴黎地铁14号线于1998年启用。此线自巴黎市区西北部的圣拉扎尔车站起，呈西北—东南走向穿越巴黎市区心脏地带。该线路是巴黎地铁线网中首条全自动无人驾驶的地铁线路。

地铁14号线车站，不仅有着现代化科技设施，而且人文特色也极为鲜明。14号线的车站建筑空间设计，有着广阔空间和自然阳光下的充足照明。其中的圣拉扎尔车站建在一个竖井当中，上方出口为一个透明的玻璃圆球，这样自然光可以透过车站通道照射到地下五层的月台；玛德莲站和金字塔站的照明光线在白天会随太阳光线的强弱变化而相应变化。除此之外，该站还有多个视频展示文化宣传；弗朗索瓦·密特朗图书馆站的空间更为宽敞，站厅的支撑圆柱高达15米，并且建有一个直径70米的半圆形大厅。

相比上述的几个车站，14号线中的里昂车站（Gare de Lyon）尤其令人瞩目。这个站的最大特点就是在车站里建了一个巨大的植物园，这里没有阳光，植物靠人工灯光生长。车站南面站台旁的玻璃橱窗里设置一个充满绿色的热带植物园（图6-38）。这种在整条线上布满绿色植物的艺术手法，改变了地下空间缺乏自然阳光的负面印象，不仅给人以生机盎然的开阔视野，同时也开启了地下空间绿色概念和生态建筑理念的新篇章。

另外，还有一座极为不同的皇家宫殿站（Palais Royal）。2000年，为纪念巴黎城铁100周年，巴黎公共运输局邀请法国当代艺术家让·米歇尔·奥托涅尔（Jean-Michel Othoniel），为巴黎最古老的地铁1号线上的卢浮宫附近"皇家宫殿站"设计了一座极具象征性的出入口作品（图6-39）。该作品被称为——夜游神的亭子。非同寻常的出入口设计，让人想到它与100年前吉马尔"新艺术"地铁风格的出入口设计是那么的"格格不入"。该出入口设计由两个圆顶组成，一个主要由红、黄两色的暖色大玻璃珠串接而成，顶上站着一个金色的小人，象征着太阳和白天；另一个圆顶由蓝、绿两色的大玻璃珠串接，顶上则站着一个紫色的

图6-38 巴黎地铁14号线里昂车站的绿色空间艺术符号
来源：http://t.cn/ROnvVOH
　　　http://t.cn/ROnvX0c　http://t.cn/ROnv97q

图6-39 巴黎地铁皇家宫殿站出入口艺术景观符号
来源：http://parisadele.com/portfolio/palais-royal-musee-du-louvre/
http://trailer-spot.livejournal.com/366555.html

小人，象征着月亮和夜晚；亭子的圆顶由金属制的珠子组成了支撑的柱子。两边的围栏由手工锻铁的圆环连缀，圆环中镶嵌着各种珠宝般的彩色玻璃。

皇家宫殿站的这个出入口设计给人以色泽绚烂、咄咄逼人的视觉感受，充满了巴黎时尚之都"秀出自我"的自信和城市独有的艺术文化个性，是对现代主义苍白及千篇一律风格的有力回应。作品以浪漫主义和个人主义的设计意念，强调了人性经验在设计中的主导作用，突出了时代设计的文化内涵。这是20世纪与21世纪交会之际，巴黎地铁向全世界赠送的又一个大礼，再一次为世界城市地铁公共艺术设计指出了一个新的发展方向。

"纯视觉成像"地铁空间符号

巴塞罗那（Barcelona）是西班牙第二大城市、最大港口。巴塞罗那地铁是巴塞罗那城市公共交通系统中的一个重要组成部分。早在1924年开启了第一条线，目前营运线路共有11条，里程累计123公里，共有站点165个。从19世纪中叶到20世纪中叶，巴塞罗那相继修建了众多的现代主义建筑，其中安东尼·高迪设计的建筑为城市增添了亮丽光彩。

2008年，在巴塞罗那地铁9号线上建成了两个特别的车站，一个是莱非亚站（Llefià），另一个是拉萨路特站（La Salut）。这两座车站均有着强烈的重金属感，采用隧道掘进机建成，因而地下运行深度最高可达60米。为了最大程度地降低站台孔洞给人的压抑感，设计师必须挑战如何减少幽闭恐惧症和眩晕等问题。因此，在空间设计上采用横向分割空间的方法来减少深度带来的压抑感；在墙面上采用背光面板，使空间具有通透感；在地面上采用穿孔的镀锌钢质条板铺设，产生不同的光色效果；每个地铁站都进行了抗破坏性金属涂层处理，顶面利用穿孔板搭建而成，形成了站内统一整体的视觉效果。

莱非亚站地铁站的主入口设计有着不拘常规的后现代设计风格和特征。其特点是有一个很大的与城市尺度相协调的"藤架"构造，巨型的藤架结构用镀锌钢材构成，郁郁葱葱的草本植物以几何形状缠绕在棚架表面，在与车站设计相融合的基础上，更加凸显了出入口设计的特殊性，成为城市地标性建筑（图6–40）。

拉萨路特（La Salut）地铁站的大厅设计以融入周边自然环境而著称。大厅上方设有巨型天窗，让光线引入大厅，且延续入口处。墙壁材料采用倾斜式弧线设计，减少了走廊的单调感，并以镀锌钢板与玻璃搭配而成。整个空间呈现出金属与玻璃组成的冷酷气氛，然而却不失自然阳光的温暖享受。这种阳光温情与现代材料混合、叠加的设计形式，创造了一个极具现代时尚的地铁空间，成为后现代建筑设计风格的典范（图6–41）。

Drassanes站坐落于3号线上，始建于1968年，2009年重新翻修，可谓是一座独具匠心的车站。Drassanes站位于巴塞罗那老城区的旧港港区，由于现存部件和原有空间的限定条件，设计师一方面考虑将综合性基础设计作为正常运行所需的参数，另一方面大胆引入"视觉成像

图6–40 巴塞罗那地铁9号线莱非亚站出入口及车站大厅建筑艺术符号
来源：http://t.cn/ROE8eJh
　　　http://t.cn/ROERvhV

图6-41 巴塞罗那地铁9号线拉萨路特站大厅艺术景观符号
来源：http://t.cn/ROnvR4Q
　　　http://t.cn/ROE8eJh

技术"手段对站内进行装饰设计。利用白色GRC玻璃纤维增强混凝土材料（与钢筋混凝土具有相同属性）和白色树脂材料，对室内表皮进行艺术处理，使车站空间开敞、明亮且宁静，同时又具有耐用性和防震性。Drassanes地铁站在概念上另辟蹊径，利用高度灵活的复合型材料，创新性地应用于车站空间，让空间如同抛光一般的单纯，大面积的白色和黑色形成强烈视觉对比关系，并引入抽象几何感的装饰艺术符号，从而突显各种标识指引、盲人通道、紧急疏散指示以及消防设施的功能作用。这种将新科技材料与地铁空间功能融会贯通的应用方式，极好地传递出了"形式表达功能"的设计概念。Drassanes地铁站设计，发挥了人性经验在设计中的主导作用，推崇自然、高雅、舒畅的生活情趣，其独特的设计想法促成了特有的地铁文化内涵。如今焕然一新的Drassanes地铁站成为巴塞罗那城市最迷人的景点之一，令无数游人驻足、拍照留念（图6-42）。

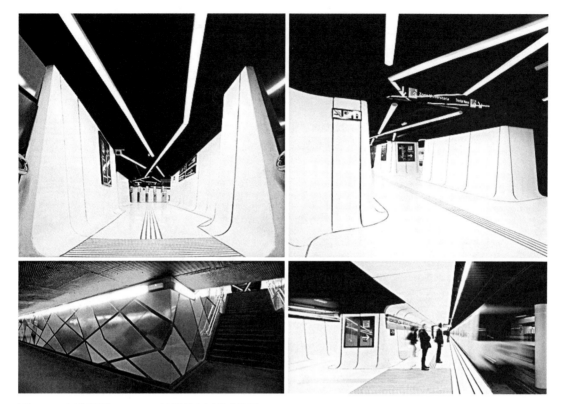

图6-42a 巴塞罗那Drassanes地铁站空间艺术符号
来源：http://ruinad.blog.163.com/blog/static/173651567201172441425468/?suggestedreading

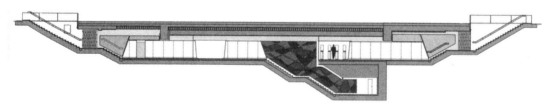

图6-42b 巴塞罗那Drassanes地铁站空间剖面图
来源：[英]路易斯·瑞维达尔编.城市轨道交通设计手册[M].杨子玉，孙阳译.辽宁：辽宁科学技术出版社，2013.157.

"冰起于水而寒于水，青出于蓝而胜于蓝"，上述20世纪末至新世纪之交的后现代主义经典地铁设计作品，虽来自于现代主义的再发展思潮，但已不再是一种标准化模式，而是转为追求多元和谐的"新现代主义"设计趋向。其共同特征是以浪漫主义、个人主义为哲学基础，推崇"高技术和高情感"的设计观念，强调以人为本，遵循人性经验的主导作用，追求时空的统一性与延续性。总之，表达高品质和精神享受是这一时期最为集中的语义和风格。

成熟期:"新现代主义"语义风格

"新现代主义"(New-Modernism)设计,是现代主义诞生以来直至20世纪70年代以后,发展起来的一种呈现多元化设计取向的思潮。它是在经过国际现代主义、后现代主义和解构主义的冲击之后,在其他流派逐渐衰退之时,所形成的新时代下的又一类设计风格。"新现代主义"设计风格,一方面继续发扬现代主义理性、功能至上的本质和精神,另一方面又对冷漠单调的国际主义设计理念不断进行修正和改良,并突破早期现代主义排斥装饰的极端做法,总之是一个引领艺术设计走向肯定装饰,注重作品与人文环境和生态环境相互协调发展的多元化设计风格。

新现代主义建筑设计风格主要体现以下几方面:一是强调空间与技术的交融,注重技术构造和新材料应用以增强设计表现力。二是主张建筑应包含自然生态环境,强调建筑空间、人与自然的和谐关系。三是否定现代主义排斥装饰的极端做法,而走向一个肯定装饰的多风格时期。四是侧重民族文化表现,重视地域民族的内在精神的表达。其中颇负盛名的安藤忠雄就是用现代主义国际式语汇来表达特定的民族感受、美学意识和文化背景的代表人之一。

在"新现代主义"设计思潮背景下,20世纪70年代末的世界范围内,地铁空间公共艺术设计也应随了这一新时代的设计潮流。世界各国地铁呈现出各具特色的多元化设计趋势,如瑞典斯德哥尔摩车站设计,雅典的历史博物馆地铁站设计,葡萄牙里斯本的陶瓷美术馆以及加拿大多伦多"象形文字"博物馆地铁站等,都开始将"人与环境"这一伦理价值作为设计主题,关注生态环境的可持续发展,突出"人文主义"设计特征。

"体验生活乐趣"的地铁空间符号

斯德哥尔摩是瑞典的政治、文化、经济和交通中心,也是瑞典第一大城市。其地铁系统共由三条线路(绿线、红线、蓝线)和七条次要线路组成。最早的地铁建设始于1950年,全部建成于1975年。经过多年完善后,地铁网络形成了以内城为核心的放射网络,覆盖了更大的服务范围,并与火车站、机场等相连接,乘客可以方便地转换各种交通工具通达全瑞典和世界各地。斯德哥尔摩地铁除了拥有与其他城市一样的先进交通技术之外,在空间塑造、材料选用、标识艺术设计等方面,都有着自己的特征,因而被誉为欧洲最美丽的地铁系统和世界上最长的艺术画廊,这主要归功于其风格独特的站厅空间设计。

斯德哥尔摩地铁在空间塑造方面独树一帜。不强求空间规整的几何形,而是根据不同地

图6-43 斯德哥尔摩地铁空间艺术符号（T-Centrale地铁站）
来源：http://www.sohu.com/a/59219302_248430

点、不同地层开采的难易程度，以岩洞自然形态特征进行空间设计，特别是蓝线岩石洞车站的设计最具典型性。在多线并列的站厅内，不追求夸张极端的规模和复杂的空间，通过极为简洁的形式，利用墙洞来沟通不同站台之间的视线，以最简单的手法达到最丰富的空间层次效果（图6-43）。

在建筑材料方面，坚持可持续发展原则，采用可再生循环利用材料，如混凝土、水磨石、木材、钢材、面砖等，尽可能减少珍稀材料和对环境造成冲击的材料的运用。它以经济、美观、实用为基准，回避豪华亮丽的工艺技术，崇尚简洁、朴实、纯净、冷艳的视觉感受，不仅为每一位乘客树立了正确的价值观，同时也引导了世界地铁建设的未来趋向，让人不得不思考更深层次的社会伦理问题。在色彩方面，以色调明快且丰富多彩作为基本主色调，既突出了站厅的个性识别，也为乘客提供不同的视觉体验。

除此之外，壁画装饰艺术设计是斯德哥尔摩地铁最值得骄傲的亮点之一。100个地铁站中有90个设置了艺术品。其主题范围极为广泛，从关注环境保护、世界和平、女权运动等宏大主题到日常生活的风景小品，涉及社会各个层面。可谓是艺术风格多种多样，形式应有尽有（图6-44）。

正因为瑞典人热爱大自然，有着与大自然亲密接触的体验，因此地铁这一现代交通工具的公共空间，再次回归日常生活的价值观念中。没有艺术的生活是乏味的，没有城市历史和文化记忆的地铁空间更令人感到窘迫。斯德哥尔摩地铁关注生活，让乘客在出行过程中感悟历史文化，为不同群体带来心理舒适和愉悦的体验，形成了地铁空间公共艺术设计取向的另一新的审美观和价值观。

图6-44 斯德哥尔摩地铁壁画艺术符号
来源：http://t.cn/ROnZCYe　http://t.cn/ROnZj2x　http://t.cn/ROnwUPU　http://t.cn/ROnZj2x

"传统中的现代"地铁空间符号

雅典，希腊的首都，欧洲最古老的城市之一，西方文明摇篮，举世闻名的帕提农神庙、宙斯神殿、古奥林匹克运动场，数不胜数的文化遗迹向人们叙述着它悠久的历史底蕴。这里既是一座千年古城，又是一座现代化的城市，古代文明与现代生活在这座古老的文明城市中形成了强烈的碰撞和鲜明对照。

雅典地铁规划于20世纪70年代末，始建于90年代，而最初的两条线2000年才正式投入使用。目前已有三条线：1号线（绿色）、2号线（红色）和3号线（蓝色）。既然是古城自然少不了古遗迹和古文物，雅典人秉承"文物要尽量在原来的位置上恢复"这一设计信念，因此雅典地铁站的特点是融合历史博物馆展示功能与地铁交通功能于一体。

雅典地铁不仅仅为现代化城市建设作出了努力，也为大规模考古发掘开辟了道路，几乎每一步都会发现一个新的墓地、古城墙、古文物。如今，雅典共有6个著名的地铁站设有文物展示区，行人可以在通勤途中与有数千年历史的珍贵文物进行亲密接触和对话。车站墙壁四周都用厚重的玻璃墙隔开，向乘客展示考古学家留下的真实印记。由此可见，特殊的地域文化特征造就了雅典地铁站的特殊设计模式，那就是博物馆式的地铁发展方向（图6-45）。

宪法广场站（Syntagma）是希腊同时也是雅典的政治中心。该地铁站周边有原皇宫和现在的议会大厦，又称"皇宫广场"。在建设时发掘一系列文物遗迹，包括"一条通往美苏基牙的古道，一条公元前6世纪的运河通道和迈锡尼时期至古罗马后期的大型墓葬，还有大量陶制品和罗马浴室原址等"[1]。站内墙面设置有大型壁画，画面就是利用此处出土的原始地层构造剖面作为展示内容，以不同材质呈现不同颜色的土层质感，体现出抽象绘画艺术的审美因素，既自然质朴又富于现代感。站内大厅空间以钢筋混凝土建成，空间开敞而明亮朴素、典雅舒适（图6-46）。

除此之外，国防部地铁站也是极具设计创意。如果说宪法广场站的文化景观体现的是古典文明的现代展示这一设计理念，那么，国防部站则是精心打造的雅典人对现代生活走向艺术化憧憬的缩影。在该站厅层内设置有大型矩阵式的装置艺术，名为《地下公园》，于2000年12月建成。作品以排列有序的"树"的造型，为人们塑造出一片井然有序的"森林"场景，利用现

图6-45 雅典地铁宪法广场站文物展示艺术景观符号
来源：http://t.cn/ROnAcCm　　http://t.cn/ROnAJr9　　http://t.cn/ROnAW2Q

---

[1] ［英］肯尼斯．鲍威尔著．伦敦地铁——银禧延长线 [M]．吴晨译．北京：中国建筑工业出版社，2008.11.

图6-46 雅典地铁宪法广场站空间艺术符号
来源：http://t.cn/ROHYwf4　http://t.cn/ROHYLN7

代艺术表达当代雅典人对艺术和生活的关注，让行人穿梭在这一片人造的林海中，这种强烈的视觉符号刺激，既改变了地铁空间的压抑感，又激发了乘客对自然环境的思考和关注。设计师的奇思妙想为雅典地铁创造了一个奇特而又经典的属于雅典名城的艺术景观符号。

雅典地铁车站的公共空间以现代观念诠释了古希腊文明和当代人的生存状态，这些古代考古文物挖掘现场的复原展示，留给人们深刻的记忆。希腊和中国同为文明古国，都有着深厚的文化渊源，又都同处于现代社会，如何以现代观念弘扬古代文明和现代文明，如何以古典精神与现代风尚相结合来宣传自我城市个性和空间记忆，是两国需要共同关注的问题。雅典地铁首先探索和创造了独有的车站艺术空间，博物馆式公共空间艺术设计给我国地铁公共艺术发展建设可提供了更多的参考和经验。

"穿过空隙"和"成长记忆"的地铁景观符号

1."穿过空隙"的宝积寺站

日本木县宝积寺站，是一座地面跨站式车站，由一个侧式站台和一个岛式站台组成，该车站在2008年落成启用。

宝积寺站的设计师隈研吾认为，车站不仅是一个聚合大量人流的网络枢纽空间，同样也是给人们留下情感、记忆、沟通与交流的地点。因而采用一种孔洞的形式，来弥补这个社会日益破碎、孤离的趋向。为了减轻重量，恢复地铁站建筑空间的亲切温暖气氛，最终选择胶合板材料来完成这一作品。蜂窝胶合木板做成的顶棚是车站最为引人注目的特点。胶合木板在拼合的时候可以留出空隙，让室外的阳光穿过空隙洒进来，形成美妙的光影，使每个经过车站的乘客首先被这样奇特的顶棚所吸引（图6-47）。事实上，其材料设计灵感来自于本地高根泽集市的稻田和由木质结构的房屋组成的景观。利用木头的温暖质感弥补冷色调的混凝土带来的坚硬感，如同隈研吾所说：走在车站擦肩而过的路人们，在等候列车的短暂片刻，可以抬头望着这样奇妙的造物而不再感到孤独。

单纯的设计意念和出自于本土文化的设计灵感，以及可被重复利用的环保材料，最终成就了宝积寺站建筑空间独特的视觉符号。利用装饰语言来强调建筑、人和自然之间的和谐意义，强化了继承地域民族文化和发扬传统精神在现代设计中的重要性。

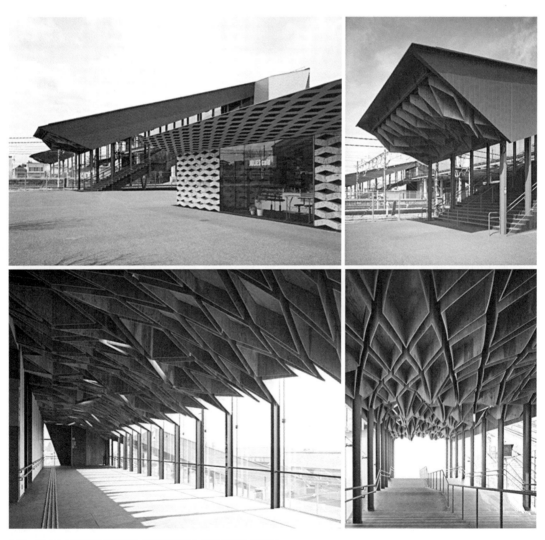

图6-47 日本地铁宝积寺站"穿过空隙"的空间艺术符号
来源：http://www.360doc.com/content/11/0717/00/16546_134017763.shtml

2. "成长记忆"的三宫站

神户是日本中部最美丽、最有异国风情的国际贸易港口城市。神户的第一条地铁系统于1977年通车，目前已有四条线，其中1981年通车的Portline线是亚洲第一条无人驾驶的地铁系统。为了迎接新世纪的到来，神户市政府决定在三条地铁线交汇站——"三宫站"设置一件具有"市民参与意义"的地铁艺术品作为纪念。

该纪念作品收集了新旧世纪之交，在神户市立医院诞生的婴儿的二千余张小手印、小脚印、个人姓名以及父母对孩子未来期望的一句话语，将每一个素材拓片制成陶瓷装饰画，拼合成巨大艺术作品设置于该站整个墙壁上。这幅艺术作品不仅将该市市民成长的集体记忆熔铸在地铁站里，与上班、上学、购物、旅游等出行活动的人们，一起构成了每日生活中的对话场景，同时也加强了地铁"三宫站"在人们心目中的特别记忆和城市影响力（图6-48）。

事实上，这件艺术作品的视觉艺术效果已经不是那么重要了，重要的是作品本身的创作、社会集体参与的活动意义以及地铁公共空间的艺术形象在人们心中的地位。21世纪的地铁公共空间已不再是单纯的交通场所，"三宫站"的集体创作活动充分证明了地铁公共空间是让人感受城市成长、市民共同憧憬美好生活以及感悟城市文化内涵，凝聚城市感染力和记忆的参与性场所。

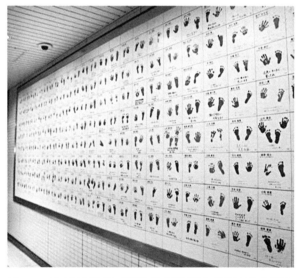 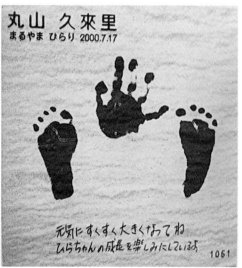

图6-48 日本神户地铁三宫站"成长记忆"的壁画艺术符号
来源：杨子葆著.世界经典城铁建筑[M].北京：生活·读书·新知三联书店，2008.167.

"异域艺术"的地铁景观符号

多伦多地铁是加拿大的第一条地铁线，于1954年落成。现已发展成为拥有4条线路（69个车站）的运输系统。该线路经过后期延伸，现已形成"U"字形的地铁线网。著名的博物馆站是2007年重新修建后投入使用的重点车站。

博物馆（Museum）地铁站位于皇家安大略博物馆和George R. Gardiner博物馆的地下。特殊的环境条件和地理位置，使该站成为与考古学相关联，集功能性、美学性与文化性融于一体的公共空间。

雕像、图腾的多柱式大厅是该站空间设计的主要特征。其灵感来自于车站周边皇家安大略博物馆和Gardiner博物馆所陈列的文物，将文物与承重构筑物巧妙地构想为一整体，共设计了五种圆柱，并重叠排列于整个站台。这五种圆柱分别象征着加拿大原住民、古代埃及、墨西哥托尔特克文化、中国传统文化（紫禁城梁柱）和古代希腊文明（多利安式梁柱）。圆柱造型严格按照原文物精心制作，采用玻璃纤维增强混凝土制成，不仅可以耐受地铁站日常的磨损和消耗，还可以承受外部挤压和冲击力。改造后的顶棚照明和新的单面墙体设计为梁柱提供了现代化的背景（图6–49）。

在45年时间的地铁站改造中，也同时对导向标识和其他路径系统一并进行了改造。标识设计方面采用化繁为简的手法，利用空间本身的墙体和立柱的功能，将大写字体的车站名称通过金属制造醒目地融合于墙体上（图6–50），而立柱上的文字均是来自埃及文物石灰岩浮雕的象形文字。

博物馆地铁站的地下异域文化艺术空间设计，反映了地铁站文化复兴的活力和精神。充分利用空间构筑物特性，打造了独特而简洁的装饰艺术风格，进而补充和呼应站域整体文化内涵，并侧重民族文化表现，发挥古文明文化遗产语汇来表达特定的民族感受、美学意识和文化内涵，成为21世纪地铁公共艺术的又一新的设计语汇。

"数字时代"的时尚地铁景观符号

那不勒斯是意大利南部的一座历史名城，同时又是一座富有知识信息的天堂，其地铁站就是在这种形势下应运而生的。那不勒斯地铁现有2条线路，29个车站，全程17.8公里。"数字时代"的地铁文化主题是该城市对"第三次科技革命"的一次视觉化的诠释和解读。

"大学站"是一个充满信息时代感的车站。尽管地铁站是一个过渡的转换空间，然而在设计师独具匠心的设计下，给乘客创造了如同"梦幻般"的透像色彩意境。利用抽象的图形、绘

图6-49 多伦多地铁博物馆站柱式艺术景观符号
来源：http://t.cn/ROHYwf4　http://t.cn/ROHYLN7

图6-50 多伦多地铁博物馆站墙面站名标识符号
来源：http://t.cn/ROH8NsX　http://www.mendl.ca/museum-station/

画和雕塑艺术品，让人们在行进中不断地产生新奇感，仿佛置身于一个充满艺术品和艺术世界的符号中，充分体验和享受出行的乐趣。抽象的影像让每个人根据自己的理解来看待周围的环境。艺术品的设置完全摆脱了固有的墙面或专有位置，而是巧妙地将功能设施变换为艺术品，如站台的台阶上描绘有但丁和比阿特丽斯的抽象派肖像。整个空间以高纯度艳丽的蓝、粉红和黄色作为背景色，以中性色的灰色和粉色来突出导向标识功能，从而为乘客指引方向，帮助其抵达最终目的地（图6–51）。

总之，灵活性、自由性和个性化的"新现代主义"设计思想，在"大学站"诠释了"数字信息时代"这一中心主题，让乘客在短暂出行中获得丰富的艺术体验，这不仅是设计者永久性的创新和追求目标，也指出了新世纪地铁在人们心目中的全新感受和变化。该作品暗示着地铁车站将成为全球信息化大时代背景的艺术缩影。

图6-51 那不勒斯地铁大学站艺术景观符号
来源：http://blog.sina.com.cn/s/blog_673c8b9e0101lvw2.html

"绿意迷离和科幻生物"的地铁景观符号

日本东京地铁12号线"大江户线",不仅是这座大都会最新的地铁系统,也是东京最美丽的地铁线,于2002年投入运营。其中最令人咋舌的是"饭田桥站"。该地铁车站是全世界第一座完全由电脑自动生成程序而得以实现的建筑作品。

饭田桥地铁站的设计师渡边诚,以推动"数字建筑"的开创性理念,研发出一种类似人工生命的电脑软件,探索形态与空间在自然环境里的生成实验。其主张现代城市建设应以"诱导"方式顺势滋生成长,而不是强行规划和独裁地满足。在此观念和意想下,饭田桥地铁站设计如同"一颗生长着的建筑种子",深深埋在"大江户线"的土壤之中,成为21世纪东京地铁的新地标(图6-52)。

设计者一方面有意将站外附近小石川后乐园的绿意,延伸到地铁站内部空间中,另一方面利用结构化的"网架"技术,由电脑程序给予特定的条件,如净空高度、框架角度、分叉的限制等,利用电脑来控制"网状植物"生成的形态,最终成就一个蛛网般巨大的视觉网络,绿色

图6-52 东京地铁饭田桥站艺术景观符号
来源:http://www.sj33.cn/architecture/jzsj/200912/21617.html

长条灯管犹如四处攀爬的藤蔓植物,令空间充满流动感和活力。绿色灯柱组成的网架艺术景观,为饭田桥站营造出一种奇异世界的美妙氛围,体现出技术与艺术的完美结合。

另外,站外普通的通风与空调设施,也被塑造成了"科幻生物"的视觉符号,被人们称为"风翼",与站内绿色网架一样也是由电脑控制,其构造、尺寸、定位、粗细、厚薄、宽窄都是经过应力、风压、净空等参数计算而得出的。不锈钢管作为主体构架,与透明或不透明强化玻璃搭配,塑造了生机勃勃的数字建筑外观形象符号(图6-53)。

21世纪,饭田桥地铁站以"诱导城市"的设计理念,向世人展出了这件精彩数字建筑作品,有力地回击了国际主义"形式为功能服务"的宗旨,以一种"形式表达功能"的前卫设计观念,指引着世界地铁未来建设发展的新动向。

随着社会不断的发展和科学技术的进步,地铁"新现代主义"设计风格在肯定现代主义功能和技术结构体系的基础上,既具有现代主义严谨的功能主义和理性主义特点,又具有独特的城市个性的意象性表现和象征特征,成为21世纪地铁公共艺术设计的主流方向。正如美籍华裔建筑史教授王受之先生所论述:"从发展趋势来看,新现代主义有可能在21世纪形成潮流,成为一个比较稳健的流派存在和发展。"从世界范围看,各国各城市的地铁如同城市本身的个性,都有着自己的特点,其中车站公共艺术设计是表现城市形象的一个重要标志符号。

图6-53 东京地铁饭田桥站站外通风设施艺术景观符号
来源:http://t.cn/ROHnHCE http://t.cn/ROHn8u8

综上所述，以世界地铁发展的时间为脉络，针对世界范围代表性城市地铁空间公共艺术符号的语义风格的纵向研究，阐明了以下三个问题：

第一，地铁的发展是工业革命后人类文明发展的写照。在地铁不断发展的进程中，文化使地铁逐渐摆脱了单一化交通工具的形象，地铁被列为城市文化空间的重要媒介，其实体状态逐渐成为象征城市文化内涵的艺术设计符号。地铁角色的转变，是历史性的也是群体自发性的。

第二，地铁文化景观是地铁交通系统中不可分割的组成部分。从地铁发展的历史过程来看，人们逐渐从为拥有地铁而自豪的"新艺术"风格，到冰冷的钢筋混凝土的"现代主义"风格，再到日常生活中体验城市文化内涵和底蕴的"新现代主义"风格，地铁的功能性符号形象开始转向文化符号功能。人们已意识到地铁是城市之中、人们身边感悟城市艺术价值和认识城市文化形象的重要传播媒介。这在发达国家表现尤为突出，又使得人们心目中构成了另外一种符号，即发达社会的象征符号。地铁既是城市文化的物化形态，也是城市文化精神形态存在的延伸和缩影。地铁成为文化的一种符号，也成了人类文化的构成部分。

第三，从世界范围来看，不同地域文化及社会体制下，地铁空间公共艺术符号所展现的价值取向有着明显的差异。城市地铁所呈现的整体面貌，背后存在着多种社会因素，包括政治、经济、科技、文化、艺术等因素的影响。这些综合因素是形成城市地铁空间"地域性意义符号"语义设计风格的根本来源，也是体现城市地铁文化景观和价值景观的重要组成，更是塑造城市文化品质不可或缺的象征符号。

从世界范围的纵向发展轨迹中，可归纳出地铁公共艺术符号的语义设计特征与风格变化的脉络特征（图6-54）。

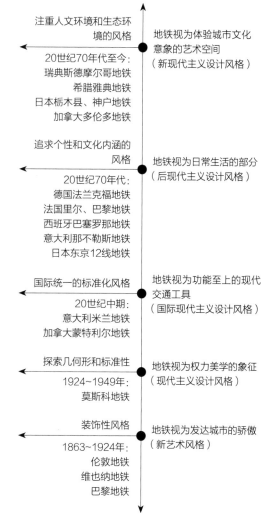

图6-54 世界地铁公共艺术符号的语义与风格发展脉络

21世纪地铁公共艺术设计取向

20世纪末以来，伴随经济全球化冲击以及城市立体交通网络环境的不断发展，地铁空间公共艺术设计更加受到社会的关注和重视，融入城市人文精神的发展趋势更明显且强烈，由"形式追随功能"上升为"形式表达功能"的"新现代主义"设计语义，开始成为主流设计风格。在普及使用国际通用规范和标准的前提下，融合民族地域文化和城市地方文化的那些优秀设计案例脱颖而出。在地铁建设高度发展时期出现的一批世界经典车站设计，让人们看到了"规范化""地域化"与"艺术化"相融合的地铁符号空间设计，既是一次重大事实的转变，也预示着未来发展的前景之路。

从世界地铁公共艺术的风格演变中，可看出20世纪末至今，地铁空间公共艺术设计开始走向"新现代主义"多元化语义表达，其价值取向的共同特征可归纳为三点：关注人的社会规范价值，关注人对自然情感的需求，关注人对民族地域文化艺术的情感需求。

关注人的社会规范价值

20世纪上半叶，前卫性的现代设计运动探索出了奇迹般的现代语言符号，成为现代人类最方便的视觉交流方式。国际通用交通图形符号，让世界不同语言的人群有了最直接的感官另外一种交流语言，为社会文明建设创造了国际化的视觉交流语言符号，具有划时代的开创性意义。

在世界地铁高速发展的时代背景下，为了便于出行，世界各地均制定了轨道交通导向标识符号的设计规范和条例，并有着明确的使用规定。事实上，这些"人为的"规范条例为人们的出行和交流带来无比的便捷和好处，在保证人们安全出行的情况下，建立了一个文明有序的社会环境，体现出现代设计的社会伦理价值和意义，具体表现在如下三个方面：

第一，国际通用交通图形符号的普及化使用。因其具有简洁、易识别、易于理解等诸多方面特性，因而被广泛自觉地使用在地铁交通系统中，引导使用者以最简洁的方式通行于站域。国际通用图形是地铁交通系统中最受关注和最为普及的一种交通指示符号。这是20世纪至今，甚至将来都会广泛应用于地铁交通系统中的一种"共性化"交流符号，具有无可替代的作用和意义。

第二，导向标识系统的无饰线字体和黑体字的规范化使用。在字体方面，无饰线的黑体字广泛应用，体现出世界地铁标识字体使用的共性特征。但是，又因不同民族的不同语言和不同阅读习惯，各个国家的标识字体在使用方面都有着各自的喜好和习惯使用的字体，因而又构成了世界各地标识字体设计的"独特性"特征。另外，国际通用色彩的规范性，是由各个城市的设计人员及广大使用群体长期使用后，广泛认可且自觉遵守的，因而体现出关注使用人群与社会之间的规范性价值。

第三，世界ISO组织向全世界推出的"残疾人"和"轮椅"造型的专用标识图形的使用。其初衷是向全人类呼吁对障碍人群的关怀和友善立场。地铁公共空间，不仅要为正常乘客人群服务，也不可忽视弱势使用群体的需求。地铁车站应关照各类特殊人群，甚至老人、儿童和携带大件行李的乘客需求，因为每一位公民都拥有进出地铁空间的自由权利。正如美国设计理论家维克多·帕帕奈克在《为真实的世界设计》中提出的："设计应该为广大人民服务，而不是少数富裕国家服务；设计不但应该为健康人服务，同时还必须考虑残疾人服务。"[1]

在"新现代主义"设计思潮下，地铁空间公共艺术设计更加关注社会伦理和文明规范的社会秩序。在体现人的文明社会规范责任以外，也反映出对公众利益和公众行为需求的关怀。至此，我们将会更加明晰制定各种规范，就是为了让更多的社会群体利用各类标识物、空间提示、安全提示等，组织公众群体在空间中有效地进行通行行为、文明行为和安全行为等，形成一个安全乘坐地铁的公共文明秩序和社会文明环境。

关注人对自然情感的需求

社会和谐有赖于人与自然的和谐。自然环境是人类赖以生存的物质基础，也是构建和谐社会的重要物质基础。人不应当也不可能成为自然的主人，人不应当也不可能成为自然的奴仆。人与自然相辅相成，平等共处，这种和谐关系才会使人与自然达到双赢。

地铁车站这样一个全部人造的与自然界完全隔离且封闭的空间环境，将人们日常出行、休息和工作紧紧联系在一起，让现代城市人始终处于"两点一线"式单调的生活格局中，人们长时间在地下停留，无法接触地面阳光、空气、植物等，将造成各种身心不良。利用人的生存本能，建立起与自然和谐的关系，为地下交通行为提供安全、舒适的出行环境正是公共艺术设计的职责和义务。正如维克多·帕帕奈克所说：设计是为了达成有意义的秩序而进行的有意识而又富于直觉的努力[2]。

---

[1] ［英］肯尼斯．鲍威尔著．伦敦地铁——银禧延长线 [M]．吴晨译．北京：中国建筑工业出版社，2008.11.
[2] ［英］肯尼斯．鲍威尔著．伦敦地铁——银禧延长线 [M]．吴晨译．北京：中国建筑工业出版社，2008.11.

因此，尊重自然、模仿自然和再造自然，积极主动地将地面自然要素引入地下空间，模拟地面自然状态，以自然光照、自然植被和自然水体等方式来改变和满足人对自然环境的需求，体现出人文关怀的时代特征，正是新现代主义设计理念的初衷。

前面有论述中提到20世纪50年代中期后，法国里尔地铁系统中采用大量钢架与玻璃作为地铁车站主要建材，每座车站都精心设计自然采光，让阳光尽可能地从玻璃帷幕建筑中投射入地下车站，其注重设计以人为本，强调人主宰技术，体现人性化的"科技"与"阳光"设计意念，构成了里尔地铁车站后现代建筑设计独特风格。之后，一些新建城市地铁线路多采用这种设计思想，如巴黎14号线里昂车站，伦敦朱比利线的银禧延长线等，利用采光天窗及采光通风口为人类积极创造了"阳光绿意"的车站空间符号，展现出一个个生机勃勃、自然气息浓厚的地铁空间环境。国内新建城市地铁线路中也出现了这种手法，如西安地铁2号线的行政中心站空间设计，体现出人对自然的关照和需求，利用玻璃穹顶塑造出阳光宜人的车站空间环境，成为西安城市景观地标性符号（图6-55）。

因此，新现代主义地铁空间艺术设计特征，更加关照地下空间贴近地面的空间感受，注重人与自然环境的和谐关系，体现自然情感在空间设计中的表达，为乘客尽可能塑造舒适、自然的出行空间。

关注人对民族地域文化的情感需求

地铁的诞生标志着人类交通文明的进步，而人类的民族文化又是地铁文化的源头。每个地域、每个民族都有其独特的文化，民族的发展与自身文化建设息息相关，没有文化内涵的民族，也不可能有其自身特色，更不可能有长远的发展。一方面，地铁发展的历史写照促进着人

图6-55 西安地铁行政中心站穹顶艺术景观符号

类文化的发展；另一方面，城市文化、区域文化又构成了地铁文化的个性，它是地铁文化符号具体存在的呈现。

因而，从世界范围看各国各城市的地铁如同自我城市性格一样，都有着自己独特的特点。地铁建筑空间设计、交通标识系统设计、车站景观艺术设计，它们之间相互协调，共同构成地铁文化景观的价值。事实上，地铁文化符号的塑造就是突出所在国家、城市、民族的文化特色，它既"承载着推动区域文化发展的义务，也承载着推动区域社会发展的责任"[1]。要想了解一个国家的历史和文化，要想知道一个城市的文化发展建设，可以从地铁开始，因为那里必定能够让人们体会到凝练的城市历史、文化和记忆。

20世纪70年代末的世界范围内，各国地铁呈现出各具特色的地域人文主义设计特征，集中表现了"新现代主义"设计风格主导取向，体现出对民族地域文化的关照。21世纪的地铁空间地域人文设计取向，可概括为如下几方面设计特征：

第一，地铁空间标识符号与整体公共空间相互协调的语义设计特征。地铁导向标识是图解站域空间规划的意义符号，各类图形元素的设计在清楚地表达站域现场和实际使用中，与站域公共空间的整体视觉上表现出相互补充的特征。导向标识信息系统的语义设计风格伴随地铁公共空间语义设计风格的变化，无论是"形理"（色彩、造型、材质、工艺、技术）方面，还是"意理"方面，都尽可能地追求与地铁公共空间和谐统一的整体视觉效果。

第二，地域文化符号补充站点识别性特征。地铁空间的"新现代主义"语义设计风格，表现出地域性图形与国际通用图形共同使用的特征。公共通用图形表达国际语汇，让更多的群体使用最简便的信息完成出行任务，而地域性图形是补充和强化城市、线路和车站个性表达的重要信息，是塑造自我城市形象、站域形象和车站形象识别的标志性符号，是建立城市历史感、归属感、认同感等语义内涵的重要象征性意义符号。世界各国地铁空间成功案例中，均是有意识且主观能动地渗入了"地域性"的适合自我城市意象的语义符号，创造性地将国际"同一性"和地域"异同性"的文化特征相互融合、协调和补充而进行设计的，因而才成为人类世界共同享有的具有"历史美学"价值的地铁文化符号。

以香港地铁为例。香港是亚洲较早开通地铁的城市之一，其标识符号设计具有典型的"地域性"文化特征。香港地铁在遵循国际通用规范下，创造性地将中国传统书法文字符号融入地铁公共空间中，既增强了标识的醒目性，也营造了站域文化识别性，重要的是以地铁为媒介传

---

[1]　[英] 肯尼斯.鲍威尔著.伦敦地铁——银禧延长线 [M].吴晨译.北京：中国建筑工业出版社，2008.11.

达了中国传统文化精神内涵，成为香港地铁特有的文化象征符号（图6-56）。因而，香港地铁标识的地域性符号设计特征具有划时代的意义。其成功的文化传播力影响了内地诸多城铁标识设计的模式，如广州地铁等。因此，发展我国城市地铁"地域性意义符号"，即适合自我城市个性需求的地域文化符号，是我国城市地铁建设中扭转和改变"千篇一律"相貌的必然途径。

第三，多义灵活性的语义形式表达空间功能的使用特征。受"新现代主义"设计风格的影响，地铁空间艺术符号的语义表达形式更加多元化和个性化。具体而言，就是利用"形式表达功能"，亦此亦彼、此中有彼、彼中有此的多重语义解码，强调历史文脉、意象及隐喻主义特征。符号媒介的选择更加开放，灵活地应用在建筑、空间和功能设施中。如顶棚可以是站名文字，地面可以是线路图，墙面可以是岩石洞口，塔柱可以是图腾雕塑，通风设施可以是科幻生物形象的象征符号等。功能性空间和设施在特定的意念下，随主题风格的视觉效果而变得整体且多义，简洁且开敞，趣味且生动。究竟是通行的地面还是线路的指示性符号，此时功能的界限已经变得模糊，但空间的艺术趣味和视觉效果更具有体验性和互动性。如斯德哥尔摩地铁中的紧急逃生符号，因意念的支配打破了固有符号媒介的形象，更像一件装置艺术品（图6-57）。

图6-56 香港地铁港岛线太古站地域性文化标识符号
来源：http://mtr.hk365day.com/Railway/line_S/ISL/TAK.html

 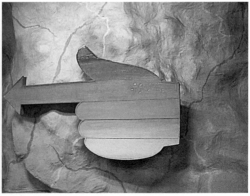

图6-57 斯德哥尔摩地铁站"形式表达功能"的紧急逃生符号设计
来源：http://travel.fengniao.com/slide/301/3015490_14.html#show

因此，在混合叠加的形式手段下，利用艺术形式表达功能内涵，让单纯的功能变得艺术化，构成艺术与表象、形式与功能更加灵活有趣的价值取向，使地铁公共空间成为艺术化的符号空间。这种趣味性、灵活性和体验性的语义表达方式，代表着20世纪末以来地铁符号空间语义设计的主流风格。

第四，利用景观装饰艺术符号增强站域识别性特征。进入21世纪的今天，地铁在人们心目中有了质的变化，已不再是单纯的交通工具，而是经济时代下内涵城市文化和历史底蕴的象征符号。新时代的地铁公共空间更加关注景观艺术设计的新秩序（图6-58）。地下空间封闭、相对单一的线性空间造成人们对地铁站点的识别性和认同感变得模糊，因而地铁景观艺术品设计可以增强"站域"识别性，建立地下与地上相呼应、地面空间和站域联系的场所感，帮助乘客形成空间地图，更好地辨别不同的站点。从世界各国优秀城市地铁空间设计可以看出，景观艺术设计对形成自身城市文化品质、传达城市文明、提升城市形象等发挥着重要的积极作用（图6-59）。

第五，新媒体艺术、临时展演或文化活动等方式的参与，拓展了地铁空间公共艺术设计的外延和内涵。在地铁空间中应用新媒体艺术，举办临时展演和其他文化活动，使地铁从交通空间扩展到其他领域，增加了新的功能意义。乘客的互动参与使地铁空间充满趣味性，既轻松又亲切的环境氛围，是地铁人文关怀的体现。当地铁以移动美术馆或临时展台的形象出现时，不仅带给乘客耳目一新的视觉感受，也成为增强公众文化自信心和城市自豪感的途径。

综上所述，作为21世纪地铁空间公共艺术设计主导趋向的"新现代主义"风格，既具有现代主义严谨的功能主义和理性主义特点，又具有独特的城市个性和记忆的象征特征，其语义风格体现在三个方面：一是在肯定现代主义功能和技术结构体系的基础上，以"地域性意义符号"为切入点，强调适合自我城市个性、线路主题文脉和地理位置的特殊历史特征，注重地铁公共空间的整体设计内涵语义；二是采用多义的语言形式，以灵活开放的语义，将单纯的交通

法兰克福地铁

阿拉木图地铁

华盛顿地铁

图6-58 法兰克福、阿拉木图、华盛顿地铁艺术景观符号
来源：http://lohas.onlylady.com/2013/1108/3300856all.shtml#page4

图6-59 西安地铁1号线劳动路站"蔚蓝产业"壁画艺术符号

功能塑造为艺术化符号;三是从装饰性、趣味性及艺术性角度给予乘客丰富的视觉体验和精神享受(图6-60)。

在经济全球化时代发展前提下,构建"同一性"与"异同性"相互融合发展的"新现代主义"设计风格,是21世纪我国地铁空间公共艺术设计未来发展的前景,是地铁公共艺术设计的主流方向。今天,中国将进入地铁建设的成熟期,世界其他城市地铁的成功案例,为我国地铁公共艺术建设提供了丰富的可借鉴经验,把握发展中特有的机遇,创造中国城市地铁高品质艺术符号,以"地域性新现代主义"设计理念,塑造"地域性"的地铁形象,建设"同一性"与"异同性"相互融合的城市地铁意象空间,是当下中国城市地铁公共艺术设计的主导设计价值取向。

图6-60 南京地铁通道处壁画艺术符号

快乘地铁去购物!
图片来源:http://t.cn/Rc134rp

海报选取伦敦商店夏季大甩卖(Big Summer Sale)的背景,描绘市民争先恐后搭乘地铁去购物的场景,五颜六色的花伞点缀画面视觉美感,以此宣传地铁为市民生活带来的便捷和快乐!

第 7 章 西安地铁公共艺术设计案例

第 7 章 西安地铁公共艺术设计案例

2011年8月28日,西安地铁2号线开通模拟运营——自此西安进入"地铁时代"。千年古都"地铁梦"的实现,使西安成为全国第十个拥有地铁的城市。随着地铁相关技术的成熟发展,地铁是否能够承担、如何承担适当的文化功能,成为西安地铁建设要面对的重要课题。其核心在于明确新的地铁时代,适当的文化功能是地铁可以并"应当承担"的问题。作为十三朝古都的西安,其丰厚的文化底蕴、鲜明的地域文化特征以及地铁对城市格局所产生的重要影响,均是设计过程中必须首先解决的问题。

在"地域性意义符号"设计思想的总体统筹下,西安地铁不仅成为市民便捷、安全、舒适的交通工具,同时也成为传承城市地域文化的重要窗口。

西安城市发展与地铁建设规划概况

西安古称长安,是一座距今已有3100多年历史的文化名城,是举世闻名的世界四大文明古都之一,居中国古都之首,是中国历史上建都时间最长、朝代最多、影响力最大的都城,是中华民族文明发祥地之一。西安,是古丝绸之路的起点,也曾是世界上第一个人口超过百万的国际性大都市。在盛唐时期,西安是通往中亚、西亚、南亚及欧洲的重要窗口,对沟通东西方经济、文化和人类文明进步作出了巨大贡献,成为当时世界文化中心城市。1981年,联合国教科文组织把西安确定为"世界历史名城"。追古思今,随着历史的变迁和时代的发展,西安在承袭古长安城风貌的基础上，已发展成为中国西部地区科教、商贸、信息、金融和现代化工业基地的国际著名旅游城市。

城市历史文化环境

罗马哲人奥古斯都曾说："一座城市的历史就是一个民族的历史。"西安，作为华夏文明的起点与代表，生动地记录着中华民族的沧桑巨变。

早在旧石器时代，西安蓝田猿人揭开了人类文明的一页。到新石器时代，先民们在此建造了半坡村，成为中国母系氏族公社繁荣时期的典型代表；中国意为中央之国，中国的中心之点或叫大地原点就在西安，有"秦中自古帝王州"的历史；在汉唐时期，"西有罗马，东有长安"是西安在世界历史地位的写照；至今，西安仍与世界名城雅典、开罗、罗马齐名，被誉为世界四大文明古都。

深厚的历史文化积淀和丰富的文物古迹遗存，使西安享有"天然历史博物馆"的美称。全市共有全国重点保护单位16个，省级文物保护单位68处，市级文物保护单位230处，登记在册的文物点2944处[1]。西安古城墙是当今世界保护最完整且规模最大的古城遗址；秦始皇陵兵马俑坑是举世闻名的"世界八大奇迹"之一；市内有被誉为石质历史书库的碑林博物馆，唐代长安保留至今的大雁塔、小雁塔；市区周边保持完整的半坡遗址，周丰京、镐京遗址，秦阿房宫遗址，汉长安城遗址，汉杜陵遗址，唐大明宫遗址等。这些人文历史遗迹构成了西安城市完整的历史环境体系。其中西安城墙、大雁塔、小雁塔、钟楼、鼓楼、兴善寺等一大批古建筑是城市重要的标志物。除此之外，还有许多古老的传统文化艺术资源，如风味小吃、戏曲、舞蹈、手工艺品、民族风俗等（图7-1）。

城市是一本打开的书，从它的发展变化中可以看到它的抱负和愿景。现代主义建筑大师沙里宁说过："让我看看你的城市，我就能说出这个城市居民在文化上追求的是什么。"这说明了一个城市所展示出来的内涵与独特魅力，是可以被接受、被理解和被感知的。每个城市都有其独特的风貌和特点，包括政治、经济、宗教、民俗、文化、历史和地理等，它们都可能成为人们记忆的符号和城市的特质。城市文化是城市系统最稳定的部分，城市的发展不能割裂文化的根脉。文化是人类在社会历史发展过程中所创造的物质财富和精神财富的总和。人们生活实践复杂多样，文化也相应地具有不同的内容、形式和层次。作为世界四大文明古国之一，早在数

---

[1] 阮仪三，王景慧等.历史文化名城保护理论与规划[M].上海：同济大学出版社，1999.115.

图7-1 西安城市文化环境

千年以前,中国就以独具特色的黄河文化而闻名。西安至今仍传承着许许多多的富有地域色彩的文化艺术和民风民俗,包括诗词、书法、绘画、民间工艺等文化艺术精华。总之,丰富的文化资源影响着西安这座城市的物质文化建设和精神文明建设。

九宫格局的城市结构特征

"九宫格局是三千一百年西安地区古都建设文脉的合理继承和发展。"[1] "九宫格局"始于周朝的"井田制度"。周朝是我国井田制度完善和发展的年代,也是以九宫格局为特征营造城市建设的始端。"匠人营国,方九里,旁三门;国中九经九纬,经涂九轨。左祖右社,面朝后市,市朝一夫。"这是古人建造王城的明确布局和形式,文字简短,图式清晰,形象地描绘出我国最早城市规划的形制。这种王城布局形式对后世长安城的发展布局有着极其深远影响(图7-2)。

---

[1] 韩骥. 九宫格局 [J]. 西安城市设计研究,2008.18.

唐朝是中国古代建筑发展的第二个高峰。隋唐长安城布局整齐划一，突出中轴对称，外廓城划分为棋盘式格局，每一棋盘格称为坊，绕以坊城，自成一区，宫城、皇城与外廓城有严格的区域和功能划分。唐长安城是一座由城墙包围的宏伟大都市，是当时中国政治、经济、文化中心，也是世界上规模最大的城市，它展示了唐代的建筑技术和文化发展水平。日本、朝鲜等国的都城建设都是仿长安城修建的。白居易云长安"百千家似围棋局，十二街如种菜畦"，形象地概括了这座都城的格局（图7-3）。

进入21世纪，西安迎来新的发展高潮。各方学者认为，"这是继周、秦、汉、唐之后，西安城市文化大发展的第五个高潮，其发展的深度、广度和高度都是前无古人，历代都无法比拟的"[1]。经过半个多世纪的建设，2005~2020西安城市总体规划再次选择了九宫格局的发展模式。根据西安市第四次城市总体规划，城市结构凸显"九宫格局，棋盘路网，轴线突出，一城多心"的布局特色。

具体体现为：以二环内区域为核心发展成商贸旅游服务区；东部依托现状发展成工业区；东南部结合曲江新城和杜陵保护区发展成旅游生态度假区；南部为文教科研区；西南部拓展成高新技术产业区；西部发展成

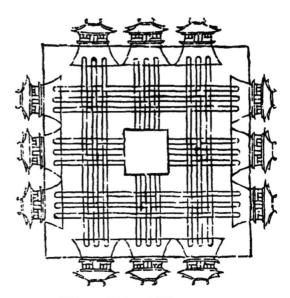

图7-2 聂崇义《三礼图》王城图
来源：韩骥.九宫格局[J].西安城市设计研究，2008.20.

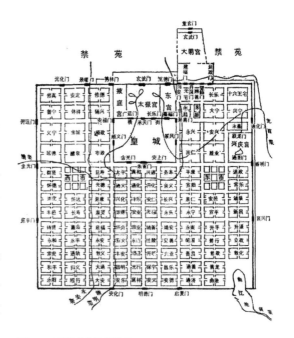

图7-3 唐长安城复原图
来源：韩骥.九宫格局[J].西安城市设计研究，2008.

---

[1] 韩骥.九宫格局[J].西安城市设计研究，2008.20.

居住和无污染产业的综合新区；西北部为汉长安城遗址保护区；北部形成装备制造业区；东北部结合浐灞河道整治建设成居住、旅游生态区（图7-4）。

由于西安的城市空间结构布局是在20世纪50年代完成的第一次城市总体规划基础上发展起来的。因而，西安城市交通至20世纪末已经出现了严重饱和的状态。在没有地铁以前，西安市内客运交通主要由公共汽车、无轨电车和出租车组成，形成了以大公交为主，小公交为辅，出租车为补充的公交客运系统。在西安最主要的交通走廊，南北向和东西向的客流走廊上，常规公交输送能力饱和，公交的吸引力明显下降，交通负荷和堵塞局面严重。

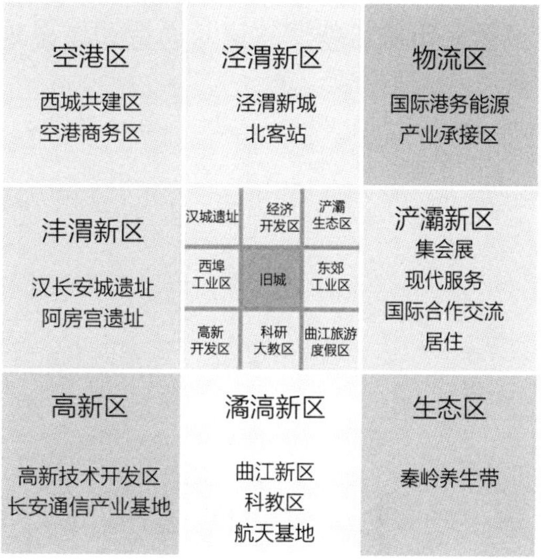

图7-4 西安城市"九宫格局"结构示意图

为了实现西安城市空间结构和城市交通系统的良性有序发展，提升城市社会经济生活质量、改善城市人居环境，必须首先确立合理的城市交通结构发展方向，以指导城市交通建设发展。在第四次西安市总体规划调整中，城市地铁建设帷幕拉开。大力推进地铁交通建设，发展以快速轨道交通为骨干的城市公共交通网络新体系，成为西安城市交通系统中的关键性发展方向。

"棋盘放射型"地铁线网规划

城市地铁交通体系的建立是保护西安这座历史文化名城的重要举措，是解决古城保护和城市现代化发展带来的交通拥堵问题的有效途径，也是提升城市形象和品位，提高城市公共交通服务水平，适应城市市民出行需求，抑制汽车过度增长等问题的重要举措。

1. 地铁线网总体规划

西安地铁交通线网一期规划由6条线路构成，线网总长251.8公里，其中设车站150座，10座车辆段，4座停车场，由三条骨干线和三条辅助线组成。其中1、2、3号线为骨干线，4、5、6号线为辅助线，形成"棋盘＋放射型"网状结构（图7-5）。

2006年9月，国家发改委报请国务院同意，批复了西安市城市快速轨道交通建设规划，

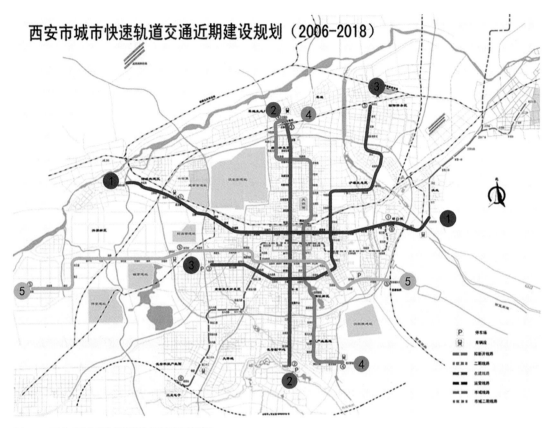

图7-5 西安市城市快速轨道交通线网规划
来源：西安市地下铁道有限责任公司

批准建设地铁1、2号线一期工程。确定2006~2015年间建设两条线，总长50.3公里。总投资179.5亿元。目前1、2、3号线已经正式运营。新一轮建设规划项目由4号线、5号线一期以及6号线组成，线路总长95.7公里。2020年线网总规模190.3公里。"依据线网规划，轨道交通全网建成后，西安主城区内的线网密度将达到0.338公里／平方公里，在明城区内将达到1.146公里／平方公里，在三环以内将达到0.375公里／平方公里，线网直接吸引范围将涵盖全市85%的主要客流走廊和客流集散点；线路连接或辐射主城区外围所有中心城镇和组团；全网运营期间，全日客流量将达到509.5万人次，占居民出行总量比例将达到25%，占公交客运总量的比例将达到50%。"[1]在西安主城区区域功能划分的基础上，到2050年，西安市将建成14条地铁

---

[1] 樊大可.西安城市交通建设与发展探索[D].西安：长安大学博士论文，2009.

线路，总长600公里，覆盖城区800平方公里。

2."棋盘放射型"的线网规划特征

西安城市空间大范围呈现九宫格局的形态，由主城区向外沿6个副中心的多中心组成。在主城区以地铁为骨干，主城区以外长距离的出行则以地铁集散的交通方式为辅，形成多层次、多功能、多方式的立体化交通模式。

西安明城墙是城市重要的历史文化遗产和标志，西安地铁线网规划从保护城市格局的角度出发，地铁线网的基本形态沿轴线分布，形成以棋盘式（井字形）为基本结构形态的线网。其中，主城区是以唐城为核心的中心区，具有传统城市空间"九宫格"特征，并由周边不同功能区域紧密环绕，形成团状结构，沿核心区中心轴线向外延伸。因此，主城区的线网由唐城中心的基本线网向外延伸，形成沿轴线向不同区域放射的线网结构（图7-6）。

西安城市"棋盘+放射式"网状结构的地铁线网特征，促进了城市空间的重组与整合，对改善土地利用布局，带动周边副中心及组团的发展，以及缓解城市中心的交通压力均有历史性作用，具有重要意义。

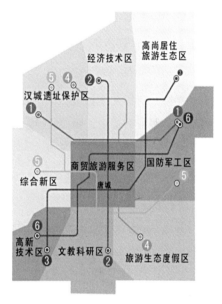

图7-6 西安主城区地铁线网布局图

地铁1、2、3号线骨干线路规划特征

1. 地铁1号线

西安地铁1号线是线网中的骨干线，于2013年9月15日投入运营，全长约25.40公里，设19座地下车站。1号线呈东西走向，横向穿过西安主城区，是城市主客流走廊。西起西安市西大门后围寨，沿枣园路向东，经阿房宫、汉城北路、城西客运站至丝绸之路群雕；再沿大庆路经沣惠路、桃园路、劳动路至玉祥门；从地下穿越古城墙后，沿莲湖路、西五路、东五路经北大街、解放路至朝阳门；再沿长乐路经康复路、西京医院、金花北路至万寿路；跨过浐河后，沿纺北路至纺织城。纺织城是西安市对外重要交通枢纽。1号线线路可归纳出如下几点特征：

第一，横贯中华五千年历史。地铁1号线全线涉及古遗址21处，其中国家级文物保护单位6处、省级5处、市级1处，古墓群24处，重要的文物出土点或窖藏4处。自西向东沿途周边有秦阿房宫遗址、汉长安城遗址、唐长安城遗址、半坡遗址等。横跨秦文化区、汉文化区、唐文化区、明清文化区、先秦半坡文化区，可谓经历了最丰富的历史朝代（图7-7）。

第二，浓郁的商业氛围。地铁1号线经过主城区多个商圈，商业氛围浓郁。由西向东穿越土门商圈、北大街商圈、钟楼商圈、康复路商圈、长乐路商圈、灞河经济区等。

第三，复杂的交通换乘功能。地铁1号线的最大特征是具备很强的交通疏导和经济引导功能。它贯穿主城四大区：莲湖区、碑林区、新城区、灞桥区，并连接其余五条线路及多个交通枢纽。1号线一期换乘站达到5座，分别与2号线、3号线、4号线、5号线、6号线进行换乘，因而换乘站较多。

第四，连接多个城市功能组团。地铁1号线沿途经过多个城市功能组团。沿线分布有城西客运站、西安客运站、康复路批发市场、城东客运站、半坡客运站以及规划的纺织城综合交通枢纽等大型客流集散点。另外，地铁1号线呈东西走向与古丝绸之路相吻合，曾是东西方文化交流的重要纽带。因此，1号线是西安市中心城区东西方向上极为重要的主客流走廊。

2．地铁2号线

地铁2号线是西安地铁系统的首条通车线路，这是一条大运量的城市骨干线路，于2011年9月16日投入运营，全线长约26.6公里，共有21个站点，其中5座车站分别与其他轨道交通线换乘。

2号线由北向南贯穿城市中轴线，北起未央区的西安火车北客站，南至长安区韦曲镇。从铁路北客站出发，经运动公园、行政中心至经济开发区的凤城五路、市图书馆、大明宫西、龙首原，从地下穿越明城墙进入古城区，经安远门、北大街、钟楼、永宁门后出明城墙，再由南

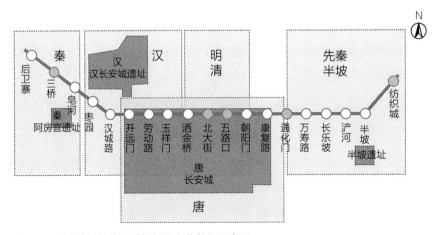

图7-7 西安地铁1号线区域规划及文化特征示意图

稍门至商业中心区的省体育场、小寨、西安国际展览中心至科技教育区,后沿长安南路北长安街、南长安街向南布置,至终点韦曲南站。2号线将西安市政、经济、文化、商业和教育各个区域紧密联系起来(图7-8)。

地铁2号线与城市南北中轴线完全重合,是西安市民公共生活、交通秩序的重要场所和城市景观主体,在城市布局中起着主动脉作用。这条线路既承载了古长安的许多重要文化遗迹,也屹立着现代西安经济发展中新建的诸多地标性建筑。

3. 地铁3号线

地铁3号线为西安地铁第三条运营的线路,是线网规划中的骨架网线,也是西安地铁最长的一条线路。3号线于2016年11月开通运营,1期工程全长39.15公里,设车站26座,其中地上有6座。该线路呈东北至西南方向的半环状走向,东北方向连接西安港务区,西南方向经高新区延伸至鱼化寨。3号线贯穿多个商圈,集中且全面展现了现代西安以工业、科技、时尚、文化和生态为主导的快速发展的新面貌。全线以大雁塔为文化中心向四周辐射,突显汉唐时期丝绸之路带来的经济贸易、文化交流的成果。

地铁3号线是西安地铁拥有高架线路的两条线路之一(另一条为5号线),高架线路设在灞桥区,其余均为地下线路。整个线路贯穿国家级曲江文化产业示范区,连接西安国际港务区、浐灞生态区、曲江新区、高新区以及金花路商圈、小寨商圈等,穿越了西安城市的核心区域,将自然风光、都市商业、传统地域、现代生活相互连接,是西安地铁网络的大动脉。3号线高架段风景优美,浐河、灞河、长安塔等美丽风光尽收眼底,堪称一条"地铁观光线路",被誉为西安最浪漫的地铁线之一。

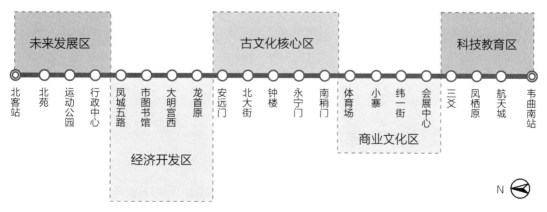

图7-8 西安地铁2号线区域规划及文化特征示意图

4. 地铁1、2号线"两轴"和"一城多心"的主导作用

1号线与2号线构成地铁交通线网中的十字骨架骨干线，为城市"两轴"发展创造了有利条件。建成运营后的1、2号线单向高峰小时客流分别为4.2万人次和3.8万人次（图7-9）。1号线的开通促进了西安市旅游事业的发展及沿线土地开发利用，进一步加强了西安作为国际级旅游城市的地位，对"东西"发展轴具有较强的引导作用；2号线的开通促进了长安副中心高新技术区及旅游度假区的发展及沿线土地开发利用，对"南北"发展轴具有较强的引导作用；3号线的开通形成了一条畅通的城市贯穿线，将城市地下轨道交通扩展到更大范围，对其他两条线路起到了分流和辅助性作用。1、2号线形成了"有机疏散"的通道，缓解了地面公共交通的压力，减少了"两轴"方向旅客的出行时间。3号线更是带动了西安城市区域向西南和东北方向的发展趋势，引导城区人口和城市功能向周边组团扩散，促进了城市空间布局的变化。这三条线的开通，让地铁成为广大市民出行时首选的交通工具。

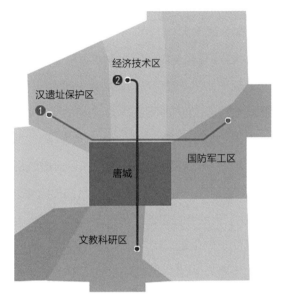

图7-9 西安地铁1、2号线的"十字骨架"线示意图

西安随着历史的变迁和时代的发展，在承袭古长安城风貌的基础上，随着地铁交通建设的大力发展，形成了"一城多心"的城市空间结构特征，并发展成中国西部地区科教、商贸、信息、金融和现代化工业基地的现代国际性著名旅游城市。随着"一带一路"战略政策的深入，西安作为西部的桥头堡，其城市建设、城市风貌和城市景观将会进入一个崭新的阶段。西安地铁作为西安城市交通重要组成部分，在进行自身系统功能建设的同时，也面临着自身文化景观设计的命题。

西安地铁文化景观体系的建构及意义

西安地铁文化景观是由技术景观和价值景观两大体系构成，同时又是多个景观要素组成的物质实体，包括西安地铁的交通系统、空间景观艺术系统、城市家具系统、视觉标识形象系统

等要素。正因为有了这些要素的有机结合，才构成了西安地铁文化景观的物质实体，进而构架出功能完善、层次丰满的技术景观。其中的"地域性意义符号"是地铁文化景观中的首要技术景观，同时也是体现西安地铁价值景观的主体部分。西安地铁价值景观的体现，是因为这些物质实体要素所集结成的意象符号，能够传达出古城地域特色的审美情趣、集体记忆和规范的行为观念。西安地铁的文化景观不仅承担着自身系统的规划建设，还要立足于对西安城市文化的眷顾和尊重，只有如此，才能不断地丰富、传承和发展西安城市的文化建设。

文化景观的来源和背景

西安地铁文化景观的来源和背景是实现西安地铁价值景观的基础。西安这座国际著名旅游城市和历史文化名城，特殊的身份和地位决定了其地铁符号空间必定是一个理想的、开放的文化系统，它离不开城市自然环境的依托和人文背景的孕育。西安得天地之造化，具有独特的地理、气候和生态环境，它们既是城市自然环境的重要组成部分，又是承载西安文化的基本土壤，直接影响着城市未来的发展。

西安地铁的文化景观背景包括两个部分，一是自然景观，一是人文景观。西安地铁的人文景观取决于技术体系文化景观和价值体系文化景观的有机结合（图7-10）。针对技术文化景观的不同物质实体特性，在设计过程中必须充分发挥西安城市未来发展方向和城市自身的定位。西安城市建设"九宫格局，棋盘路网，轴线突出，一城多心"的大都市空间构架，城市空间重心由"一心"变为多个副都心的组团式空间延伸，以及国际旅游城市、新欧亚大陆桥中国段和中西部的中心城市等这些城市职能的定位，都为西安地铁符号空间的合理架构指明了方向。另外，以打造"古代文明与现代文明交相辉映，老城区与新城区各展风采"的城市发展特色，构筑了西安地铁文化景观的创意源泉和根本基调。

西安地铁文化景观中的核心价值景观在于对西安历史文化的敬畏和眷顾。

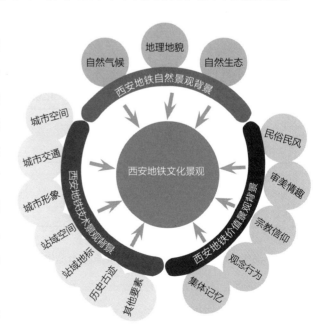

图7-10 西安地铁文化景观来源分析示意图

对西安地理和历史的发掘与探寻，可以从站域地理空间和历史空间同时进行梳理，这既反映了西安地铁文化景观对城市自身文化脉络的继承和发扬，又有助于对西安地铁价值景观进行定位。西安深厚的文化底蕴，丰富的人文古迹无时无刻不在召唤着人们的集体记忆。

西安是国际性的旅游城市，国内外人士频繁的交流和往来，使得城市新旧文明相互交融与碰撞，地铁作为向世界展现的一张名片，肩负着向外界传递文化信息的使命。西安地铁有责任让更多游客感受西安历史文化魅力，传播西安历史文化遗产的社会价值。西安地铁以开放兼容、和谐创新精神作为文化发展的重要前提，这既是对世界文化的敬畏，也是对整体文化世界的尊重。

文化景观体系的组成

西安地铁文化景观的组成，是由技术和价值景观诸要素之间相互作用和有效连接构成的。首先，技术景观和价值景观的有机结合形成了西安地铁文化景观的基本内容，构成了西安地铁文化景观系统的经纬主轴。同时，技术景观又是由多个部分组成的实体，其中包括交通系统、车站空间系统、城市家具系统、标识系统和景观艺术系统等体系；其次，将这些系统作为文化要素进行结构整合，有助于系统间有效衔接和价值统一。正是这些要素之间的有机结合，所传达出的审美情趣和规范的行为观念，共同引导了社会群体的记忆，构成了西安地铁公共文化层次丰满、功能完善的文化景观体系，而这些要素同时又构建了西安地铁价值景观体系的主体（表7-1）。

西安地铁文化景观体系的组成　　　　　　表7-1

西安地铁技术景观体系		西安地铁价值景观体系	
组成体系	影响要素	组成体系	影响要素
地铁的交通技术	城市空间、城市交通	地铁的导向标识艺术	集体记忆、观念行为
地铁的空间技术	车站空间、站域地标	地铁的环境景观艺术	宗教信仰、审美情趣
地铁的公共设施技术	历史古迹、其他要素	地铁的家具设施艺术	民俗民风

西安地铁文化景观的打造，赋予城市地铁一定的文化内涵，使得这座人文城市的地铁不仅要面对交通工具的改进，更重要的是给予乘客高品位的审美和丰富的内在感受。一方面，将城市文化和人文精神纳入其中；另一方面，则充分体现现代科技与文化并进发展的追求目标。西安的地铁文化景观是城市文化的缩影，是城市精神的体现，同时也是城市现代科技与交通发达

的综合实力展示。

人文意象符号空间的意义

西安地铁车站空间媒介是西安地铁文化景观的重要技术景观载体,它是其他技术体系景观构成的基础和依据。西安地铁空间的开发以地下为主,同时又与城市地面空间紧密相连。"棋盘放射型"线网形态,使得地铁车站空间与城市空间形成生态型的辐射连接,搭建起地铁自身线路同站台换乘以及与其他交通工具无缝换乘的立体空间,有效促进地铁乃至整个城市空间交通系统的完善。西安地铁车站空间是西安地铁价值景观的重要载体和传承城市文化意象的符号空间。

西安地铁车站符号空间设计是在"地域性"的主观理念统筹下,有意识、有意念、有意图、有目的、有创意地将各线路概念特征、站域概念特征与车站空间的原初功能进行有机整合的具体形象实现。因为理念作为研究的出发点,是主观理解的,也是客观存在。理念是在客观存在经验之上,由概念转变而成的。"只有完整的概念才能导向实体性的必然的统摄整体的原则。理念就是概念客观存在的统一。"[1]西安地铁车站符号空间是一个艺术的、场所的、解释的和有意味的"街道历史文脉"的象征符号。

地铁车站空间在完成其初始功能(公共交通空间)的同时,也完成了其象征性的内涵意义,即"站域城市文化走廊"的二次功能。正如黑格尔所说:"在概念与实在的统一里,概念是统治的因素……实在是因为有了概念而实现了自己。概念与实在的这种统一就是理念抽象定义。"[2]西安地铁1、2、3号线车站空间人文意象是在特定地域性概念主题孕育下形成的。

西安地铁文化景观所形成的符号空间体现了城市厚重历史和现代化都市文化底蕴的综合实力,通过地铁车站空间舞台将西安城市精神内涵不断传承,并去影响更多的社会群体。

西安地铁符号空间的语义构成

地铁1、2号龙脉线的地域性设计概念来源于三种对位关系,即地铁"线"与城市"轴"的对位关系、古代商业文化和现代商业文化的对位关系、中国传统建筑语言与现代交通建筑语

---

[1] [德]黑格尔. 美学[M]. 朱光潜译. 北京:商务印书馆出版,2012. 28-137.
[2] [德]黑格尔. 美学[M]. 朱光潜译. 北京:商务印书馆出版,2012. 28-135.

言的对位关系。

从"线""轴"关系上确立"汉风唐韵"设计概念

地铁1号线横贯城市东西方向，与城市东西发展轴重合。地铁2号线贯穿城市南北方向，与城市南北发展轴重合。无论是东西重合，还是南北重合，无论是历史性的重合，还是意念支配下的重合，重要的是适合了西安城市自身发展和城市格局所需。地铁1、2号线与城市轴线的吻合，是历史的必然选择。

1号线有着浓厚的中华五千年历史文化特性，它经历了丰富的历史朝代，从先秦半坡、秦、汉、唐、到明清，众多的历史人文遗迹，沿途有秦阿房宫遗址、汉长安城遗址、唐长安城遗址、半坡遗址等。

2号线是自大唐以来形成的城市中轴线，沿途遗留下众多的历史遗迹、文物景点、地方民居和传统商业街自成一体。许多重要场所和象征意义的现代建筑地标也聚集于此（图7-11）。

图7-11 西安地铁2号线主要城市文化景观图

因此，以端庄典雅、庄严凝重的"汉风唐韵"为全线主体思想理念，形成了"城市文化走廊"空间意象符号的价值景观。"汉风唐韵"的理念是集体自觉努力的"心中所愿"，既是实现理想的前提保障，也是终极的目的和意义。

从"商业""交通"关系上确立"丝路文化"设计概念

从交通功能的角度看，东西走向的地铁1号线与古丝绸之路交通功能重合。自西汉张骞凿通西域以来，到盛唐时期，此交通要道都是东西文化和商业交流的繁荣之地（图7-12）。1号线沿途自东向西穿越大量商圈，包括长乐路商圈、康复路商圈、钟楼商圈、北大街商圈、土门商圈。同时这条交通要线又连接五条线路及多个交通枢纽并经过多个城市功能组团（图7-13）。

图7-12 西安地铁1号线"古丝绸之路"主要城市文化景观图

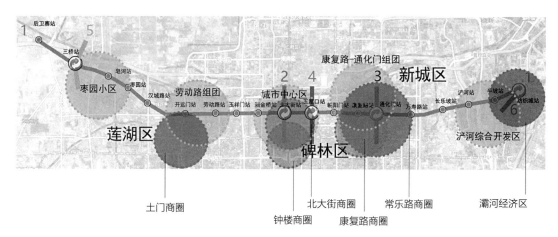

图7-13 西安地铁1号线"丝路文化"概念分析

2号线是城市南北中轴线,在这条交通要道上随着历史变迁,"从少数人的'御道'到为社会大众服务的城市公共道路的转变,从政治活动重心向商业、文化、娱乐活动兼有转变,再向城市商业、文化娱乐为主要的活动转变"[1],如今这条城市龙脉主线已是西安大都市城市形象的重要商业窗口。

3号线是地铁西安地铁线网中的骨架网线,也是目前最长的一条线路。由西南至东北走向贯穿多个商圈和城区,以大雁塔为中心辐射四周,突显丝路文化主题。

地铁1、2、3号线悠久的历史文脉、浓郁的商业氛围、高效的交通疏导和经济引导功能,形成了"丝路文化"主题的设计概念。该主题是西安城市精神的体现,它象征着西安人重开丝绸之路、重振汉唐雄风的态度。以盛唐开放包容精神来引导城市发展、塑造城市精神的这一设计命题,正是西安地铁价值景观的具体显在。

从传统建筑符号中确立"飞檐梁翼"设计概念

地铁1、2、3号线,在城市九宫格局形态中跨越中华五千年历史文化的特征,使这个现代化的交通空间具有更加深层次的内涵,既葆有传统建筑意蕴之美,又具有现代工业文明的技术之美。地铁车站空间作为城市形象窗口,其艺术美的理念"是化为符合现实的具体形象,而且与现实结合成为直接的妥帖的统一体"[2]。艺术美的理念,只有与它具体实现的表象彼此完全

---

[1] 牛瑞玲. 西安城市中轴线问题初探 [D]. 西安建筑科技大学,2005.69.
[2] 苗红磊. 中国传统建筑斗栱的结构美 [J]. 美术观察,2012.

符合，才能让理想得以实现，并以具体形象而获得本真。

中国传统建筑经过数千年的发展，形成了独具特色的建筑艺术美特征。屋顶、梁柱和台基是古建筑必有的三部分，三者既赋予房屋组合特征，又能相对独立发展，其中支撑梁柱的"斗栱"在科学和文化上达到登峰造极的高度[1]。梁思成说过：斗栱在中国之地位，如同罗马柱头在欧洲之影响。斗栱这一中国建筑形式中独有的艺术符号，其所具有的造型美、结构美、装饰美和模数化等特征不仅代表着中华五千年的文化史，也象征着传统建筑美与现代工业技术的融合之美（图7-14）。

图7-14 西安地铁1号线车站空间"斗栱"意象符号

地铁1号线车站空间符号设计就是吸取传统建筑斗栱元素而形成的民族地域性意象符号。因为斗栱的结构性特征和模块化特征，更有利于地铁这样现代化大规模空间上的组合与变化。地铁1号线车站空间意象符号设计见图7-15。

综上所述，西安地铁1、2、3号线在与城市轴线、人文历史、站域特征的重合下，以城市独有的文化个性树立了"汉风唐韵"的地域文化设计理念，也使得这个现代化交通场所更加具有亲切感、认同感和归属感。这无疑是车站空间技术景观与价值景观相结合的体现，因为在强化线路及车站自身形象识别性的同时，也无形扩大了车站空间可外延的城市意象质感，从而使公众获得"城市记忆的文化走廊"这一出行体验感。

人文意象符号空间的语义构成

西安城市独特的自然环境、社会环境、历史文化环境是地铁文化景观的重要来源。地铁

---

[1] 苗红磊. 中国传统建筑斗栱的结构美 [J]. 美术观察，2012.

图7-15 西安地铁1号线车站空间意象符号

1、2号线与城市九宫格局形态所形成的十字骨架结构，使得这两条龙脉线成为城市道路交通的重要技术景观。地铁车站空间作为文化景观最集中的"点"，由于其"收—放—收—放"的狭长廊道式空间组织形态，易使人产生单调和冷漠之感受，因而强化车站与城市空间连接，增加和补充人文景观是极为必要的手段。另外，地铁1、2号线作为城市东西和南北向轴线交通的重要地位，其沿途站域周边的人文历史遗迹、现代建筑地标以及浓郁的商业氛围也是西安地铁文化景观的重要来源。地铁公共艺术符号在指引站内交通疏导功能以外，还承担着车站与站域城市空间的衔接作用，它不仅是地铁车站空间的重要技术景观，也是意指站域城市空间的价值景观。

地铁符号空间作为解决空间交通问题和解释空间内涵意义的后加视觉信息，必定与车站空间以及站域城市空间协调而共存。西安地铁符号空间在丝路文化景观理念下，以"汉风唐韵"为主题设计思想，将公共艺术符号的色彩识别、文字识别、图形识别、形态识别、环境艺术以及景观墙（壁画）艺术等均与车站空间信息进行重组、拓延和融合，形成了与空间环境一致协调的视觉符号体系，同时也是独立、规范、系统和完整的视觉符号体系。在"汉风唐韵意理"思想意识的统筹下，由"适意的地域性"生成了具体可感的站域文化形象符号，同时这一体系的"象"又促成了对"意"的理解，因为"象"的呈现最终是为了"达意""解意"和"得意"这一主观理想而存在的物质实体（图7-16）。

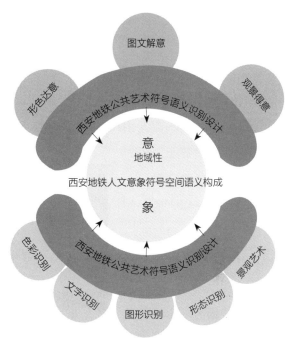

图7-16 西安地铁意象符号空间语义构成

作为可视、可感、可触和可用的公共空间，既要保证使用者的理解力，又要考虑使用者的心理感受，在不阻碍信息有效且通畅传达的基础上，西安地铁公共空间以国际设计目标为出发点，同时强调地域性文化符号特征，有意识地将站域周边场所特征合理融入整体环境中，既引导社会群体的行为规范，同时也塑造地域形象气质，传达地域审美情趣，表达出西安地铁文化景观的价值作用。

西安地铁人文意象符号空间设计，是在地铁"线"与城市"轴"的对位关系上，以及站域历史文脉的对位关系上而形成的地域性公共艺术体系，即"形色达意"的标识语义设计，"图文解意"的站名语义设计，"观景得意"的景观艺术语义设计。西安地铁人文意象符号空间，既是站域空间的指示性符号和图像符号，也是意指城市文化的象征性符号。

西安地铁符号空间中的"形色达意"语义设计

色彩是西安地铁文化景观的重要组成部分，也是标识符号中的首要表现手段，是连接其他技术景观的主要表现媒介。地铁的色彩可分为功能色和形象色。地铁功能色是为了便于识别，运用国际上已经形成的通用规则，服务于不同技术的需求。但是，地铁的形象色却是西安地铁文化景观的主体内容，在很大程度上可以直接体现西安地铁特色和人文内涵。西安地铁标识系统的形象色，是从盛唐绘画艺术、城市风貌、车站空间环境中采集基本色样，在此基础上与其他色样进行归纳整理之后形成的西安地域文化色彩识别系统。

"意"明"色"、"色"著"意"

1. 色意设计内涵

"意"明晰色相,"色"内涵城市精神。在"汉风唐韵"第一因主导思想下,挖掘唐人偏好补色的这一习惯特征,从而建立起象征性色彩谱系,让西安地铁车站空间成了一个具有解释意义的符号空间。其设计方法就是利用橙黄色和蓝色的补色关系,勾勒出唐文化和谐统一的标识形象色彩体系。鲜艳的中国红、明亮的黄色调、清爽含蓄的蓝色调以及高雅的灰色调,共同主宰西安地铁标识符号的色彩风貌(图7-17)。

图7-17 西安地铁标识符号色彩设计

在充分考虑车站空间与标识物的和谐性、醒目性及识别性之后,将标识本体基调色定位为沉稳的低明度"花青蓝"色彩,而在文字和图形信息方面,则使用鲜艳的高彩度"橙黄"色,浆"白"色和"城墙灰"色仅作为标识系统的点缀色。这种有明度变化和色相节奏关系的色彩组合方式,既能减轻重色调给人的压抑感,又可以达到醒目、易识别的目的。西安地铁标识符号的"色意"设计不仅依附于具体的标识系统,同时向使用群体传达了城市文化意象的内涵语义。标识本体形象色的色意有如下几方面的涵义:

第一,形象基色"花青蓝"色意。花青蓝色(C: 85、M: 65、Y: 40、K: 20),低彩度低明度,取自唐代山水画、唐代敦煌壁画和唐三彩中一种颜料名称,故将深蓝色取名为花青蓝。浓郁的文化底蕴造就了西安这座宜居的城市,沉稳的花青蓝代表着宁静、清新、稳重、平衡之感,给人一种和平安详的感觉。选用花青蓝作为标识本体色的基调色既表现了唐文化的意理概念,也适合于标识牌体的醒目和识别性表达,重要的是形成了西安地铁文化景观整体地域个性的风貌。

第二，形象基色"中国红"色意。红色（C：0、M：100、Y：100、K：10），高明度、高纯度的彩度，彰显了热烈、雍容与富丽之感。浑厚的红色调，在色彩明度和纯度上表现了唐文化的丰满、活力和热情洋溢的美学特征。

第三，辅助形象色"橙黄"色意。橙黄色（C：0、M：10、Y：95、K：0），高明度的色相，取自西安民间绘画中醒目且阳光的亮黄色，体现西安人的乐观、快乐及坦率的性格。橙黄色作为西安地铁标识符号"出站"信息路线的色系，与进站乘车信息的白色系可以很好地区别开来。在低明度的花青蓝背景下，高明度的黄色与低明度的花青蓝形成鲜明对比效果，"白进黄出"的信息语义有利于引导使用者认知空间并完成寻路任务。另外，黄色是国际通用的警示色，选择与其近似的橙黄色作为标识符号的出站行为引导色系，既表达了地域文化的语义内涵，又可充分体现西安地铁国际性和人性化的设计理念。

第四，辅助形象色"城墙灰"色意。城墙灰色（C：0、M：0、Y：0、K：10）为中性色彩，也是最为包容的色彩。西安城墙自隋唐至今已有1400年历史，古城墙的色彩赋予这座城市无尽的文化魅力，故将灰色取名为城墙灰。城墙灰色在整体标识系统中起到调和作用，代表了西安城市厚重大气、朴实无华、包容的地域个性色彩。

2."色、象、意"应用表达

企业标志符号的色、象、意。西安城墙这一标志性建筑和代表唐文化的中国红色，构成了象征西安地铁企业的标志符号。其外方内圆的造型采用城墙垛口的形状作为基本形象，内侧的椭圆，既是城墙的城门，也是地铁隧道的造型，二者共同构成了一个M型。M是地铁metro的缩写，内涵西安地铁形象与国际接轨的语义。古老的城墙与铁轨碰撞，由"意"所生"象"与"象"中得"意"的标志符号，体现了城市历史的集体记忆。地铁标志代表着城市地铁在社会公众面前的首要形象，其传播效应具有广泛性意义和作用（图7-18）。

图7-18 西安地铁标志
来源：西安市地下铁道有限责任公司

导向标识系统中的色、象、意。在地铁空间中会应用到大量的标识牌作为信息传递媒介，帮助乘客选择最优路径进而完成出行任务。通常会利用不同的色系来象征一种行为规范，每一种色系都有意识地赋予一定的行为示意，这是一个极为严密的视觉编码过程，只有利用各种"色意"组织起来的视觉信息，才能够让使用者在最短时间内作出正确的决策和判断。在复杂的环境中，因考虑到使用者对色彩记忆和辨识力的有限性，通常会配合大量文字信息进行视觉编码，以增强标识信息的准确性。西安地铁标识牌体的信息表达是通过三种色意编码来辅助人们的出行规范的：一是低明度的花青蓝为背景；二是"白进黄出"色意配以文字和箭头，主要用于导向指示功能；三是区别地铁线路的色意编码，主要以高明度、高纯度的不同色相的色彩代表不同的地铁线路。

地铁线网中的色、象、意。不同国家和地区都会有各自地铁线网结构形态，同时也会有各自的线路色意编码。西安地铁线路规划形成的"棋盘加放射型"交通线网特征，前期计划由6条线路组成，通过线路的色意编码，更有利于形成线路识别意义。1号线线路色为蓝色，2号线线路色为红色，3号线线路色为绿色，4号线线路色为黄色，5号线线路色为粉蓝色，6号线线路色为桔色。这六条地铁线路形成了以古城区为中心，呈放射状向外发展的棋盘结构形态，通过色彩赋义的表达，形与意的充分结合，呈现出西安城市地铁线路识别形"象"的总体视觉感知（图7-19）。

总之，色彩是西安地铁文化景观中的重要组成部分，其自身特有的属性和功能是其他要素

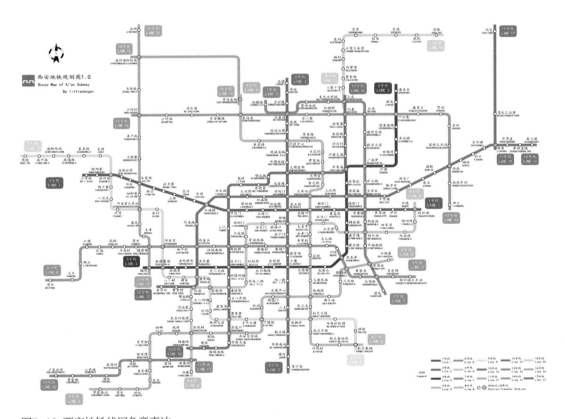

图7-19 西安地铁线网色意表达
来源：西安市地下铁道有限责任公司

不可比拟，也是无法替代的。色彩在整个标识系统中使用的范围广泛且活跃，对视觉效果和整体环境氛围起到了重要的导向作用和指示性作用，同时也是人为的、主观的和有意识赋予其一种地域表情和情感的视觉语言，它是地铁价值景观中不可忽视的重要技术景观。

"意"生"形"、"形"随"意"

隐喻，既是语义修辞的一种手段，也是对人类思维活动的一种艺术表现方式。人们经常会用一些常见的物体或概念代替另一种物体或概念，从而暗示它们之间的相似之处，以达到对事物更高层次的理解的彻悟。隐喻手法在产品形态塑造过程中，是极为重要的语义传达方式，可以使产品呈现出一种有意味的面貌。

瓦，用于中国古代建筑的屋面，主要功能是防水、排水，起着保护木构屋架的作用。瓦当是屋檐最前端的一片瓦，在实用上既便于屋顶排水，起着保护檐头的作用，也增加了建筑的美观。其样式主要有两种：圆形陶片和半圆形陶片。西安地铁标识的牌体造型取自人们熟悉的建筑基本构件"瓦"的原型，将瓦的圆润曲线进行艺术加工处理，形成西安地铁标识牌体形态的独特语义，它既是一个指示性符号，又是一个图像符号，同时也是一个象征符号。

西安地铁标识牌体的视觉造型设计就是在此"意理"之下所形成的物质与情感共存的意义符号，成为西安地铁文化景观的重要组成部分（图7-20）。"意"可创造形象的灵魂，一定的语义蕴含了形态的升华和情感的凝练，"意"生"形""形"随"意"，"意与形"亲密相间、互为整体而不可分割（表7-2）。

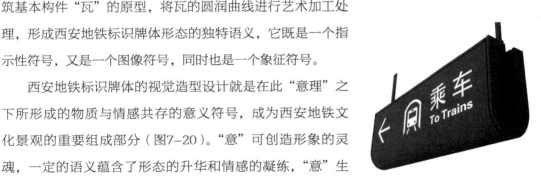

图7-20 西安地铁标识牌体形态

西安地铁标识牌体的语义内涵　　　　　　　　　　表7-2

形（外延意义）		意（内涵意义）	
外观	U形	心理	熟悉、简洁、轻巧不失稳重
色彩	花青蓝	社会性	强烈的时代色彩
工艺	镂空雕刻、贴膜	人文性	U形的圆润体现了古来有之的中庸之道
材料	亚克力、金属板材	视觉美	曲线柔美，直线阳刚，兼而有之
性能	导向标识的承载体	技术美	层次感丰富，充分体现出生产加工技术带来的美感
识别性	易识别		

精神分析学家卡尔·古斯塔夫·荣格认为："当一个字或一个意象所隐含的东西超过明显的和直接的意义时，就具有了象征性。"[1]"象征性产品的设计是利用社会、文化等具象事物的象征性来实现设计目标的。"[2]当代社会的人际交往方式已经开始向感情交往方向发展，以前的使用者更加关注功能意义，而现在则是在功能层面上更加关注产品的象征意义。"在一定的使用情境中，产品除了要具备其本身固有的角色（即功能角色）之外，还要将人的主观情感投射在产品上继而形成象征意义，这种象征性是抽象观念的定性投射，它离不开人，也离不开社会环境。"[3]由此可见，象征者和被象征者之间的关系取决于象征使用者的构想，以及决定这种构想的环境条件和文化传统。

中国传统纹样中的太极图和回纹是最为人所熟知的符号，经常被用于传统建筑装饰当中。太极图的和谐之美与回纹迂回不断的涵义，是两个具有强烈中国特色的传统纹样，二者的结合，形成了西安地铁立柱式标识牌体的"S"造型，通过设计加工后的形态诠释了产品的内涵意义（图7-21）。在把握传统文化精神内涵的基础上，将一种地域文化，一种民族精神融进现代产品设计当中，使标识立柱造型在初始功能的基础上，既贴近了时代需求，又保持和发扬了传统文化，在使用者获得精神满足的同时，也形成了人、物与环境的和谐互动关系，通过产品形态的语义设计，可传达出更多的精神内涵（表7-3）。

图7-21 西安地铁立柱式牌体

西安地铁标识立柱的外延及内涵意义　　　　　　　　　　　表7-3

形（外延意义）		意（内涵意义）	
外观	S形	心理	圆润、熟知、绵延不断
色彩	花青蓝	社会性	太极图案和回纹是极具代表的传统图案
工艺	镂空雕刻、贴膜	人文性	太极的和谐之美，回纹的迂回不断之意

---

[1] 巫建，王宏飞. 产品形态与工业设计形态观的塑造[J]. 设计艺术，2006（1）：40-41.
[2] 丁媛媛. 产品设计中形态语意的解读[J]. 艺术与设计（理论），2009（6）：187.
[3] 巫建，王宏飞. 产品形态与工业设计形态观的塑造[J]. 设计艺术，2006（1）：40-41.

续表

形（外延意义）		意（内涵意义）	
材料	亚克力、金属板材	视觉美	"S"的光滑转折，简约、朴素不失沉稳
性能	标识信息的承载体	技术美	S形圆润的线条，传统与现代技术整体结合
识别性	易识别		

随着人们生活水平的提高与文化意识的转变，产品形态的内涵语义也继而转向更加丰富、圆润、富含情感的表达方式。西安地铁标识系统的牌体形态设计，在完成指示性初始功能的基础上，也暗示着传统文化与现代产品之间和谐共生的设计理念，在满足了物理功能的基础上，因"形意相随"所成之相貌，使标识符号的物态与整体环境共同拥有了厚重的文化感、民族感和现代感。隐喻手法的语义表达是西安地铁标识符号的一次设计探索，正因如此也令其充满了新时代的生命活力（图7-22）。

图7-22 西安地铁北大街站悬挂式牌体现场效果

"形色达意"语义识别设计的作用

色与形是视觉艺术构成的两大基本元素，客观世界中的色与形是同时存在的，日常生活中人们常以"形形色色"一词来比喻事物现象之复杂与变化，这也说明了形与色之间的内在依存关系。只有形与色完美结合并互为一体时，视觉美的体验意义才可以充分实现。

由于各自不同的文化背景，人们对形与色的审美及审美表露也各不相同，往往会以自身生存的文化环境和各自的情感需求和愿望去寻找相适合的因素，在此基础上形成对形色关系的习惯认知。可见，形色之间的关联是依附和渗透在人们主观意识中的，形色所构成的美的规律也是对这种意识的又一次推动。西安地铁标识符号的色彩形象和牌体形象，是在主观意识因素依附下，由意识主导而产生的特定形象。"意"为西安地铁文化景观的主体理念，以意化形、意在形先，从而使"形色"成为"意"的表征之象，形色同时又为"意"这一目的而存在。在"汉风唐韵"这一"意理"设计概念下，西安地铁标识系统成为了"达意"的表征符号。"形色达意"所呈现的象征语义，促进了西安地铁标识符号的视觉感染力，使其得到了更为深刻的延伸，成为西安地铁文化景观中重要的价值景观。

"以意化形，意在形先，形色达意"，形、色、意三者之间的整体语义识别设计对西安地铁符号空间起到了以下三方面的积极作用：一是形色语义设计，对控制西安地铁空间的整体感知度有着积极作用；二是形色语义设计，对满足使用者生理、心理、精神上的认同感有着积极作用；三是形色语义设计，对加强标识符号使用功能的规范性有着积极的作用。

西安地铁符号空间中的"图文解意"语义设计

在西安地铁公共艺术设计实践中，结合西安地域人文和站域场所特征，综合分析各车站地理位置的特殊性，运用符号学作为理论指导，探究站名字、图符号的一般设计方法。经过实践应用得出站名的字、图符号设计是构建西安地铁线路形象识别的重要指向之一，是提高出行者对车站识别、线路识别以及标识信息认知度的关键环节。站名字、图符号这一技术景观是形成西安地铁价值景观的重要组成部分，其应用丰富了地铁线路形象识别的内涵与外延，对强化西安这座城市的独特气质与个性有着积极的作用和意义。

"意"生"字"、"字"著"象"、"象"尽"意"

标识符号是传达空间环境与人的行为之间互动和交流的信息媒介系统。文字信息可谓标识符号的核心部分，是使用者获取行为信息的直接媒介。国内地铁标识系统在国标规范指导下，多以黑体和宋体两种字体进行设计，然而，如何体现不同城市的地域文化特色？如何使具有中国传统文化特点的书法艺术符号成为现代交通环境中的标识字体？针对西安地铁，哪种书法字体能够代表西安的人文特色？这些问题集中体现在西安地铁站名字体的具体设计方法与应用实践上，因而，探究满足标识字体的导向功能，同时又兼具人文地域特色的字体设计，成为西安地铁标识符号设计中的一项重要的技术景观。

1. 站名文字符号的"字意"来源

国家质量监督检查总局和标准化管理委员会发布的《公共信息导向系统要素的设计原则与要求》GBT 20501.2—2006（第2部分：文字标识与相关要素），针对地铁标识字体设计的有关问题作了较为详尽的说明。目前，国内公共交通环境中，黑体和宋体这两种字体是导向标识系统中的主要使用字体。

然而，中国传统书法艺术因其独特的艺术形态和特殊的象征意义，而为人们所喜爱，书法字体往往以凸显城市特色的角色出现在地铁等公共交通环境中。在香港地铁率先示范下，广州地铁、南京地铁也随后使用书法站名应用在地铁空间环境中。这些书法站名字体的来源有两种渠道，一是直接采用书法家书写字体，二是将印刷字体和电脑字库里的字直接拿来应用。这两种方法虽然比较简单、方便，但也存在很大问题，就是无法充分考虑一些连笔笔划在人们读取过程中产生的障碍。

无论是书法艺术字体，还是标识书法字体设计，都追求笔画结构空间的虚、实对比效果。笔画占据的空间为实空间，其背景形成的空间为虚空间，两个空间的相互影响构成了"计白当黑"的汉字视觉空间布局这一审美特征。书法艺术与中华民族的历史渊源以及文化情怀息息相关，书法代表着不同时代的文化意蕴和审美特征："秦汉尚势，晋代尚韵，南北朝尚神，唐代尚法，宋代尚意，元明尚态，清代尚质。"[1]不同时代书法字体的审美追求，充分体现了所处时代的社会格调和文化精神。

在各种书体中，因为楷体字笔画清晰，没有连笔，识别性最强，能够满足地铁标识字体易于辨识的限制和要求，因而字体甄选范围锁定为唐代楷书字体。唐代书法家颜真卿将楷书的笔法、结构和章法进行了全面变革，创立了刚健有力、端庄雄浑的新书风，树立了楷书的标准。

西安地铁1、2、3号线站名书法字体，作为设计符号承载了诠释西安人文地域特色、文化情感和审美意趣的重任，标识"字意"设计是在考虑到西安地域文化的前提下，主观有意识地选择了具有代表性的唐代颜体字作为西安地铁文化景观的表达主体，这是西安地铁文化景观中技术景观和价值景观的重要体现。

2．唐颜体书法"字意"特征分析

颜真卿的书法浑厚强劲，笔法颇具筋骨而又富于弹性，被称为"颜筋"。其书风大气磅礴、雄浑苍劲，具有盛唐气象，属于唐代书法中具有典型意义的代表性符号，对形成西安地铁标识系统设计的地域色彩有着重要的参考价值。

《颜勤礼碑》1922年出土于西安，高268厘米，宽92厘米。四面刻字，碑阳19行，碑阴20行，每行38字，碑侧有5行，行37字，计1667字，因久埋土中，所以没有受损，字迹历历如

---

[1] 马琳.中国书法这棵树[M].上海书店出版社，2004.

新，呈现出雄迈遒劲的气势和神韵（图7-23）。

《颜勤礼碑》书法字体结构特点是：横轻竖重，内紧外松，字形方正端庄，结体宽博。运笔讲究起笔"藏头"，中锋行笔，收尾"护尾"，笔画方圆兼得，古拙有力。字体笔画主笔厚，次笔轻，主次分明，疏重密轻，笔画劲健，有方有圆，主笔肥厚但不笨重，却显出古朴敦厚、雍容大度的味道[1]。

在众多楷书碑帖里之所以选择《颜勤礼碑》，原因有三点：其一，较高的艺术价值，此碑是颜真卿晚年成熟之作；其二，浓重的地域价值，出土西安，存于碑林；其三，有可借鉴价值，字数较多，字形完整；其四，适合远距离识别。

图7-23 中国书法宝库《颜真卿勤礼碑》
来源：颜真卿. 中国书法宝库《颜真卿勤礼碑》[M]. 上海书画出版社，2010.

尽管碑帖中可直接借鉴的字体原型较多，但美中不足的是全部为古代繁体字，这就需要根据碑帖字体意蕴和字形结构特点，结合现代标识字体的功能性需要，探索以颜体韵味为原型的标识简体书法字体特征，形成西安地铁标识系统站名字体的地域性设计特色。

3."颜意生象、颜象尽意"的站名书法字体符号设计

西安地铁站名标识字体设计以颜体字韵为"意理"，依照标识字体的设计规范要求，既不完全依赖碑帖字形，又不照搬字库字体，灵活进行设计实践，形成了西安地铁特有的"颜意"标识字体特征。在"颜意"思想主导下，因而产生了"颜字"特殊的"象"貌，可谓是"意生字，字著象，象尽意"的统一体，成为西安符号空间中地域性文化景观的重要组成。

在由"意"到"象"的过程中，单字形象设计是形成字体整体风貌的最根本环节。单字设计的主要作用是控制文字大小和结构，设计方法主要是借鉴印刷字体设计的专用坐标格方法，将文字引入字身框和字面框，在相同字号下调整字体大小，控制字体的虚实关系。由于大部分汉字间架结构比较复杂，只用一个中心线无法解决复杂的汉字变化，采用"第二中心线"的方法可解决此问题。字体设计师谢培元先生基于汉字特点，通过长年的实践经验总结，创建了"第二中心线"的概念。

"第二中心线"一般位于"第一中心线"的上下或左右，两条线的宽度由字体笔画重心点

---

[1] 苏婧为. 书法字体在地铁导向标识系统中设计与应用研究 [D]. 西安建筑科技大学，2012.

推算出来。第二中心线一般在框内一边宽的二分之一内游移。所以，"第二中心线"是整套字体内部结构的间距线，通过对两条线上下或者左右平移，使字体内部的中心距离产生变化，形成视觉平衡（图7-24）。

经过初步的字体大小定位和结构调整之后，可根据颜体特点进行书法字体笔画的调整。参照碑帖字体原型，逐步调整笔画，使之呈现颜体书风的相貌特征，这是完成站名书法字体设计由"象"尽"意"的关键环节。

从汉字的结构来看，可分为独体字和合体字两类，独体字是以笔画为直接单位构成的完整的字，它的设计特征是要掌握字体重心，使其疏密匀称，突出主笔，同时注意笔画之间的关系，如左密右疏、上紧下展等。而合体字除了要注意笔画特点，还要注意结构问题。独体的象形字和表意字是构成"合体字"的基础。例如，2号线安远门站和纬一街站的站名字体设计（图7-25）。"门"字作为独体字，在设计时应注意横轻竖重、左轻右重、微向外拓，整个字形充实饱满；合体字半包围结构"远"字，在设计时应注意点的方向、连折落笔、整体笔势等；合体字左中右结构的文字"街"字，在设计时应注意左密右疏、高低平衡的处理。

总之，颜勤礼碑的特征"端庄平稳、结体宽博、点画呼应、疏密均匀、偏斜寓正、向背顾盼、穿插揖让、上下覆承、同则求变"[1]始终贯穿在西安地铁站名书法设计中，"颜意生象、颜象尽意"的字体设计，探索了书法字体应用于交通标识中的可能和方法，并在实践中检验了其可用性。

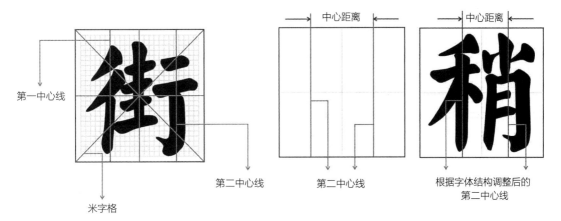

图7-24 西安地铁站名书法字体设计示意

---

[1] 广东省教育厅教研室编，张海解析. 勤礼碑 [M]. 广州人民出版社，2009.

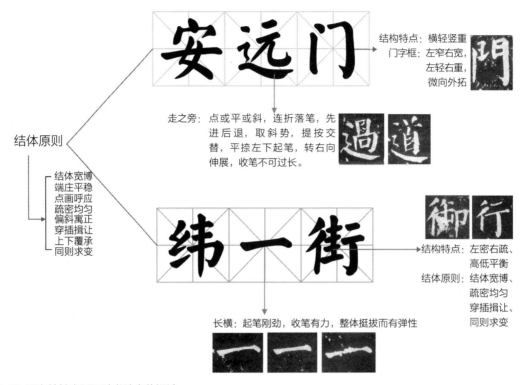

图7-25 西安地铁安远门站书法字体设计

4. "颜意"站名书法字体设计的内涵

中国文化可称为汉字文化,书法是汉字的书写形式,书法字体通过特有的图像性外观,表达人们的审美情感和意趣,它是时代文化的标志和象征。

地铁站名书法标识是西安地铁文化景观中的重要组成符号,是"能指"与"所指"相结合的统一体。其能指就是承担着最基本的空间信息传达功能,而所指就是有意识地让文字符号担负起传播西安地域文化特征的功能。前者处于表达层面,后者处于内涵层面。站名书法字体作为文字的形式是其基本的能指,所传递的信息和指涉意义则成为所指(表7-4)。

站名书法字体符号的能指与所指分析表　　　　　　　表7-4

字体符号	能指(外延意义)	所指(内涵意义)
站名书法字体	以"颜体"为设计原型的书法字体	站名信息 线路文化特征——唐文化 站域位置特征,地域文化特征

站名文字信息是地铁站域环境中重要的确认性标识符号，通过书法字体的形式，表达出站点和城市地域文化的外延意义，进而指向城市、地域、个性、情感、文化等不同的内涵意义。内涵意义以外延意义为前提，产生于特定的西安地铁站域环境中，站名符号的内涵意义要比它的确认性外延意义更多维、更开放、更深层。站名书法字体的使用已经不再是表现文字信息或城市地域文化本身，而是超越了表象意义，成为一种文化和历史的象征，包含了城市背后的厚重历史，是西安这座城市历史、人文、地域特色的缩影，作为历史和文化的标记而存在。

站名书法字体主要应用在站外立柱、站内吊挂式导向标识牌、贴墙式信息看板、屏蔽门上的横向线路图、站台楼梯墙面等环境中。站名书法字体在站外立柱和吊挂式导向标识牌中采用内发光形式，站名字体部分采用白色亚克力，透光性最强，能够在夜间让乘客清晰地辨识字体信息，迅速找到乘车方向和确认位置。地铁2号线钟楼站站名书法字体在环境中的应用表达见图7-26。

"意"生"图"、"图"明"意"

图形语言与文字语言有着共通性，同样是一座城市社会文化与人们思想沟通、互动的有效传播媒介，其生动、直观、形象等特征更是文字语言不可替代的。美国著名的空间引导系统设计师Lance Wyman为墨西哥地铁设计的站名图形，选取各个站点附近具有代表性的标志物、景区建筑物和能够表明该区域功能的图形为设计元素，开创了地下交通空间标识系统图形符号运用的先河。

图7-26 西安地铁站名字体的应用

西安是一座具有深厚历史文化积淀的古都,完全可以充分利用每个站域的场所特征,创作一种独特、准确、简约的图形符号,形象勾勒描绘各个站域的位置、面貌、人文特征,从而形成整条线路的视觉形象记忆,为出行者提供更加便捷的导向服务,"以人为本",体现西安地铁人文价值。

1. 站名"图意"符号来源

西安拥有987个文物古迹重点保护单位,以及一批国家重点旅游观光景点,各种历史遗迹遍布整个西安市。地铁1号线是西安市中心城区东西方向上的主客流走廊。沿线历史遗迹人文景观众多,浓郁的商业氛围、复杂的交通换乘功能、连接多个城市功能组团,是东西方文化交流的重要纽带。地铁2号线沿线古迹分布众多,且附近标志性现代建筑也多。通过对沿线站点地理位置、人文历史、标志性建筑、区域功能综合调查,沿线站域文化可归纳为五种类型(表7-5),并以此作为设计原型进行车站站名符号设计。

西安地铁1、2号线站名图意的来源　　　　表7-5

站名符号类型	图意来源	1号线站点名称	2号线站点名称
图像性符号	历史遗迹	玉祥门站、朝阳门站、万寿路站	大明宫西站、安远门站、钟楼站、永宁门站、南稍门站、小寨站
	现代区域功能	劳动路站、五路口站、康复路站、半坡站、北大街站	北客站、运动公园站、行政中心站、市图书馆站、北大街站、体育场站、小寨站、纬一街站、会展中心站
指示性符号	历史典故	后卫寨站、枣园站、洒金桥站	北苑站、凤城五路站
	周边环境	皂河站、汉城路站、浐河站、纺织城站	航天城站、韦曲南站
象征性符号	史料记载	三桥站、开远门站、通化门站、长乐坡站	凤城五路站、龙首原站、三爻站、凤栖原站

2. 站名"图意"符号的分类规则

图像性站名符号规则。图像性符号是通过对客体的写实模仿来表征对象,强调对客体对象进行相似性和真实性的还原。地铁1、2号线的站名符号设计大多是以图像性符号设计的,因为沿线保留了大量历史文物和历史遗迹,另外沿线代表性建筑以及街道周边自然景观等,都是图像符号可直接获取的描写素材。因而,图像性的站名符号可以让人们通过视觉经验,来理解站域地面场所特征,产生亲切可感的城市意象。图像性站名符号对提高站域识别性和认知性方面有着积极的意义。

指示性站名符号分类规则。指示性符号强调与表征对象之间是一种直接的联系，并与对象构成一种空间上的接触或内在的因果联系，可以通过逻辑推理来联系图形符号与对象的关系。在地铁1、2、3号线的站名符号设计中，存在着大量的指示性图形符号，因为沿线许多车站周边不具备地标性建筑，如果仅以建筑物作为设计原型反而不利于识别，为确保全站站名符号设计的统一性，形成了以站名寓意为基础的指示性图形符号。比如，北苑站和凤城五路站就是依据历史地理特点来进行符号设计的，航天城站和韦曲南站则是根据周边环境的特点提取设计元素进行设计。

象征性站名符号分类规则。象征性符号是一种与其对象之间没有相似性和直接性关联的符号，而是存在一种约定的关系，可以完全自由地表征对象。在地铁1、2号线的站名标识设计中，部分存在着一些象征性的站名图形符号，比如龙首原站、三爻站、凤栖原站从站名字面含义来看，"凤"、"龙"、"爻"，都可以借助民族艺术符号本身赋予的意义来表达图形的内涵，强调车站名称的普遍性事物特征，因而具有象征符号的意义。

3. "意生图、图明意"的站名图形识别设计

站名符号中的图形设计是一个由繁到简的创作过程。建筑图片或周边环境图片不可直接使用，过于繁复的信息源只会给乘客带来困扰，不利于信息的传播。任何一个图形元素都可以概括为点、线、面组成的视觉要素。首先搜集用于信息传递的视觉符号资源（即历史遗迹和地标建筑），再运用基本的形式美法则和规律，对原型构成要素进行艺术加工、处理，最终外化为直观、简明、形象的图形符号。

格式塔心理学的审美观认为，越是完整的图形越符合一般审美认知，同时以最少、最有效的构成元素组成的图形，能够加速物体的认知。如果图形设计能够择取最有地域性特征的信息，人们便可以很快获得完整的辨识（图7-27）。

站名图形作为站域的确认性功能符号，在地铁标识系统中属于新的设计范畴。西安地铁标识系统的基调色是沉稳的低明度花青蓝色，站名图形是以负形的白色来呈现出的。一方面，白色负形图案与蓝色背景对比强烈，且白色的阅读视野范围最大；另一方面，丝网印刷和亚克力贴膜的面板制作工艺，使图形轮廓更为清晰易辨（图7-28）。

另外，站名图形不单独呈现，结合站名书法字体共同使用，图形对站名文字信息起到辅助、美化以及缓解气氛的作用。西安地铁站名符号设计，充分挖掘各个站域的地理位置和场所特征，形成了具有西安地铁独特的"城市文化走廊"意味的意象符号，不仅明确了车站的定位

图7-27 西安地铁站名图形符号设计

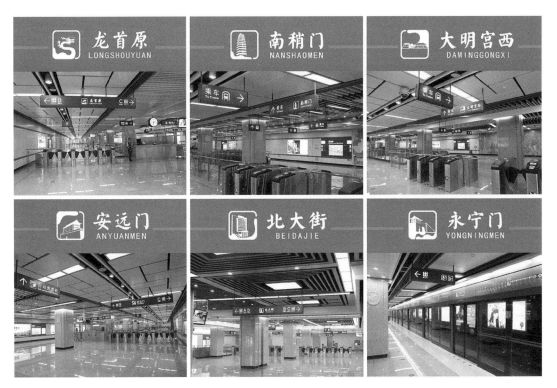

图7-28 西安地铁站名符号应用

图7-29 西安地铁2号线"城市文化走廊"站名符号

信息,同时暗示着车站本身与站域城市意象的对位关系,体现了"汉风唐韵"意理的整体设计思想,主观有意识地将站名信息强化为车站象征性的形象符号,其意指作用和文化价值扩大了符号固有的外延功能,成为内涵西安城市精神的象征符号(图7-29)。

"图文解意"语义设计的作用

在"汉风唐韵意理"思想统筹下建构的西安地铁符号空间,以及从属于这一空间组成部分的站名文字和站名图形设计,是西安地铁文化景观中的重要技术景观和价值景观。站名文字与图形二者紧密结合,互为整体而使用,它们对车站定位功能起着重要的指示性作用,对唤起市民城市记忆这一内涵意义有着积极的作用。西安地铁站名标识"图文解意"识别设计的作用体现在以下几方面:

第一,扩大了国际使用者的范围和社会影响力。西安地铁1、2号线地理位置的优越条件和西安城市深厚的文化底蕴,决定了站名符号设计既是将地域性"意理"作为设计思想的出发点,同时也是从这一初衷走出的一个完整设计过程。站名符号设计充分利用车站对应的站域城市空间环境要素,挖掘关中地域文化和精神内涵,并应用于环境导向中各个节点,为人们提供了一个便捷的人文地铁交通环境,既符合西安民众心理需求,同时也扩大了国际使用者的范围和社会影响力。

第二,丰富了地铁视觉形象的文化内涵。在尊重和眷顾西安特有的汉唐传统文化基础上,将传统文化元素与现代设计观念有机融合,通过艺术化的形式进行表现,给予出行者一种亲切的、场所的、归属的视觉感染力,增强人们对地铁空间信息的阅读和信赖感。站名的字、图符号设计是西安地铁符号空间的重要组成部分,也是西安地铁文化景观中的技术景观和价值景观,它丰富了地铁视觉形象的文化内涵意义,担负着传递城市文化特色和人文精神的重要职责。

第三，规范了人们的社会活动秩序，改善了人们的出行环境。地铁交通空间是城市形象窗口，通过对地铁站名图、文设计的开发和应用，在一定程度上规范了乘客的社会活动秩序，改善了乘客的出行环境，让乘客对地铁线路的形象有了更加亲切、熟知的识别和认知，重要的是让乘客在穿行中体味城市记忆、感悟城市故事，提高人们的生活品质及城市文化理念，强化西安地铁和西安城市的文化识别性等。

西安地铁符号空间中的"观景得意"语义设计

景观墙（壁画）艺术是西安地铁符号空间中的主要技术景观体系，承载着地面城市人文、历史风貌、生活氛围、审美情趣等文化传播的使命和挑战，它是西安地铁价值体系中的重点表现内容。西安地铁景观墙艺术符号以其多元开放的文化特质，将艺术作品视为一种记录和连接站域文化记忆的意义符号，而不是简单的"模仿"与"再现"，不是某个特定的文化切片，也不是把个别显著的文化视角直接投射到西安地铁艺术景观上，而是历史和现实、个体与群体、内在与外在共同集结于一体的意义符号世界。

其主要内容就在于挖掘西安地铁景观艺术符号的社会文化价值，建立地铁景观艺术符号自身审美价值，探索更有效地适应西安地铁空间的艺术特色。

"画意"符号的来源

艺术源于生活，来自现实世界，是把握现实世界的一种方式，其根本问题不是"模仿"也不是"表现"，而是"解释"，确切地说是作为解释世界的一种艺术符号形式。哲学家卡西尔提出"符号形式"说，阐明了人的特点在于能以符号的形式来"解释"世界，从这个意义上讲，与其说人是理性的动物，不如说人是使用符号的动物。艺术符号"像一切其他符号形式一样，艺术不仅仅是再现现成的、给定的现实……它不是现实的模仿，而是现实的发现"[1]。

西安地铁景观墙艺术符号，是一个具有西安城市意象的地铁景观世界。这个文化景观世界是对站域场所现实世界的一种"解释"，因为它是一个创新的世界，进而展现出一种新意蕴。地铁作为城市公共交通空间，其艺术符号形式有其自身的结构、功能、文化特质，因而是公共的和社会的，不是纯艺术家的私事，也更不像博物馆、美术馆的艺术品，而是群体概念下具有

---

[1] [德] 恩斯特·卡西尔著. 人论 [M]. 北京：西苑出版社，2003.115.

审美普遍性的可传达、可交流的艺术符号。

地铁空间的特殊性决定了景观墙艺术作品主要是以壁画，尤其是浅浮雕为主的壁画形式。西安地铁景观墙艺术符号多以浅浮雕艺术形式进行设计和创作。已开通的地铁1、2、3号线共有63个地下车站，其中站厅层和通道处共设置艺术品一百五十余幅，每个车站都设置了艺术作品。之所以大规模设置景观艺术，原因有两点：一是相关政府部门意识到新地铁时代下，地铁已不仅仅是一种交通工具，希望地铁车站成为感悟和体验城市文化历史的记忆空间；二是相关参与设计人员将壁画艺术视为链接地上"场所感"的时空纽带，目的在于强调和建立站域空间记忆的识别性和认同感。西安地铁1、2、3号骨干线网的地理环境特征，不仅承载着西安城市的重要交通运输功能，也担负着传播西安历史文化的责任和使命。西安特殊的自然环境资源、社会环境资源以及丰富的文化历史资源，均是西安地铁景观墙艺术设计可发挥的重要来源。

西安地铁景观墙艺术设计以沿线各个站域的历史文脉为线索，紧密围绕建设西安国际化大都市这一城市发展主旨，以"传统与现代结合，历史与现实辉映"的设计方针，在"汉风唐韵为意理"的整体思想统筹下，强调"人文西安""生态西安""科技西安""和谐西安"的设计主题，集中反映西安独特的历史文化特色，既要体现厚重的古城历史文化底蕴，又要反映充满活力的新西安风貌。

"画意"符号设计策略

1. 地铁景观墙艺术符号的设计思维切入点

新时代的地铁交通需求对景观艺术设计提出了更高的要求。地铁景观墙艺术作为公共交通环境中的重要信息符号，不是对技术文明和文化符号的简单追随，更不是在纯粹艺术殿堂里抒发个人旨趣的单纯展示，而是一种肩负社会责任思考，探讨健康生活方式和生态文明的综合性艺术创作活动，它是一座城市对社会公众理应付出的最为可贵的人文关怀。因而，只有选择适合自身城市气质和特色的艺术形式和创作内容，才可能创作出社会认可的艺术作品。西安地铁景观墙艺术符号的设计思维尽可能做到以下三点：

第一，从"唯他"性入手，体现城市个性。西安地铁景观墙艺术品的设计思维，强调"唯他"性。所谓"唯他"，包括两方面含义：一是强调设计者将其创造根植于所服务的公众对象之上，并将服务对象的整体利益作为主体创作的思维核心。以关怀性的设计思维，服务性的设计理念，通过巧妙的形式将来自各方的诉求，表现为"无声的引导，无言的服务"。二是有针对性地实现自我创新精神，摒弃拿来主义，不照搬或模仿其他城市既有设计模式，努力探寻适合西安城市个性的地铁景观艺术设计方向。

第二，从"大"艺术着手，强调艺术感染力。西安地铁景观墙艺术品的设计思维强调"大艺术"性。所谓"大"，包含三方面含义：一是艺术设计者需要充分发挥视觉艺术的积极因素，来尽可能地帮助和缓解地下空间诸多的消极因素；二是艺术设计者需要以更强烈的视觉艺术形式，提高作品艺术感染力，使得心理焦虑和心理麻木的乘客最大化地捕捉到作品的存在，通过强烈艺术感染力带给乘客某种愉悦的感官刺激；三是艺术设计者需要通过大主题的艺术作品形式，探索适合西安城市浓郁和厚重的历史气质，以适合于古城自有的特殊气度和身份，从而再现古城精神。这是因为西安古城所持有的气质是其他城市无法替代的。

第三，从"站域"识别性入手，反映"主题与地点感"。景观墙艺术之所以有其特殊的价值存在，是因为它存在于特定的、相应的环境中。地下空间封闭、相对单一线性空间模糊了人们对地铁站点的识别感和认同感。因而，西安地铁景观墙艺术设计思维，强调"站域"识别性和确认性。艺术设计者需要通过艺术品来增强每个站点的识别性，建立地下与之相呼应地面的空间联系，通过艺术品来补充站域的场所感，增强和丰富移动状态下的视觉变化，帮助乘客形成空间地图，更好地辨别不同的站点。

西安地铁景观墙艺术符号设计始终依随车站符号空间的总体理念和风格，以一线一"大"主题、一站一"点"主题相互结合的形式，利用景观墙艺术符号建立站域空间的"场所感""亲和感""地方感"和"历史感"。

2. 地铁"景观墙艺术符号"设计方针

地铁的到来，革新了城市生活的观念，人们对地铁的看法也随时间、社会和生活的变化而不断更新。从20世纪初地铁是城市引以骄傲的象征物，到20世纪中叶地铁已不再新奇，只被看成交通工具，再到下半叶地铁成为人们日常生活的一部分，人们对地铁的认知观念经过了不断地更新和改变。步入21世纪的今天，地铁在人们心目中再次有了质的变化，地铁不仅仅是日常生活不可或缺的一部分，同时也是体验新经济时代内涵城市文化和历史底蕴的象征符号。

艺术作为一种符号形式，其符号不再是"事实性"的而是"思想性"的，并有其"功能性"的存在。人之所以可以能动地接受符号给予的影响，并能够主动作出解释反应，是因为人具有"创造"符号和"运用"符号功能的思想支配力。西安地铁景观墙艺术符号不是"事实"的"复制品",而是由"多"到"一",由感觉到思想的一次升华,是一个完整的意象符号世界。这是西安社会群体的集体所愿和所想,在敬畏和眷顾西安传统历史文化的基础上,利用地下有限的空间设置人文景观艺术,意在增加地铁站域整体识别性,提升艺术氛围,改善地铁单调的空间环境,延续地上文化魅力,诠释古城历史特色和文化内涵。其设计总体方针概括为如下四点:

第一,传统神韵,现代演绎。在地铁现代化交通环境中,景观墙艺术符号在表现地域特色的同时,借助现代技术材料手段,以适应现代环境特征的需求,阐释和表现传统文化气息和神韵,营造一种虽身在现代设施中却心在传统神韵里的现代感。

第二,历史风貌,时代气息。西安地铁景观艺术是在现代科技环境下对传统文化的继承、发展和延续,是源于历史地域文化在新时期的一种再创新,是融合古都气质与国际化都市气度的新时代科技空间。

第三,地方特色,国际视野。西安地铁景观墙艺术在表现地域特色的同时,充分应用现代材料和技术,满足时代审美心理,体现国际设计视野。

第四,艺术表象,功能内涵。用意象的艺术形象呈现不同站域的空间特色,有力发挥站域特性,使得地铁空间更加人性化、艺术化。

地铁空间中的景观墙艺术已经不再是某一类艺术和专业技术展示,而是在昭示新时代轨道交通的新命题。它表现为全人类共同关注的绿色生活方式和生态文明的综合性艺术创作活动。西安地铁景观艺术设计的关键词是"轻松、自然、人文、国际"。其中,对"自然"的理解,一是指尊重自然形成的区域个性,使景观艺术符号恰如其分、和谐自然地存在于地铁公共空间环境中;二是指以最自然的视觉艺术表象与乘客对话、接触和互动,让乘客从中获得愉悦、舒适、轻松的艺术感染。

"域""象""形""意"的整体性识别设计方法

地铁1、2号线景观墙艺术设计,综合线路站点位置所在的自然地理因素与历史文化因素,以地铁的功能性为准则充分考虑乘客对于地铁系统的使用需求,从意义符号角度出发,提出"域""象""形""意"四级定位法,在此基础上进行地域性文化景观设计(图7-30)。

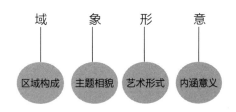

图7-30 西安地铁景观墙艺术设计的定位方法

1. "域"

"域"包含两层含义，一是区域，二是站域。区域是指，根据地铁1、2号线路规划，从各站分布状况和场所特征进行区域性划分，每个区域对应一个文化主题，如商业区、人文区、科技区等；站域是指从各站的地面场所文化特征进行主题挖掘。

2. "象"

"象"指景观墙艺术符号所呈现的外在相貌。通过"象"的表达形式和内涵意义，可以了解到该区间周边所属的基本文化特征，体现出地铁景观艺术的地域文化特色和历史人文特征。通过地铁站点的"象"（题材）的比对，乘客可以从视觉上将自身位置确定于某站点上，清晰明了自己所处位置，增强乘客归属感，实现心理安抚，实现人文景观艺术的功能性特征。

3. "形"

"形"的概念是指景观墙艺术符号的表现形式。主要通过构图、色彩、造型、材质等综合性要素来组织和表达画面内容。地铁空间的开放性、封闭性和流动性特征决定了景观艺术作品的表达形式存在一定的特殊限制。如在构图上，应选择多视点、连续统一的满幅构图和多中心的散点构图形式；在造型形体方面，要么为平面，要么为浅浮雕。因而，借助"形"的多样化艺术表现手法，扩充区域本身的艺术属性，使地铁空间视觉语言更加丰富、更具艺术化，以"形"实现"无声的引导和服务"。随着信息技术的成熟，西安地铁景观墙艺术是否可以大胆引进数字媒体艺术形式的表达，是当下应该思考的一个新课题。

4. "意"

"意"是景观墙艺术符号的"形"与"象"在乘客内心的体悟和理解，"意在形先，意存于象"，"意"是解释区域及站域的内在文化内涵，也是让乘客通过外在艺术表象产生内在场所精神感悟的一种象征体验。"意"作为景观艺术符号解释意义的气场和力度，是把握景观艺术"质"化的前提和结果，是加深乘客解读和体悟该站域场所精神的艺术物质媒介。景观墙艺术设计所呈现的"象"的符号，因为有了"意"的内涵，使得车站空间更加整体、和谐且富有生机。

西安地铁景观墙艺术符号在"域""象""形""意"四级定位法的基础上进行"画意"设计，在体现地域文化特征的同时，也实现了对乘客行为指引和站域标识的功能性特征。西安独特的人文生态环境和稳定的文化背景不仅影响着城市人文发展方向，也影响着广大市民的公众审美意识和行为生活品质。地铁中的景观墙艺术设计，成为传达西安城市形象的窗口和宣扬西安城市个性的重要交流媒介，担负着延续城市历史文脉、塑造城市独特文化形象、维护城市特殊竞争力的重任。

"表意性"景观墙艺术符号的语义特征和风格

1."有形之象"构成的"表意性"景观墙艺术符号

指物、表事、达意是公共艺术符号的基本功能，只有形式表象和思想内容达到和谐统一的最佳状态，才能营造一个有意义的符号空间，为使用者提供丰富的出行环境。"无形之意"通过"有形之象"成为表意性符号，让使用者感悟城市文化内涵和历史底蕴。然而"形式"不会自动地印入人的心中，而是要经过人心之构建，一切审美的、艺术的、愉快的事物，实际上是一种创造的喜悦。表意性符号借助物理实在的表象性得以显在，而表象性符号事实上又是主观意识创造下的表意性符号的结果。造型艺术语言有它自身表意的"语素"，形体、色彩、图形、材料、构图等媒介和手段组成了二维造型艺术语言的基本语素。艺术语言符号正是借助表象的语素媒介才实现了其表意功能。

地铁景观墙艺术符号，是利用艺术形式语素和内涵站域城市文脉的内容，共同构筑的意义符号世界。概言之，景观墙（壁画）艺术这一语言符号是通过一定的媒介、方式和手段，将作品语义内容和情感内涵的各种生命体验，转换为艺术表象的"体验价值"，让使用者通过感知形象获得情感上的满足和精神上的愉悦。

表意性艺术符号以其独特内容与形式的统一构成了艺术作品的时代风格。艺术风格的形成，是时代、民族、地域或艺术家的审美理想、精神气质等内在特性的外部印记。具体来说，风格体现在艺术作品的诸要素中。它既表现为艺术设计者对题材选择的一贯性和独特性、对主题思想的挖掘、理解的深刻程度与独特性，也表现为对设计手法的运用、塑造形象的方式、对艺术语言的驾驭等的独创性。真正具有独创风格的艺术品才能够产生巨大的艺术感染力。

地铁的特殊环境因素，决定了地铁景观墙艺术设计者需要以极为强烈的视觉感染力，让心理焦虑和心理麻木的乘客获得最大感官上的愉悦和刺激，从而实现有效沟通交流。地铁中的墙面壁画艺术就是针对地铁特殊空间环境而设立的"表意性"艺术符号。

2. 景观墙艺术风格的多样性、同一性与限定性特征

风格是艺术作品在整体社会环境中呈现出来的具有代表性的独特面貌。艺术风格具有多样性、同一性和限定性的特征。具体解释如下：

第一，风格的多样性。"风格就是人本身。风格指艺术表现的一些定性和规律，即对象所借以表现的那门艺术特性所产生的定性和规律。"[1]客体世界本身的多样性、艺术设计者各不

---

[1] [德]黑格尔著.美学[M].朱光潜译.北京：商务印书馆出版，2012.372.

相同的个性以及使用者审美需求的多样性，决定了艺术作品风格的多样化。即使同一艺术设计者的作品，也不排除具有多样风格的可能。因此，正是风格的多样化极大地促进了地铁景观墙艺术设计的繁荣和发展。

第二，风格的同一性。"风格是一种自发的形式的扩散，一个时代的各种表现形式不是偶然出现的，而是表现了一种共同的特征和一种共同的精神。"[1]艺术设计者之间的风格区别，受到其共同生活的时代、民族、地域等审美需求和艺术发展的制约，从而显示了作品风格上的某种同一性。即使同一艺术设计者的多种风格，也会由于其个性的制约而在整体上呈现出一种占主导地位的风格特征。因而，风格具有相对的同一性，正是这种风格的相对同一性，决定了地铁景观墙（壁画）艺术发展的历史性和逻辑性。

第三，风格的限定性。地铁景观墙艺术是"限定"中的再创造。地铁空间环境的特殊性，限定了设计形式大多是以墙面、顶棚为载体的二维装饰性模式。但随着时代的发展，现代壁面艺术设计已突破了完全"平面化"的装饰风格，出现了以浅浮雕、高浮雕等形式完成的具象写实的、抽象的、寓意和象征的等多种风格。另外在比较开阔的站厅空间，也会设置适当的圆雕艺术。随着数字媒体的发展，地铁景观墙艺术将从二维视觉空间到虚拟体验空间，将人和环境有机地联系在一起，为未来地铁公共艺术的发展带来无限可能。

3. 西安地铁景观墙艺术符号的语义风格

西安地铁景观墙艺术设计以意象性和装饰性的浅浮雕艺术为主导风格，兼有具象和抽象的多种风格特征。

（1）具象写实的艺术风格

具象写实艺术是指艺术形象与自然对象基本相似或极为相似的艺术。受古典美学思想支配，遵循写实主义原则，其美学理论依据亚里士多德的模仿说，强调客观真理的存在，追求对现实世界的如实反映和真实再现。希腊的雕塑作品、近代的写实主义和现代的超级写实主义作品，因其形象与自然对象十分相似，被看作是这类艺术的典型代表。

写实主义传统在20世纪遭到现代主义的激烈冲击，已经失去了主导地位，只是多元风格构成的一部分或一种手法。但是，在不触动写实主义本质和审美理想的前提下，随着时代的变化，写实主义也在不断地适应时代的需求，出现了运用夸张、变形、象征、寓意等手法来强化具象形式的新面貌。具象写实主义风格的概念已变得相对模糊，具象写实艺术中也或多或少包

---

[1] [英]E. H. 贡布里希著. 秩序感[M]. 范景中等译. 长沙：湖南科学技术出版社，2005.221.

图7-31 西安地铁3号线玉祥门站景观墙艺术符号《万古长青》

含抽象因素。具象艺术作品适当介入抽象元素，将更有余韵和联想空间，能够更多地表达艺术设计者的主观感受和精神内涵。在具象写实艺术作品中具象元素和抽象元素是相辅相成、不可分割的。写实性的浮雕壁画艺术作品，有着限制设计者个人想象和主观情绪的特征，是以冷静、客观的态度对待自然，从而理性地把握世界真实性（图7-31）。

地铁中的写实性景观墙艺术，是针对预先规划的车站主题和理念，综合考虑站域城市文脉、乘客审美情趣、画面象征性等因素后的创意设计。西安地铁浮雕艺术作品中，有一少部分作品具有写实艺术风格特征。这是艺术设计者从西安历史文化传统、各站域文脉特征中汲取营养，在保持艺术表象具有写实特征的辨识审美习惯后，利用新技术、新材料的形式美规律对写实造型进行适当的装饰手法处理，如地铁2号线的《御守》《百变》《大秦腔》《迎宾图》《古韵新尚》等，这些作品均是在具象写实主义特征的基础上，对形式语言进行大胆创新的一次设计体验（图7-32）。

（2）抽象表现的艺术风格

抽象一词的本义是指人类对事物非本质因素的舍弃和对本质因素的提取。应用在绘画艺术研究领域，抽象艺术和具象艺术构成一对相关的概念。抽象艺术作为一种自觉的艺术思潮，兴

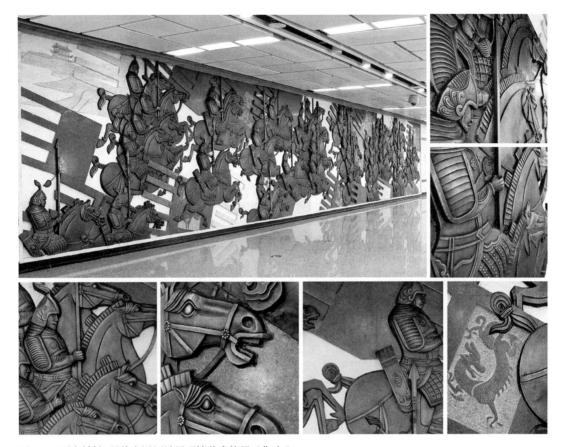

图7-32 西安地铁2号线安远门站景观墙艺术符号《御守》

起于20世纪初的欧美。大部分现代主义艺术流派都受到了这一运动的影响,如表现主义、立体主义、构成主义、行动绘画等。现代抽象艺术大体可分为两大类:第一类对自然对象的外观加以简约、提炼或重新组合;第二类完全舍弃自然对象,创作纯粹的形式构成,并因此称为纯抽象。

抽象表现艺术风格是当代浮雕壁画艺术的主流艺术思潮,抽象表现性的浮雕艺术是以抽象主义、构成主义为主体的现代艺术,体现出一种基于非具象倾向的广泛艺术思潮。当代抽象表现性浮雕艺术在精神内涵方面与以往的概念有着根本区别。以往的抽象表现性浮雕艺术至多是强调非具象性视觉元素的结构,而当代抽象表象性浮雕艺术在非具象性视觉元素基础上,强调形式趣味和形式法则,体现"意义"的联结,是以"意义"本身的圆满构成作品的起始与终结,最为重要的是这种"意义"并非是纯粹个人的、简单的旨趣,而是以传统风俗信仰为载体的历史性集体意识或社会意识的精神再现。

地铁中抽象表现性浮雕艺术不是一味地抽象、夸张、变形和概括的点、线、面以及几何形式的视觉元素本身，重要的是这些纯抽象的视觉元素必须顺应且圆满构成一种"意义"的中心主题，因为形式上所感受到的这些元素都是结构表意化的自然形式效应。真正"意义"的圆满表达和传递，就是艺术作品呈现出的永恒性和共同性，即内在本质规律的普遍之美。任何一幅浮雕景观艺术作品，不论是具象的还是抽象的，都可以将其构成形式用点、线、面和几何形式表现出来，去掉变换的个体，所留下的就是点线面和几何形式的普遍美本质规律（图7-33）。正如康定斯基所说："抽象艺术并不排斥它和自然的联系，而正相反，这个联系更大，更浓密，抽象艺术离开自然的表皮，但离不开自然的规律。"

西安地铁景观墙艺术作品中，一部分作品具有抽象表现性艺术风格特征。西安丰富的文化历史资源是西安地铁壁画艺术符号可发挥的重要创作来源。在挖掘地域传统文化素材的基础上，充分发挥抽象表现艺术的普遍审美规律，强调艺术作品的精神美，无论是对艺术设计者，还是广泛的社会群体都给予了更为自由的想象空间，反映出抽象表现性艺术作品的创造性

图7-33 西安地铁2号线凤城五路站景观墙艺术符号《凤鸣朝阳》

价值，也代表着西安地铁壁画艺术的一种主流风格。主要代表性作品有地铁2号线的《凤鸣朝阳》《繁花似锦》《唐韵》《秦风琴韵》《书塔》等。

（3）意象装饰性的艺术风格

造型艺术有两极，即绝似物象的具象之极与绝不似物象的抽象之极。西方超写实绘画为具象之极，蒙特利安作品为抽象之极；中国绘画多在两极之间，属意象造型。所谓意象，即不是客观准确地表达事物，而是从中抽离提炼出最主要或最重要的部分。齐白石说："作画妙在似与不似之间；太似为媚俗，不似为欺世。"似与不似之间，即为意象，是主观的"意"和客观的"象"的结合，是赋有某种特殊含义和文学意味的具体形象。

"意象"属于中国传统文化体系，意象观念是传统文化中"中庸"思想与"天人合一"思想在绘画中的体现。意象绘画有诸多的艺术特征：一是以意构象、以意造型；二是情大于象，不满足与外在形、色的直接描绘，重在表情达意；三是对客体物象有所取舍、夸张变形甚至抽象，以此强调物体的神韵，画面以少胜多而又耐人寻味；四是注重物象主观装饰性，不按照西方绘画的透视、比例、色彩等科学的标准来组织画面，而是用一种"巧""变"的精神、气韵和神似的装饰变形手法，来打破时空的限制和现实的束缚，主观能动地将不同时空的事物共处同一画面，用"具象形象"来组成"抽象意境"。其中装饰性艺术手法是意象绘画的主要特征，不求再现，只追求表现物象，不求肖似而追求相对写实来再现自然，因而形成了高度意象装饰性特征。

景观墙（壁画）艺术有着多种表现形式和艺术风格，意象装饰性壁画也是其中的一种主流风格。其造型表现形式区别于其他类型的壁画，是"以情达意"并利用一定装饰性手法绘制的作品。画面多以散点、多中心满幅构图、相对写实造型、条理化色彩、图案化形式、理想化处理方法来取得装饰效果。这种艺术效果能够突出对象的特征，营造特殊的意境，从而给乘客不同的艺术感染力和更为深刻的印象（图7-34、图7-35）。

意象装饰性艺术风格是西安地铁景观墙艺术作品的主流风格。在充分发挥传统意象绘画艺术特征的基础上，紧密围绕站域空间历史文脉因素，以表意装饰性艺术手法强调艺术作品感性与理性的精神美，在继承了中国传统意象绘画艺术特征的同时，探索艺术作品的时代创新性，更重要的是还发现了这种意象装饰性风格，是表达西安古城独特的个性和魅力的最佳艺术方式。主要代表性作品有地铁1号线的《古都新区》《古服传情》《丝路风情》《金花秋韵》《唐韵》《长乐未央》《长寿中南》等。这些意象装饰性艺术作品不仅是内涵站域城市精神的意义符号，也是社会集体意识下对西安城市传统文化主观情感的集中表达，是对西安城市"古代文明与现

图7-34 西安地铁2号线纬一街站景观墙艺术符号《秦风琴韵》

图7-35 西安地铁1号线开远门站景观墙艺术符号《丝路风情》

代文明交相辉映"这一发展方向的回应和诠释。

"观景得意"语义识别设计的作用

每个城市都有其独特风格和特点,包括政治、经济、宗教、民俗、文化、历史和地理等,它们都可能成为人们记忆的符号和城市的特质。

西安地铁空间的景观墙艺术符号,作为解释站域场所特征的"艺术符号形式",不是"事实性的"模仿,而是"思想性的"创造,是每一位艺术设计者凝聚社会群体意识,解释特定站域文化历史的一次集体性艺术创作活动。其所创造的每一幅作品成为可意谓城市文化精神的意义符号,这是在主观意志思想的支配力下,能动自发地"创造"符号和"运用"符号功能塑造城市个性,领悟城市人文,感悟城市精神的一次有意义的创造性活动。因而,景观墙艺术作品的视觉形象不单纯起到一种营造艺术氛围和妆点环境的作用,而是象征城市个性和城市精神的意义符号建构。其艺术作品所蕴含的艺术语言起到了多维度意指功能的价值和作用。西安地铁符号空间"观景得意"语义设计的作用有以下几点:

第一,增强站域识别性,补充地下空间气氛的功能性作用。地铁快捷、准时、"按点出发、按点到站"的简单重复特点,使乘客往往被动地跟随地铁"停—行—停"的节奏单调前行,这些特点都会加速人们在封闭的地下空间的焦躁和麻木心理情绪。景观墙艺术设计充分发挥艺术符号的积极因素,从乘客特定场所的特定心理进行创作和设计,关注特定空间中具体人群的生理和心理感受,通过艺术媒介尽可能减少空间消极因素,让乘客在熟悉的文化氛围中产生方向感与认同感,体会古城文化魅力,阅读古城历史,记忆古城印象。

第二,营造交通环境"生活艺术化、艺术生活化"的表现性作用。景观墙艺术作品的呈现,拉近了艺术与生活之间的距离,让西安市民的日常生活充满了艺术氛围。西安地铁景观墙艺术作品的设计与创作,从西安历史文化传统、各站域文脉特征中广泛汲取营养,无论题材选择还是形式表达,都尽可能让艺术作品具有相对写实特征的辨识审美习惯,给予观者亲和感和归属感。在材料运用上,大量以人们熟知的金属和天然石材为媒介进行形体塑造,使作品内容与形式相得益彰,统一中有变化,在对比中展示了作品的美感和意味,为乘客营造出有品质的交通出行环境。西安历史文化古城独特的魅力和文化内涵,构成了这座城市特有的人文生态环境。经济的高速发展给这座城市源源不断地注入活力,令这座城市呈现出更加丰富的城市风貌。新时代的地铁不仅是作为日常生活的交通工具,同时也要追求"艺术生活化,生活艺术化"的高品质生活,人们需要在出行和换乘的同时,获得心理上和精神上的喜悦与满足。

第三，体现人文关怀精神、彰显西安古城地域文化特色的意指性作用。在缺少新鲜空气、远离自然、沉闷阴暗的地下空间中，对于高节奏、高压力的都市人群来说，人们更加需要自然化、人性化、生活化和艺术化的精神补偿。西安地铁景观墙艺术设计强调公众参与，以关怀性的设计思维、服务性的设计方针提出艺术作品倡导"人文、生态、和谐之美"创作思想。在表达市民的共同意愿，唤起市民的想象和记忆的同时，针对市民的审美特点注入作品足够丰富的内涵，随着地铁各站点作品主题的变化，用艺术形象呈现不同站域的区别，给市民以充分阅读、欣赏和理解的可能，让市民在足够的遐想空间中思考自我生存的这座城市的精神内涵。西安地铁各站的景观艺术作品展示西安城市风貌，张扬古城个性，不仅实现了行为的引导，也实现了功能和美学的完美结合，不仅延续了地上的文化，也诠释和宣传了古城历史文化特色和文明建设，更是对社会公众可贵的人文关怀。

第四，发挥站点场所精神，塑造古城文化走廊，呼应地面场所作用。景观墙艺术设计发挥站点场所特征，每一幅作品紧扣车站环境主题，让艺术作品的精神内涵与车站环境意象融为统一整体符号，通过完整的视觉意象符号，缝合了"地上"与"地下"环境分区，让二者形成自然有机的视觉感染和心理联想，实现了景观艺术符号这一特殊环境信息"可看、可定向"的本质属性。在"一线一大主题、一站一点主题"的总体设计方针下，综合线路站点位置所在的自然地理因素和历史文化遗存，充分利用各站点地域文化特色并将其站域文化要素转化为"适意的地域性"文化景观，形成各站艺术作品各具特色、各有侧重的人文地域色彩和艺术氛围，不仅对全线站点起到了视觉导向作用，重要的是形成了可穿越古城历史"记忆的文化走廊"，形成了城市街道文化的延续，它向市民展现出古城特有精神气质，是西安地铁文化景观的重要组成。景观艺术符号的创新设计让人们在城市的"地下文化走廊"中充分感悟城市文化、欣赏城市魅力、领略城市意蕴。

综上论述，对艺术设计者来说，创造"图"或"物"均不是目的，他们的目的在于创作出"意境"。西安地铁符号空间是一个理想开放的文化系统，是在"汉风唐韵意理"总体思想和认识的统筹下，由"意"生成的一幅幅生动画面，是城市记忆和象征站域精神的永久性艺术符号，它们构成了西安地铁文化景观层次丰满、功能完善的价值体系，体现着城市厚重历史与都市文化底蕴的综合实力，是古城现代科技和传统文化并进发展这一目标的见证，也是古城文化的缩影、精神的体现、地域审美情趣的综合展现。西安地铁景观墙艺术是城市精神的凝聚，代表着这座城市的历史传统、精神积淀、社会风气、价值观念、审美旨趣以及市民素质。这些内涵城市精神的艺术作品犹如一面面旗帜，凝聚着这座城市的思想灵魂，代表着这座古城的整体形象，彰显着这座古城的特色风貌，引领这座古城未来的发展。

西安地铁1、2、3号线部分站名标识符号

标识图像符号	符号释义
	北客站是二号线一期工程的北端起始站，该区域功能属于客流集散地，标志性建筑为铁路西安北站。图标以北客站建筑为主要设计元素，结合印章外形进行设计，传达站点信息。
	北苑站位于西安城市北郊，北绕城高速公路南侧，该地区历史上曾是唐代皇家园林、晋代启运门位置。现在是新城建设开发区，图标以皇家苑囿为元素进行设计，表现站点的历史文化风貌。
	龙首原站位于未央路与龙首北路十字路南侧，为古代龙首原位置。龙首原地势似一条蜿蜒而卧的巨龙，秦阿房宫、汉长安城、唐大明宫等都集中在其东西一线，俨然一条"龙脉"。现在周边主要为企事业单位及学校，本站以"龙"为设计元素进行设计，表现站名地理位置特点。
	安远门站位于北关正街与自强路十字路口侧。安远门是西安城墙正北门，明代建造，位于西安城南北中轴线上，现区域功能为交通通道。"安远"表达了中原汉族朝廷希望边远少数民族知恩归顺的愿景。以历史遗存建筑为设计元素，表现站名信息。
	钟楼站位于西安城内东西南北四条大街的交汇处，出入口在钟楼北侧。该区域属于西安市的商业中心。历史遗迹主要是钟楼。本站以钟楼历史建筑为元素进行设计，表现站点的地域特色。
	永宁门站外有南门广场，内为南大街，外接南关正街。建于隋初，名安上门，唐末韩建缩建新城时留作南门，明代改为永宁门，现在仍然存在，属于交通通道。以现存的古代建筑为元素进行设计，明确传达了站点信息。

续表

标识图像符号	符号释义
南稍门 NANSHAOMEN	南稍门站位于长安北路与友谊路十字路口南侧，临近小雁塔，以餐饮、住宅区为主。站点以附近的历史遗存建筑小雁塔为元素进行设计，表现该站点的历史文化特征。
体育场 TIYUCHANG	体育场站位于南二环北侧，唐时为长安官马草场。该区域有体育场、陕西国际展览中心、省工业展览馆等，属于突发客流集散点。站点以体育场的现代建筑为元素进行设计，传达站点信息。
行政中心 XINGZHENG ZHONGXIN	行政中心站位于张家堡环形广场内，沿未央路南北向布置，为2号线与4号线换乘车站。西汉时期属于汉长安城内居民的集中墓地，是未来新西安的城市中心。以行政中心标志性建筑物为设计元素，传达站名信息。
凤城五路 FENGCHENG 5-LU	凤城五路站位于未央路与凤城五路丁字路口，历史上是尤家庄墓群，现为企事业单位及商住区。图标结合站名特点、历史典故进行图形设计，清晰、明确地传达了站名信息。
会展中心 HUIZHAN ZHONGXIN	会展中心站位于长安南路、丈八东路和雁展路交汇处，周围有省电视塔、西安国际展览中心，属于突发客流集散点。站点以现代建筑为元素进行设计，传达站点地域环境信息。
鱼化寨站 YUHUAZHAI ZHAN	鱼化寨站位于西安市雁塔区富裕路与迎宾路交叉口西侧。站点以历史传说为创作主题，以鱼跃龙门的场景为主要表现内容，结合鱼化寨牌楼，表达站点的美好寓意。
吉祥村站 JIXIANGCUN ZHAN	吉祥村站图标以吉祥村文化遗存为创作主题，以村中牌楼及石狮为主要表现内容，明确表达站点历史文化价值，展现古都西安人文情怀。

续表

标识图像符号	符号释义
大雁塔站 DAYANTA ZHAN	大雁塔站位于西安市雁塔区小寨东路与雁塔北路交叉口。站点以文化遗存——大雁塔这一地标建筑为设计元素,展现大雁塔的不朽风貌。明确表达站点文化历史内涵及西安作为历史名城的深厚文化底蕴。
青龙寺站 QINGLONGSI ZHAN	青龙寺站以文化古迹为创作主题,以青龙寺内空海纪念碑为主要表现内容,辅以樱花。明确表达了站点历史文化内涵,寓意唐代中日友好交流,文化源远流长。
咸宁路站 XIANNINGLU ZHAN	咸宁路站以地标建筑为创作主题,以西安理工大学为主要表现元素。明确表达站点周边环境特征,体现其文化内涵及科技竞争力。
长乐公园 CHANGLEGONGYUAN	长乐公园站位于西安市碑林区东二环与韩森路交叉口东北侧。站点以生态为主题,公园内场景为表现内容,展现长乐公园作为西安"城市森林公园"、城东区域的"绿肺"的重要地位。明确表现站点地域环境信息,体现西安生态之美。
胡家庙站 HUJIAMIAO ZHAN	胡家庙站位于西安市碑林区东二环与长缨路交叉口西北侧。站点以文化遗存为创作主题,以附近现存庙宇为设计元素,表现站点信息,展现现代西安在高速发展中的人文情怀。
辛家庙站 XINJIAMIAO ZHAN	辛家庙站图标以生态为主题,汉代上林苑部分景观为表现内容,体现汉唐时期皇家园林的悠然。表达站点内涵信息,体现西安对生态环境的关注。
广泰门站 GUANGTAIMEN ZHAN	广泰门站位于西安市未央区广安路与广运潭大道交叉口西侧。站点以历史文化遗存为创作主题,以唐代广泰庙为元素进行设计,明确表达站点内涵文化历史信息,展现古都西安深厚的文化底蕴。

续表

标识图像符号	符号释义
桃花潭站 TAOHUATAN ZHAN	桃花潭站图标以生态为创作主题，以桃花、潭水为主要表现内容，表现桃花潭美景。明确表达站点周边环境信息，体现西安对生态环境的重视。
香湖湾站 XIANGHUWAN ZHAN	香湖湾站位于西安市灞桥区灞河以北800米，东三环路西侧，以地标性建筑长安塔进行设计，明确表达站点地域环境信息，展示西安文化名城的风采。
后卫寨 HOUWEIZHAI	后卫寨站是一号线西端起始站，是西安市的西大门。该区域过去是驻军守卫的古村寨，图标以古寨大门、士兵铠甲为元素，结合印章外形进行设计，表现站点文化特征。
皂河站 ZAOHE ZHAN	皂河站位于阿房北路—西三环三桥立交交汇处（铁路专用线西侧）。皂河原是潏河的支流，为"八水绕长安"中的八水之一。本站以皂河风光为设计元素，体现出站点的景观特征。
枣园站 ZAOYUAN ZHAN	枣园站位于枣园东路与枣园北路交叉口，是丝绸之路沿途经过的地方。本站以丝路贸易为设计元素，传达站名信息。
汉城路 HANCHENGLU	汉城路站位于汉城北路与枣园路十字，附近有城西客运站、汉城湖公园和汉长安城，现为西安市西向对外交通枢纽。本站针对站名特点，对历史典故进行提炼设计，传达了站名信息。
开远门 KAIYUANMEN	开远门站位于长安城（外郭城）开十二座城门的南北方向，现今只剩遗址，位于西安西郊的大土门村。本站根据史料记载，对历史遗迹进行提炼设计，明确传达站名信息。
玉祥门 YUXIANGMEN	玉祥门位于西安城墙西门以北。当年为纪念冯玉祥将军解西安城之围，将新凿之城门命名为"玉祥门"，是古城西北一重要交通孔道。本站以玉祥门和祥云为设计元素，进行图标设计，表现站名地理位置特点。

续表

标识图像符号	符号释义
洒金桥 SAJINQIAO	洒金桥站位于莲湖路与西北三路十字，现今为商业繁荣、人口密集的多民族聚集区。古时为运输粮食要道，散落的粮食如同黄金，因故得名。图标选用历史典故为设计元素，清晰明确地表现了站名信息。
通化门 TONGHUAMEN	通化门站以文化遗存为创作主题，以天子亲临、饯别送行的场景为主要表现内容，展现天子送别时的不舍情怀。明确表达站点文化历史价值，体现古都西安深厚文化底蕴。
万寿路 WANSHOULU	万寿路站位于长乐路与万寿路十字，现在该区域为商业文化区。图标以站点周围的古代建筑万寿寺塔为主要元素进行设计，表现站点地域环境信息。
长乐坡 CHANGLEPO	长乐坡站位于长乐路与长十路（规划中）路口。据史料记载，隋文帝杨坚曾在路北侧建长乐宫，并于长乐东路南侧建望春亭。图标以长乐坡"望春亭"为元素进行设计，表现站点的地域环境信息。
浐河站 CHANHE ZHAN	浐河站位于浐河以东、长乐东路与东三环十字西南侧。浐河是"八水绕长安"八水之一。浐河绕西安之东，是陕西省境内的一条河流，灞浐水系的最大支流。图标设计以浐河大桥为元素、浐河的自然风光为题材进行设计，传达站点地域环境信息。
半坡站 BANPO ZHAN	半坡站位于纺北路与纺西街交叉口。半坡文化属于黄河中游的原始文化，半坡博物馆是我国珍贵的文化遗产，位于陕西省西安半坡村。图标设计以半坡博物馆为元素进行设计，传达站点地域环境信息。
纺织城 FANGZHICHENG	纺织城站为地铁一号线终点站，位于纺北路与纺渭路十字。纺织城东向连接西潼高速、西潼公路、西蓝高速、西韩公路等，是西安市东向对外交通枢纽。图标设计以汉服和线轴为元素进行设计，传达站点地域环境信息。

西安地铁 1、2、3 号线部分人文景观墙艺术品

运动公园站——《律动之风》

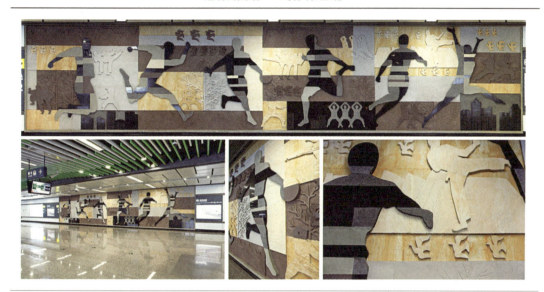

作品采用现代装饰艺术手法、石材拼贴技术和散点构图方式塑造多种运动人物的动态造型，体现健康、向上、拼搏的主题。

运动公园站——《扇舞》

作品以陕西民间剪纸为题材，采用不锈钢切割烤漆工艺、浓烈奔放的色彩表现人物欢度节日的热闹场景。

小寨站——《古韵新尚》

续表

作品以唐仕女演奏音乐为题材。采用大理石、花岗石及不锈钢制作而成。典雅、端庄的仕女形象隐现在花丛树荫中,古典美的艺术与现代商业文化的时尚气息,形成传统与现代审美的鲜明对照,象征西安古城悠久的传统与充沛的现代活力。

北大街站——《百变》

作品通过对传统文化符号唐代服饰的艺术加工,将唐代风尚和现代时尚进行时空对照,采用石材、紫铜与不锈钢三种材质语言,体现传统和现代文化的强烈碰撞,彰显古城西安的唐风遗韵。

钟楼站——《大秦腔》

浮雕以秦腔经典剧目《三滴血》为主,依次展现《周仁回府》《斩黄袍》《二进宫》《打镇台》以及秦腔丑角戏《捉鹌鹑》。六组浮雕意趣横生,彩绘汇聚了老生、武生、花旦、大丑等秦腔典型人物造型。背景脸谱和鲁迅为近在咫尺的著名剧社——易俗社所题《古调独弹》,更加彰显西安所拥有中国古老秦腔剧种的魅力无限与源远流长。

续表

南稍门——《书塔》

作品以现代装饰艺术手法，将"书"的造型符号化，融入汉字笔画和传统纹样构成"塔"的形象，古朴厚重的画面彰显古都的人文特征。

会展中心站——《城市魔方》

作品结合站点"对外交流"的功能特征，从传统建筑中提取"斗栱"元素，进行艺术加工。传统和玺彩绘、现代城市模块和绿色植物相互穿插，形成色彩绚丽、装饰感极强的现代壁画，表现城市人文与生态和谐发展的理念。

三爻站——《天地合一》

作品结合站点特征，将金、木、水、火、土等传统元素融入太极的造型中，讲述阴阳相生、万物轮回等朴素的哲学观念，展示绿色发展中的人文西安。

续表

航天城站——《蓝色畅想》

作品采用综合材料,通过装饰性的线条形成波光潋滟的光影效果,生动地再现了古城西安的月夜美景。

后卫寨站——《古都新区》

作品以建设西咸新区为主题,将渭河作为轴心,古城建设发展为时空轴线,采用不锈钢和景泰蓝材料,以现代装饰手法描绘了新区生态之美。寓意打造绿色西咸、加速古城西安国际化大都市建设的信心与愿景。

皂河站——《归园田居》

作品以"生态西安"为主题,采用传统砖雕和金属嵌丝工艺,通过描绘"城在田中,园在城中,城田相融"的发展愿景,表达了和谐共融的西安田园新风貌。

劳动路站——《蔚蓝产业》

作品以"生态经济产业"为主题,采用现代装饰艺术手法,结合金属锻造和烤漆工艺将科技产业与劳动路特有的生态林带相融合,表达了古城西安蓬勃向上的科技发展潜力和愿景。

续表

万寿路站——《长寿终南》

作品以终南山风光为创作构思,以传统水墨的形式表现山水之美,采用不锈钢、马赛克等现代材料,使用现代装饰艺术语言,体现"天人合一的山水长安"的创作主题。

青龙寺站——《长安春深》

作品以丝绸之路文化传播为创作主题,着重描绘青龙寺院的雄伟和樱花盛开的美丽景象,同时融入丝路沿线阿富汗民族的标志性建筑,以花海春深的静谧氛围表达丝绸之路文化内涵的深远意义。

丈八北路站——《五彩荣光》

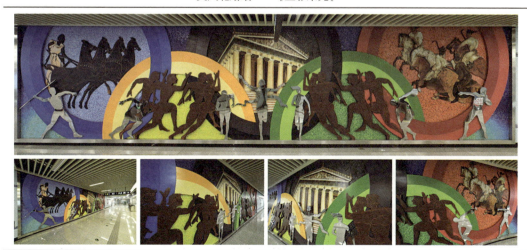

续表

作品以古今中外体育运动为创作素材，以奥林匹克五环与巴特农神庙作为背景，提炼古希腊瓶画、中国马球图等元素并结合现代运动形象，表达和平、友谊、开放、包容、进取的丝绸之路精神文明为世界繁荣所带来的积极意义。

延平门站——《方外睦友》

作品以丝绸之路沿线俄罗斯民族文化为创作素材，通过标志性建筑、芭蕾舞、套娃、航天和能源等经典文化符号，集中体现中、俄两国在"丝路经济带"建设中的深厚友情、经济交流和创新发展愿景。

科技路站——《丝路翩跹》

作品以唐代流行的胡旋舞体现"回风乱舞当空霰"的乐舞场景，结合丝绸之路沿线土耳其民族文化蓝色清真寺、地毯及中国丝绸等标志性符号，展现两国文化、贸易交流的深远友情。

长乐公园站——《丝路百戏》

续表

作品以古代百戏中的乐舞杂技表演为创作素材，通过对马术、顶缸、喷火、转碟等表演形象的描绘，结合丝绸之路沿线文明古国巴比伦的代表性符号，如城门、彩色琉璃砖、狮子等元素，集中表达两国丝路文明的源远流长和深远影响。

通化门站——《金花秋韵》

作品以写意的色彩和装饰的花鸟，抒写大都市中的一缕缕自然情怀。

北池头站——《丝路易宝》

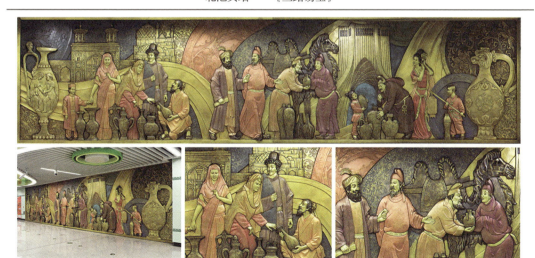

作品以丝绸之路上的贸易畅通为创作素材，通过对丝路沿线伊朗民族的典型器皿、纹样和清真寺等标志性符号的描绘，表达西域商人进行贸易交流的热闹场景，展现古丝绸之路上的繁荣经济和深远友情。

西安地铁1、2、3号线空间景观符号和功能设施符号

空间景观符号——顶棚

空间景观符号——柱子

续表

空间景观符号——站外立柱

空间景观符号——穹顶

空间景观符号——出入口

续表

功能设施符号——公共座椅、自动售票机、闸机

功能设施符号——车厢广播、线路图、车厢座椅

功能设施符号——垃圾桶、票务中心、无障碍电梯

结语

结语

地铁公共艺术是城市建设发展中不可或缺的永续性内容，只要地铁存在，地铁公共艺术就存在，它是城市地铁共生共融的有机整体之一部分。

回顾过去，地铁出现之初，其设计之所以受到人们批评和谴责，就是因为它过分强调理性主义和功能主义设计，忽视了对人性、艺术和生态的关注，而走上了高度理性化、冷漠化和功能化的道路。

思考当下，随着高科技的迅猛发展，城市化进程的加快，优先发展以地铁为主的城市轨道交通网络，奠定了构建和谐社会的城市生态环境、可持续发展的基础。以地铁为主要特征的公共交通系统成为生态城市建设的有力措施，人们逐渐认识到城市中地铁文化形象的重要性。借助立体交通技术，地铁成为向人们展现现代技术的一种新的时空文化形象。地铁已不仅仅是交通工具，也是重要的体验城市文化的象征符号。新时代的地铁公共艺术是快捷而方便的文化符号，立体交通体系的时空文化符号，城市历史记忆的文化符号，它为人们提供更多情感和心理等多方面的享受，是将使用价值、文化价值和审美价值融为一体的象征环境符号。

展望未来，我国地铁正在步入高速发展的第二个十年阶段。前十年的建设中，在首先进入地铁网络的北京、上海、广州和深圳等城市，地铁已经成为人们日常生活不可或缺的公共空间和场所，其大规模的工业化建设技术和方式已经相对完善和成熟。但是，我国地铁空间缺失城市记忆、寻路难、换乘麻烦等问题，已经成为摆在人们面前的社会问题。第二个十年，地铁建设需要着重解决地铁空间当中的人文关怀问题，实现从技术到人文的跨越。

从世界地铁发展轨迹中，从乘客心理角色的转变以及人的需求心理来看，我国地铁建设正在从"功能地铁"走向"人文地铁"转型的关键阶段。如何把握历史时机，在这关键的转型阶段，从"以人为本"出发，创造一个符合人性生存的地下生存环境，为我国城市地铁空间提出全新的设计观点、理论依据和方法应用，成为本书研究的核心内容和价值所在。

本书以理论结合实践、多学科交叉、纵横比较和归纳为研究方法，采用中、西意义符号学作为理论研究工具，从地铁站域空间切入，全面深入探索地铁空间艺术符号的设计理论和方法。主要研究内容归纳为以下几点：

1．理论层面提出以下观点

（1）"功能地铁"符号转向"人文地铁"符号

从"人—地铁空间—站域城市空间"之间的相互"依存"关系与车站空间的基本属性中，提出具有地域性"城市文化意象"的象征符号是地铁车站空间不可或缺的重要组成部分。因为车站空间具有两次意指功能，初始功能是完成车站技术文化对象，二次功能完成内涵站域城市文化意象，两次意指功能共同构成一个完整意义的站域空间符号，即形成"两面一体"的结构关系。地铁空间从单一的交通功能转向"人文地铁"符号功能的观点，对我国地铁建设具有重要现实性和理论意义。

从"人—艺术符号—站域空间"之间环境"行为"互动关系中，提出地域性"站域城市文化"这一象征意义的符号，是拉近地上与地下有机联系的重要环境信息，也是地铁车站空间整体文化符号的重要价值景观组成。因为艺术符号的功能是"以图化解"地铁站域空间概观和环境认知的意义符号：一是图解车站空间布局的交通初始功能；二是图解站域空间城市意象的象征功能。两次图解功能共同构成符号空间完整的艺术特质。因此，具有地域人文特质的公共艺术符号更容易让使用者建立"方向感、定位感和归属感"。

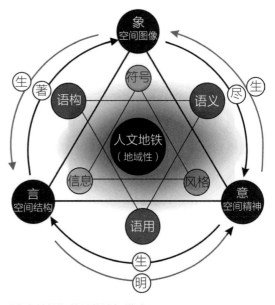

"人文地铁"符号的认知模式

从"人—艺术符号—地铁空间"的"设计"组织活动关系中,提出公共艺术设计是由第一因的"意"而起,又以第一因的"意"而终,并且是以"地域性意义符号"为本质,而产生的符号"象"识别和信息"言"的整体设计理论观点。

通过国内外经典案例和个案实践的比较分析,以及对中国传统哲学"意↔象↔言"固合理论与设计符号学理论的研究,指出"意"是指具有自我城市个性、线路主题文脉或站域特殊历史文脉的象征符号,且与站域空间视觉语义相互统一的艺术性象征符号。在"意"统摄下形成的地铁符号空间,能够改善使用者对地下封闭空间的负面印象,增强使用者出行中的"亲切感、认同感、体验感和新奇感"。

(2)国际通用图形与地域文化图形"和谐共生"的理想发展模式

与世界相比,中国地铁建设处于高速发展的初级阶段。有很多城市地铁的艺术设计只是追求国际版本或国家版本,以为只要使用了国际规范和国家标准就达到了国际设计水平。这种"存其象不得其意,用其技不求其道"的现象,忽略了自身城市特征、线路特征、站点特征,以及自我城市内涵的审美判断,因而失去了艺术设计的真正价值和意义。

在世界范围内,以及西安地铁实践研究中发现,地铁公共艺术设计既要普及使用国际通用图形,又要强调代表地方城市地域文脉或站域文脉特征的图形设计,形成二者相互补充、和谐共生的设计模式。国际"同一性"图形与地方"异同性"图形相互融合的公共艺术符号,既有利于站域识别,又可以增强城市线路的个性表达,是我国地铁建设可借鉴的一种理想发展模式。

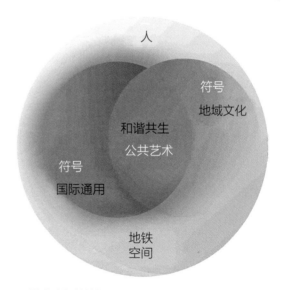

"和谐共生"的地铁公共艺术理想发展模式

因此得出,在经济全球化时代,从可持续发展以及"人文关怀"的设计角度出发,可将"国际通用图形与地域文化图形"有机、合理、适度地整合起来,以"和谐共生"的设计态度和立场,让我国地铁建设尽早摆脱固有的"标准化"观念的束缚,尽快走上国际视野的发展轨道。中国的设计人员应以创新设计精神协助相关政府管理部门共同完成这一任重道远的使命,使得地铁建设成为城市人引以为豪的形象工程,而不至于失去地铁所特有的长久"历史美学"价值属性和特征。

（3）"地域性意义符号"是地铁公共艺术设计核心主体

首先，在世界经典地铁纵向发展脉络下的横向对比中，可以发现不同地域文化及不同社会体制，其地铁空间符号所呈现的价值取向有明显差异。城市地铁所展现的整体面貌，背后存在着政治、经济、科技、文化、艺术等多种社会因素影响，同时正是因为这些因素约定，才形成了不同城市地铁空间符号的地域特征，成为认识城市精神内涵和提升城市文化形象的重要传播媒介。

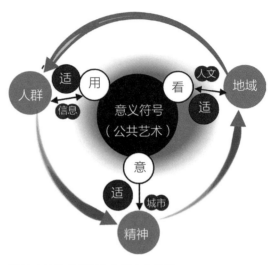

地铁公共艺术的研究价值取向示意

其次，从设计立场、态度和责任的角度考虑，设计者对广大乘客负责、对时代地铁建设负责、对地铁百年运营负责，需要提高自身设计水平，创新设计观念，从创"意"着手，"适事造物"，客观面对地铁为城市空间带来的新格局，既要适应"事"的变化而去设计"物"，也要"适物造事"，应事而去造物，利用新技术、新工艺、新材料让中国城市地铁公共艺术设计适应新的环境需求。

再者，从需求心理、人文关怀、地下空间的角度考虑，设计必须满足人的物质与精神双重需求。地铁公共艺术设计是通过有形"物质态"的"象"去呈现无形"精神态"的"意"，既要表达客体对象站域空间的交通特征，又要传达站域空间的精神内涵，在由"象"到"意"的过程中，"象"为表层物态，而地域性城市文化的"意"为深层设计目的。

由此提出，以"地域性意义符号"为设计核心主体，围绕适合的"意"创造具有站域城市意象的"地域性"象征符号是新时代地铁艺术符号设计的终极目标。在此基础上，形成"信息、符号、地域性语义"的三位一体整体理论研究体系。在"地域性意义符号"理论思想统筹下，三者互为整体且紧密相间，形成完整的地铁公共艺术设计体系价值取向。适合的"地域性意义符号"设计理论对我国地铁建设"文化趋同和特色危机"的设计现状能给予一定的理论指导，并且有一定的实践推广意义。

2. 识别设计层面提出以下三点实践方法

（1）通过世界地铁经典案例分析及西安地铁艺术设计实践，得出在指示性符号、图像性符号和象征性符号三者的比较中，使用者对象征性符号更加喜爱和满足。因此，加强对站域城市文脉的象征符号视觉识别力度，可增强站域城市空间的归属感、体验感和认同感。

（2）通过艺术符号"象"的基本视觉要素"形"和"色"、"图"和"文"以及"景"的语义设计，可达成对站域城市历史、自然、文化的信息互换。因此，提出利用地域性的三个基本设计语义："形色达意"、"图文解意"、"观景得意"，这是形成"地域性意义符号"核心主体设计的具体措施和方法。

（3）在国际通用符号的使用下融合地域文化符号，挖掘地域文化的象征符号，形成差异性艺术符号，并贯穿全线成为统一的整体视觉形象。

3. 语义与风格设计层面提出以下三点要义

随着地铁角色的转变，地铁不但是城市的重要交通工具，同时也是解读城市文脉和站域文脉以及传播城市记忆的标志物。地铁公共艺术设计始终是以有形的符号"象"传递出无形的城市精神内涵"意"的表征之社会活动。需要做到以下几点：

（1）地铁公共艺术不能缺少对符号"解释域"内涵意义的设计。"内涵站域城市精神"的符号识别是设计的最终目的和意义。需要满足七个适意的解释项要求：适合人、适合时代、适合城市、适合线路、适合站域、适合地下、适合主题。

（2）地铁公共艺术设计不能缺少艺术风格的语义设计。地铁新时代公共艺术语义设计，已经不再是"形式追随功能"，而是"形式表达功能"的新现代主义设计语义特征。公共艺术设计从单纯的功能形式走向与地下空间整合的灵活的语义设计方向。一方面，艺术符号与空间要素，如顶棚、地面、柱体以及各个功能设施需要紧密结合，可让艺术符号形成格式塔"完形"的视觉认知；另一方面，车站空间因为艺术符号因素的灵活融入，可使得空间更加开敞且整体，艺术且趣味，体验且易识别。

（3）利用视觉图形编码组织的统一性、规范性特征，充分调动文字、图形、色彩、形态及景象艺术的视觉识别要素，来增强城市、线路、站域和车站之间定位关系，突出线路和站点文化识别性，形成地上、地下有机联系的整体艺术风格。

以上是针对地铁空间艺术符号设计的"理论—实践—方法"研究的核心内容。

设计是研究人为事物的物中之事、事中之理的科学，本书以地铁符号空间的"心理""物理""事理"为研究线索，提出"地域性意义符号"这一"意理"作为地铁公共艺术设计的价值观，进而构建以"地域性"为主体的"可意谓城市文化内涵"理论研究，形成了主观"地域性意义符号"理论思想为支配和统摄的多维度共同集合的有机整体研究。然而，对于地铁公共艺术的"地域性意义符号"的理论研究，是以"意"为核心的体系研究，也是永无止境的研究课题。因为这里的"意"是隐含不露的，是智慧、是思想、是奇迹，也是神话。随着科技的发展，社会的进步，需要设计人员将"地域性意义符号"作为地下空间与站域城市空间相互关系的判断依据和设计创新，以不断探索社会文化、生态环境、人的行为需求、情感需求的动因和相互关系作为寻求"意"的平衡点，以创造性、可持续性的态度为人类设计出更为"适合城市意象"的城市地铁公共空间环境。

主要参考文献

原文译著

[1] [美]凯文·林奇著.城市意象[M].北京：华夏出版社，2001.
[2] [日]芦原义信著.外部空间设计[M].伊培桐译.北京：中国建筑工业出版社，1985.
[3] [法]罗兰·巴尔特著.符号学原理[M].李幼蒸译.北京：中国人民大学出版社，2008.
[4] [德]恩斯特·卡西尔著.人论[M].李化梅译.北京：西苑出版社，2009.
[5] [美]L. A. 怀特.文化的科学[M].山东：山东人民出版社，1988.
[6] [瑞]索绪尔著.普通语言学教程[M].高名凯译.北京：商务印书馆，1980.
[7] [德]马克斯·本泽，伊丽莎白·瓦尔特著.广义符号学及其在设计中的应用[M].北京：中国社会科学出版社，1992.
[8] [美]阿摩斯·拉普卜特著.文化特性与建筑设计[M].常青等译.北京：中国建筑工业出版社，2004.
[9] [英]G. 勃罗彭特著.符号、象征与建筑[M].乐民成等译.北京：中国建筑工业出版社，1988.
[10] [德]马丁·海德格尔著.存在与时间[M].陈嘉映等译.上海：生活·读书·新知三联书店，2006.
[11] [意]乌猛勃托·艾柯著.符号学理论[M].卢德平译.北京：中国人民大学出版社，1990.
[12] [挪]诺伯舒慈著.场所精神[M].施植明译.武汉：华中科技大学出版社，2010.
[13] [英]E. H. 贡布里希著.秩序感[M].范景中等译.长沙：湖南科学技术出版社，2005.
[14] [美]亚伯拉罕·马斯洛著.动机与人格[M].许金声等译.北京：中国人民大学出版社，2007.
[15] [英]弗兰克·惠特富德.包豪斯——BAUHAUS[M].北京：生活·读书·新知，2001.
[16] [英]肯尼斯·鲍威尔著.伦敦地铁——银禧延长线[M].吴晨译.北京：中国建筑工业出版社，2008.
[17] [美]维克多·帕帕奈克著.为真实的世界设计[M].周博译.北京：中信出版社，2003.
[18] [德]黑格尔著.美学[M].朱光潜译.北京：商务印书馆出版，2012.
[19] [瑞士]皮亚杰.发生认知论原理[M].北京：商务印书馆出版，2011.
[20] [美]库尔特·考夫卡著.格式塔心理学原理[M].李维译.北京：北京大学出版社，2010.
[21] [美]涂纪亮编.莫里斯文选[M].涂纪亮译.北京：社会科学文献出版社，2009.
[22] [美]苏珊·朗格著.艺术问题[M].滕守饶译.南京：南京出版社，2006.
[23] [意]克罗齐（Croce, B.）著.美学原理[M].朱光潜译.上海：上海人民出版社，2007.
[24] [美]格兰尼，[日]尾岛俊雄著.城市地下空间设计[M].许方等译.北京：中国建筑工业出版社，2004.
[25] [丹麦]盖尔著.何人可译.交往与空间[M].北京：中国建筑工业出版社，2002.
[26] [美]鲁道夫·阿恩海姆著.视觉思维[M].滕守尧译.成都：四川人民出版社，1998.
[27] [美]马克·第亚尼著.非物质社会——后工业世界的设计、文化与技术[M].滕守尧译.成都：四川人民出版社，1998.
[28] [美]罗伯特·文丘里著.建筑的复杂性与矛盾性[M].周卜颐译.北京：知识产权出版社、中国水利水电出版社，2011.

[29] [德] 胡塞尔著. 纯粹现象学通论 [M]. 李幼蒸译. 北京：商务印书馆，2012.

[30] [日] 足立喜六著. 长安史记研究 [M]. 王双怀等译. 西安：三秦出版社，2003.

[31] [法] 勒·柯布西耶著. 明日之城市 [M]. 李浩译. 北京：中国建筑工业出版社，2009.

[32] [美] 大卫·吉布森著. 导视手册——公共场所的信息设计 [M]. 王晨辉. 周洁译. 沈阳：辽宁科学技术出版社，2010.

[33] [德] 克里斯蒂安·隆格著. 城市导视——城市公共指引系统 [M]. 王婧译. 沈阳：辽宁科学技术出版社，2010.

[34] [英] 杰里米·安斯利著. 设计百年——20 世纪平面设计的先驱 [M]. 蔡松坚译. 北京：中国建筑工业出版社，2005.

[35] [英] 查尔斯·詹克斯著. 后现代建筑语言 [M]. 李大夏译. 北京：中国建筑工业出版社，1986.

[36] [德] 菲利普·莫尼泽，达妮埃拉·波加德著. 导视空间——建筑与交流设计 [M]. 姜峰等译. 沈阳：辽宁科学技术出版社，2005.

[37] [英] 路易斯·维达尔编. 城市轨道交通设计手册 [M]. 杨子玉等译. 沈阳：辽宁科学技术出版社，2013.

中文原著

[38] 杨冰著. 地铁建筑室内设计 [M]. 北京：中国建筑工业出版社，2005.

[39] 范文莉著. 当代城市空间发展的前瞻性理论与设计 [M]. 南京：东南大学出版社，2011.

[40] 李志民、王琰著. 建筑空间环境与行为 [M]. 武汉：华中科技大学出版社，2009.

[41] 苟志效著. 意义与符号 [M]. 广州：广东人民出版社，1999.

[42] 叶秀山著. 思·史·诗 [M]. 北京：人民出版社，2010.

[43] 谢松龄著. 天人象 [M]. 济南：山东文艺出版社，1989.

[44] 刘君祖著. 详解周易·系辞传 [M]. 北京：新星出版社，2001.

[45] 胡飞，杨瑞编著. 设计符号与产品语意 [M]. 北京：中国建筑工业出版社，2003.

[46] 张庆贺，庄荣等主编. 地铁与轻轨. [M]. 北京：人民交通出版社，2006.

[47] 侯幼彬著. 中国建筑美学 [M]. 哈尔滨：黑龙江科学技术出版社，1997.

[48] 徐恒醇著. 设计符号学 [M]. 北京：清华大学出版社，2008.

[49] 许平著. 造物之门 [M]. 西安：陕西人民美术出版社，1998.

[50] 刘茵茵编著. 公众艺术及模式：东方与西方 [M]. 上海：上海科学技术出版社，2003.

[51] 杨子葆著. 艺术进站 [M]. 台北市："行政院"文化建设委员会.1994.

[52] 张宪荣著. 设计符号学 [M]. 北京：化学工业出版社，2004.

[53] 戴力农著. 当代设计研究理念 [M]. 上海：上海交通大学出版社，2009.

[54] 张春兴著. 认知心理学 [M]. 浙江：浙江教育出版社，2004.

[55] 向帆著. 导向标识系统设计 [M]. 南昌：江西美术出版社，2009.

[56] 李兆友著，王建主编. 地铁与城市 [M]. 沈阳：东北大学出版社，2009.

[57] 阮仪三，王景慧著. 历史文化名城保护理论与规划 [M]. 上海：同济大学出版社，1999.

[58] 马琳著. 中国书法这棵树 [M]. 上海：上海书店出版社，2004.

[59] 广东省教育厅教研室编，张海解析. 勤礼碑 [M]. 广州人民出版社，2009.

[60] 林玉莲、胡正凡编著. 环境心理学 [M]. 北京：中国建筑工业出版社，2006.

[61] 朱文一. 城市·空间·符号 [M]. 北京：中国建筑工业出版社，2010.

[62] 周进. 城市公共空间建设的规划控制与引导 [M]. 北京：中国建筑工业出版社，2005.

[63] 陈志龙，刘宏. 城市地下空间总体规划 [M]. 南京：东南大学出版社，2011.

[64] 张春和著. 人·开敞空间·城市. 跨世纪城市规划师的思考 [M]. 北京：中国建筑工业出版社，1990.

[65] 边经卫著. 大城市空间发展与轨道交通 [M]. 北京：中国建筑工业出版社，2006.

[66] 耿永常、赵晓红编著. 城市地下空间建筑 [M]. 哈尔滨：哈尔滨工业大学出版社，2001.

[67] 杨子葆著. 世界经典城铁建筑 [M]. 北京：生活·读书·新知三联书店，2006.

[68] 姜晨光主编. 地铁工程建造技术 [M]. 北京：化学工业出版社，2010.

[69] 朱自强主编. 城市轨道交通建设项目管理指南 [M]. 北京：中国建筑工业出版社，2009.

[70] 王洪义. 公共艺术概论 [M]. 杭州：中国美术学院出版社，2007.

[71] 王中著. 公共艺术概论 [M]. 北京：北京大学出版社，2014.

[72] 翁剑青著. 公共艺术的观念与取向 [M]. 北京：北京大学出版社，2002.

[73] 何小青著. 公共艺术与城市空间建构 [M]. 北京：中国建筑工业出版社，2013.

[74] 周成璐著. 公共艺术的逻辑及其设计场域 [M]. 上海：复旦大学出版社，2010.

[75] 武定宇著. 地铁公共艺术创作：从观看到实践 [M]. 北京：海洋出版社，2016.

[76] 刘皆谊. 城市立体化视角：地下街设计及其理论 [M]. 南京：东南大学出版社，2009.

[77] 刘大基. 人类文化及生命形式——恩·卡西勒、苏珊·朗格研究 [M]. 北京：中国社会科学出版社，1990.

[78] 童林旭. 地下建筑图说 100 例 [M]. 北京：中国建筑工业出版社，2007.

[79] 童林旭. 地下空间与城市现代化发展 [M]. 北京：中国建筑工业出版社，2005.

[80] 张家梅. 言意之辨与魏晋美学话语生成 [M]. 长沙：岳麓书社出版社，2007.

[81] 朱自强主编. 城市轨道交通建设项目管理指南 [M]. 北京：中国建筑工业出版社，2009.

[82] 李乐山. 设计调查 [M]. 北京：中国建筑工业出版社，2007.

[83] 冯健主编. 城市社会的空间视角 [M]. 北京：中国建筑工业出版社，2010.

[84] 陈立道、朱雪岩编著. 城市地下空间规划理论与实践 [M]. 上海：同济大学出版社，1997.

[85] 陈必壮等编著. 轨道交通网络规划与客流分析 [M]. 北京：中国建筑工业出版社，2009.

[86] 刘皆谊. 城市立体化视角：地下街设计及其理论 [M]. 南京：东南大学出版社，2009

[87] 郭泳言. 城市色彩环境规划设计 [M]. 北京：中国建筑工业出版社，2006.

[88] 吴良镛. 广义建筑学 [M]. 北京：清华大学出版社，2011.

[89] 李当岐主编 .2008 博士、硕士研究生学位论文集 [M]. 北京：清华大学美术学院，2008.

[90] 周至禹. 思维与设计 [M]. 北京：北京大学出版社，2007.

[91] 李泽厚. 美学三书 [M]. 天津：天津社会科学院出版社，2003.

[92] 郭晓阳，王占生编著. 地铁车站空间环境设计 [M]. 北京：中国水利水电出版社，2014.

[93] 尹思谨著. 城市色彩景观规划设计 [M]. 南京：东南大学出版社，2004.

[94] 王受之著. 世界现代设计史 [M]. 北京：中国青年出版社，2002.

[95] 王受之著. 世界平面设计史 [M]. 北京：中国青年出版社，2002.

期刊及学位论文

[96] 吴志强. 世博规划中关于"和谐城市"的哲学思考 [J]. 时代建筑，2005（5）.

[97] 高华平. "言意之辨"与魏晋之学理论的新成就 [J]. 华中师范大学学报（人文社会科学版），2001，40（2）.

[98] 孙伟. 上海申通地铁集团可持续发展战略研究 [D]. 上海：上海交通大学，2010.

[99] 牛力. 建筑综合体的空间认知与寻路研究 [D]. 上海：同济大学，2007.

[100] 师晟. 探索形状美与色彩美的互助因素 [J]. 动画大学学报（社会科学版），2003.

[101] 章莉莉. 地铁公共空间设计管理研究 [D]. 上海：上海大学博士学位论文，2013.

[102] 宋长青. 传统中的现代——雅典当代公共艺术一瞥 [J]. 装饰，随感，2009，192（08）.

[103] 牛瑞玲. 西安城市中轴线问题初探 [D]. 西安建筑科技大学，2005.

[104] 苗红磊. 中国传统建筑斗栱的结构美 [J]. 美术观察，2012.

[105] 李兵，郁舒兰，关惠元. 产品语意塑造的原则及应用 [J]. 包装工程，2009（2）.

[106] 丁媛媛. 产品设计中形态语意的解读 [J]. 艺术与设计（理论），2009（6）.

[107] 巫建，王宏飞. 产品形态与工业设计形态观的塑造 [J]. 设计艺术，2006（1）.

[108] 汤雅莉，马珂. 西安历史街区地铁车站的站名图形设计 [J]. 装饰，2011（9）.

[109] 卢济威，郑正. 城市设计及其发展 [J]. 建筑学报，1997（6）

[110] 卢国英. 地铁标识设计系统研究 [D]. 同济大学建筑与城市规划，2004（5）.

[111] 秦应兵. 城市轨道交通对城市结构的影响因素分析 [J]. 西南交通大学学报，2000（6）.

[112] 朱其. 中国城市的公共艺术与文化空间. [J]. 城市管理，2005（1）.

[113] 章莉莉. 地铁公共艺术的时空观. [J]. 装饰，2011.

[114] 向帆. 公共图形符号理解度调查研究——广州地铁公共图形符号的分析及再设计 [J]. 装饰，2008（6）.

[115] 苏婧为. 书法字体在地铁导向标识系统中设计与应用研究 [D]. 西安建筑科技大学，2012.

[116] 汤雅莉，杨豪中，田丹丹. 西安城铁二号线导向信息设计的视认读方法与技术参数研究 [J]. 装饰，2010（11）.

[117] 汤雅莉，杨豪中，袁俊雅. 地铁导向标识系统的产品形态设计 [J]. 西安建筑科技大学艺术学院，2011（5）.

[118] 汤雅莉，乔征，田丹丹. 某城市地铁站地下建筑导向标识的设计 [J]. 工业建筑，2012，4（468）.

[119] 汤雅莉，李曌鑫. 浅析书法字体设计中的轴线理论的应用 [J]. 艺术与设计，2013，6（260）.

[120] 汤雅莉，张静. 西安历史街区地铁车站"站名标识"的使用后评价研究 [J]. 西安科技大学学报，2013（12）.

[121] 董玉香，夏海山，鲍英华. 莫斯科地铁站地下空间装饰艺术 [J]. 中国建筑装饰装修，2011（1）.

[122] 章莉莉. 上海地铁公共艺术发展规划研究 [J]. 公共艺术，2013（7）.

[123] 李露，袁荷. 公共艺术是一种新的文化取向——王中访谈 [J]. 公共艺术，2015（11）.

[124] 何小青，罗曼. 公共艺术的介入——城市环境的"设计触媒" [J]. 艺术科技，2004（44）.

[125] 卢济威. 新时期城市设计的发展趋势 [J]. 上海城市规划，2015（2）.

[126] 孙迟，王霄. 城市地铁空间公共艺术探析 [J]. 设计，2015（9）.

[127] 刘中华，周妮. "跨领域"的公共艺术——王大伟教授访谈录[J]. 创意设计源，2016（3）.

[128] 陆伟伟，周颖等. 城市地域文化在地铁站中的表达研究[J]. 城市轨道交通，2014（2）.

[129] 李建盛. 北京公共艺术与首都城市文化建设[J]. 北京联合大学学报（人文社科学报），2014，12（2）.

[130] 卢斌，余其彦. 公共艺术介入地铁空间的必要性及其原则——武汉地铁公共艺术发展向度研究[J]. 湖北美术学院学报，2013（4）.

[131] 祝菊贤. 魏晋玄学言意、名实之辩与中古时代科学知识的创新[J]. 唐都学刊，2010，26（1）.

[132] 陈波. 言意之辩：诠释与评论[J]. 西安建筑科技大学学报，2008，40（2）.

[133] 潘光花，田文华. 格式塔心理学关于记忆研究初探[J]. 沈阳教育学院学报，2008，10（1）.

[134] 潘磊. 皮尔士认识论的内在统一性[J]. 华中科技大学学报，2008，22（2）.

[135] 苑莉均. 语言哲学中的意义理论[J]. 北京社会科学，1991（1）.

[136] 刘同舫. 胡塞尔：意义理论及其根源的探求[J]. 沈阳师范大学学报（社会科学版），2003，27（1）.

[137] 李光程. 意义的推理论及其在价值表达式上的运用[J]. 世界哲学，2010（4）.

[138] 崔伟艳. 意义理论的当代走向研究[J]. 今日南国，2010（9）.

[139] 倪军. 城市文化视角下的城市设计探析[J]. 地域研究与开发，2010，29（3）.

[140] 殷晶波. 符号形式哲学：一把通达"理想世界"的钥匙——恩斯特·卡西尔《人伦》的启示[J]. 安徽文学，2008（12）.

[141] 褚冬竹，付剑桥. 城市环境敏感地段的"建筑·交通一体化"设计策略初探[J]. 华中建筑，2010（7）.

[142] 沈琰，范文兵. 轨道交通枢纽衔接部商业空间研究——以上海中山公园枢纽站域为例[J]. 华中建筑，2011（12）.

[143] 韩骥. 九宫格局[J]. 西安城市设计研究，2008.

原文书籍

[144] Lisa Baker. Level–1Contemporary Underground Stations of the World. Salenstein, Switzerland: Braun Publishing AG 2015.

[145] Torgny Ottosson. Map–Reading and Wayfinding. Published Goteborg, Sweden: Acta Universitatis Gothoburgensis, 1987.

[146] Romedi Passine. Wayfinding In Architecture[M]. Reissue: John Wiley & Sons Inc, 1992.

[147] Piet H L Bovy and Eliahu Stern. Route Choice：Wayfinding in Transport Netxorks. Netherlands, Dordrecht: Springer, 1990.

[148] Chris Calori. Signage and Wayfinding Design—A Complete Guide to Creating Environmental Graphic Design Systems. New Jersey, John Wiley&Sons Inc Hoboken, 2007.

[149] Paul, and Romedi Passini. Wayfinding: People, Signs, and Architecture. New York: McGraw–Hill Book Co., 1992.

[150] Gifford R. Environment Psychology：Principle and practices[M]. Boston: AIIyn and Bacon, 1987.

[151] 室井尚・吉岡洋著. 情報と生命—脳・コンピュータ・宇宙[M]. 东京：新曜社出版社，1993.

[152] 井口征士. 感性情報処理（ヒューマンコミュニケーション工学シリーズ）[M]. オーム社出版局，1994.

[153] 池上嘉彦. 記号論への招待（岩波新書）[M]. 出版社：岩波書店，1984.

[154] 松田隆夫. 視知覚 [M]. 出版社：培風館，1995.

[155] 福島邦彦. 視聴覚情報処理（基礎情報工学シリーズ）[M]. 出版社：森北出版，2001.

[156] 渡辺真. 造形芸術の記号論—作品と解釈 [M]. 出版社：勁草書房，1987.

[157] 橋元良明. コミュニケーション学への招待 [M]. 大修館書店，1997.

[158] 大山正. 視覚心理学への招待—見えの世界へのアプローチ（新心理学ライブラリ）[M]. 出版社：イエンス社，2000.

[159] 北橋忠宏. 知識情報処理 [M]. 出版社：森北出版，1997.

[160] 和歌山大学システム工学部デザイン情報学科，日本規格協会著. デザイン情報学入門 [M]. 出版社：日本規格学会，2000.

[161] 川野洋. 芸術・記号・情報（現代美学双書〈5〉）[M]. 出版社：勁草書房，1982.

[162] 田村紀雄. コミュニケーション学入門—進路とキャリア設計のために [M]. 出版社：NTT 出版，2003.

国家标准规范

[163] 公共建筑标识系统技术规范 GB/T 51223—2017.

[164] 标志用公共信息图形符号——第 9 部分：无障碍设施符号 [S] GB/T 10001.9—2008.

[165] 城市轨道交通照明 [S] GB-T 16275—2008.

[166] 城市轨道交通客运服务标志 [S] GB/T 18574—2008.

[167] 城市轨道交通客运服务 GB/T 22486—2008.

[168] 公共信息导向系统要素的设计原则与要求——第 1 部分：图形标志及相关要素 GB/T 20501.1—2006 [S].

[169] 公共信息导向系统要素的设计原则与要求——第 2 部分：文字标志及相关要素 GB/T 20501.2—2006 [S].

[170] 标志用公共信息图形符号——第 1 部分：通用符号 GB/T 10001.9—2006 [S].

[171] 图形符号表示规则设备用图形符号——第 1 部分：图形符号 GB/T 16902.1—2004 [S].

[172] 地铁设计规范 GB/T 50157—2013 [S].

[173] 安全色 GB 2893—2008 [S].

[174] 图形符号表示规则 GB/T 16900—1997 [S].

[175] 图形符号表示规则——标志用图形符号——第 1 部分：图形标志的形成 GB/T 16903.1—1997 [S].

[176] 图形符号表示规则技术文件用图形符号——第 1 部分：基本规则 GB/T 16901.1—1997 [S].

[177] 安全标志使用导则 GB 16179—1996 [S].

[178] 图形符号术语 GB/T 15565—1995 [S].

[179] 建筑设计防火规范 GB 50016.

[180] 城市轨道交通照明 GB/T 16275.

[181] 建筑照明设计标准 GB 50034.

[182] 印刷品用公共信息图形标志 GB/T 17695.

附录一：针对西安地铁 2 号线使用者及其寻路信息调查

尊敬的朋友，您好！我们正从事一项关于西安地铁使用人群的调查研究，您的回答对我们的研究非常重要，谢谢您的合作与参与！

访问时间：	访问员：	访问地点：

1 您的年龄_____
  □<18岁　　□18—25岁　　□25—40岁　　□40—60岁　　□60以上

2 您的性别_____
  □男　　□女

3 文化程度_____
  □小学　　□初中　　□高中　　□大学　　□硕士及以上

4 您是_____
  □本地居民　　□外来游客　　□暂住人口

5 您的职业范围_____
  A. 学生　　B. 服务人员　　C. 个体经商　　D. 教育/技工　　E. 财务/法律/金融
  F. 建筑/房地产　　G. 公务员　　H. 军人/警察　　I. 经营管理层　　J. 行政/人力资源
  K. 自由职业者　　L. 医疗/卫生/制药　　M. 其他

6 您一般选择什么出行方式？（多选）
  □步行　　□骑自行车　　□电动车　　□公交车　　□地铁
  □出租车　　□驾驶汽车

7 您经常来西安地铁站吗？
  □经常　　□偶尔　　□极少

8 您一般会在什么时间段乘坐地铁？
  □早晨（7点之前）　　□早高峰（7点—9点）
  □晚高峰（16:30—19:30）　　□夜晚（22:00—末班车）
  □不定时(其他时间段)

9 您一般乘坐地铁出行的目的是_____
  □上班通勤　　□上学　　□接送孩子上下学　　□旅游　　□购物
  □到火车站　　□到市中心　　□到医院　　□到邮局或银行　　□外出吃饭
  □休闲娱乐聚会　　□其他

10 您在地铁里的空间方向感如何？
　　□很好，明确所处方向　　　　□较好，比较好的明确方位
　　□一般，基本明确　　　　　　□很差，常迷失方向

11 您一般会在地铁内的什么地方迷失方向？（此题答案可多选）
　　□地铁出口处　□地铁入口处　□购票处　　□检票口　　□候车区
　　□楼梯扶梯处　□其他

12 您迷失方向的原因是？（此题答案可多选）
　　□自身方向感不够　　　□对地铁内环境不熟悉　　　□视力原因
　　□标识信息不好辨识　　□空间复杂特征不明显　　　□其他

13 您在迷失方向的情况下，主要通过何种方式进行寻路？（可多选）
　　□自己利用标志引导找寻　　□问询路人/工作人员
　　□跟随他人行进的方向　　　□其他

14 您认为地铁站引导标志对您帮助大吗？
　　□帮助很大　　□一般　　□毫无帮助

15 您能根据导向标识很快确定目的地吗？
　　□非常快　　□快　　□一般　　□慢　　□非常慢

16 在您行进过程中会遇到哪些困难？
　　□迷失方向　　□绕远路　　□无法找到方向/目的地　　□折返

17 在行进过程中对您寻路影响最大的因素是什么？
　　□环境　　□人流　　□标志物　　□导向标识

18 对于地铁空间内的导向标识您平均需要注视多长时间才能获取自我需要信息？
　　□快速(15秒以内)　　　　　□需要考虑（1分钟以内）
　　□困难，需询问他人（1分钟以上）

19 您自我寻路过程中，当多长时间未找到标识您会向他人求助？
　　□3分钟内　　□3—5分钟　　□5分钟以上

20 当发现引导信息无法识别时，您的反应是＿＿＿＿。
　　□原地继续寻找标识　　□跟随人流　　□向空间空旷地方移动
　　□问询他人　　　　　　□其他

21 您在地铁寻路过程中的感受是＿＿＿＿。
　　□很清楚怎么走　　□较清楚怎么走　　□不清楚怎么走

22 总体来说，西安地铁站空间及导向标识设计对您的寻路而言是_____。
　　□很容易找　　□有些困难　　□很难找

以下6道题目是针对特殊使用人群设定的，请您根据平时乘车的经历填写

23 在您乘坐地铁的过程中会经常遇见需要帮助的人吗？
　　□很少　　　□一般　　　□经常

24 您遇见需要帮助的人属于哪一类？
　　□老人　　　□孕妇　　　□儿童　　　□残疾人

25 您觉得下面哪种无障碍设施能更好地帮助到特殊人群？
　　□坡道　　　□无障碍扶梯　□无障碍电梯　□盲道

26 在通行过程中无障碍设施能使用吗？
　　□能使用　　□不能使用　　□没注意过

27 在盲道的设计上您认为是否合适？
　　□不适合　　□一般　　　□适合　　　□没注意过

28 对于弱势群体您认为还需要哪些技术支持？
　　□语音提示　□盲文提示　□工作人员引导

附录二：西安地铁钟楼站行动观察的行为分类记录表

观察场所	观察日期	观察时间段	票务	等待	定位	安全	携带	生理	通信	导识信息	审美观赏	尊重助人	文化选宣传	阅读娱乐	卫生	认知信息	休闲购物
站厅层	5月13日	星期一 2:00pm–2:30pm	354	494	54	432	102	0	58	95	4	34	0	6	7	64	0
站厅层	5月16日	星期四 9:00am–9:30am	300	15	6	165	90	0	3	15	0	6	0	30	17	6	0
站厅层	5月20日	星期一 7:30am–8:00pm	99	190	5	450	21	0	7	1	0	12	300	0	6	8	0
站厅层	5月24日	星期五 5:30pm–6:30pm	330	1623	54	612	153	0	90	201	9	6	0	81	24	27	0
站厅层	5月25日	星期六 11:00am–1:30pm	444	24	21	264	42	0	24	243	57	37	21	24	6	72	0
站厅层	6月1日	星期六 5:30pm–7:30pm	603	753	6	876	21	0	18	330	27	177	27	2	9	348	0
站台层	5月13日	星期一 2:00pm–2:30pm	0	300	6	8	80	34	88	9	34	9	6	60	17	50	0
站台层	5月16日	星期四 9:00am–9:30am	0	195	15	2	19	33	39	3	12	8	6	18	5	9	0
站台层	5月20日	星期一 7:30am–8:00pm	0	190	135	4	21	42	176	0	0	3	9	80	15	0	0
站台层	5月24日	星期五 5:30pm–6:30pm	0	837	81	4	148	21	66	6	1	8	42	222	12	24	0
站台层	5月25日	星期六 11:00am–1:30pm	0	480	180	5	39	106	63	12	0	6	114	120	12	15	0
站台层	6月1日	星期六 5:30pm–7:30pm	0	1023	207	6	27	57	54	9	0	6	135	228	12	7	1

附录三：西安地铁2号线标识系统使用后综合评价研究

（1）西安地铁2号线标识系统综合评价研究问卷

指导语：

亲爱的乘客，您好！我们想了解您对西安地铁2号线寻路标识的主观印象，以便知道您的评价，为我们今后改善寻路标识提出宝贵意见。我们设定的评价分值为5个等级，1、3、5、7、9分别为很差、差、一般、好、很好，您回答时请在您认为适当的评价分值上打钩。谢谢您的合作与参与！

编号		项目	评价等级标准（五级）				
			很	较	一般	较	很
1	A地铁寻路环境的品质	A1地铁寻路环境的气氛	很亲切	较有特点	一般	较差	很差
2		A2地铁空间的复杂程度	很简单	较简单	一般	较复杂	很复杂
3		A3地铁寻路的难易程度	很容易	较容易	一般	较困难	很困难
4	B标识设计的品质	B1标识的造型（形态）	很好	较好	一般	较差	很差
5		B2标识的尺度	很合理	较合理	一般	较不合理	很不合理
6		B3标识的色彩	很好	较好	一般	较差	很差
7		B4标识采用的字体	很好	较好	一般	较差	很差
8		B5标识的排版	很好	较好	一般	较差	很差
9		B6站名图形感知	很好	较好	一般	较差	很差
10		B7标识的材质（工艺技术）	很好	较好	一般	较差	很差
11	C标识信息设置	C1信息的准确性	很好	较好	一般	较差	很差
12		C2信息的重复性	很好	较好	一般	较差	很差
13		C3信息的连续性	很好	较好	一般	较差	很差
14		C4标识的清晰度	很清晰	较清晰	一般	较混乱	很混乱
15		C5标识的信息数量	很合理	较合理	一般	较不合理	很不合理
16		C6标识设置的数量	很合理	较合理	一般	较不合理	很不合理
17		C7标识设置的间距	很合理	较合理	一般	较不合理	很不合理
18		C8交通引导可达性	很好	较好	一般	较差	很差

续表

编号	项目		评价等级标准（五级）				
			很	较	一般	较	很
19	D审美品质	D1标识的实用性	很实用	较实用	一般	较不实用	很不实用
20		D2与环境风格整体统一	很好	较好	一般	较差	很差
21		D3标识的历史文化印象	很深刻	较深刻	一般	较模糊	很模糊
22		D4标识的地域文化印象	很深刻	较深刻	一般	较模糊	很模糊
23		D5标识的记忆度	很好	较好	一般	较差	很差
24		D6标识的可识别度	很好	较好	一般	较差	很差
25		D7景观装饰标识	很喜爱	较喜爱	一般	较不喜爱	很不喜爱
26	标识系统的总印象		很好	较好	一般	较差	很差

您的情况：

性　　别：□男　　　　□女　　　　住址：□西安　　　□外地

年　　龄：□18–30　　□30–40　　　□40–60　　　□60–70　　　□70以上

文化程度：□小学　　　□初中　　　□高中　　　　□大学　　　　□硕士及以上

职业范围：□自由职业者　□建筑/房地产　□医疗/卫生/制药　□教育/技工

　　　　　□财务/法律/金融　□外来务工　□公务员　□军人/警察

　　　　　□经营管理　□行政/人力资源　□待业　□其他

你经常乘坐地铁吗？

　　　　　□每天　　　□每周2至3次　□周末　　　□偶尔，不定期

（2）西安地铁2号线标识系统使用后综合评价研究问卷分值结果

分类	公共因子名称	变量	平均值	评语	排列顺序	方差
1	地铁寻路环境的品质因子	X1地铁寻路环境的气氛	3.4234	较好	17	0.7313
		X2地铁空间的复杂程度	3.1308	一般	23	0.9818
		X3地铁寻路的难易程度	3.2710	一般	18	0.7959
2	标识设计品质因子	X4标识的造型（形态）	3.6916	较好	9	0.6924
		X5标识的尺度	3.8785	较好	1	0.6251
		X6标识的色彩	3.8318	较好	2	0.6934
		X7标识采用的字体	3.7196	较好	7	0.7110
		X8标识的排版	3.6075	较好	12	0.6553
		X9站名图形感知	3.6822	较好	10	0.7473
		X10标识的材质（工艺技术）	3.5514	较好	14	0.7799
3	标识信息设置因子	X11信息的准确性	3.5888	较好	13	0.7885
		X12信息的重复性	3.1776	一般	21	0.5462
		X13信息的连续性	3.1495	一般	22	0.6841
		X14标识的清晰度	3.8131	较好	3	0.8257
		X15标识的信息数量	3.6075	较好	12	0.7237
		X16标识设置的数量	3.2336	一般	20	0.7719
		X17标识设置的间距	3.4953	一般	16	0.7187
		X18交通引导可达性	3.2617	一般	19	0.9249
4	审美品质因子	X19标识的实用性	3.7009	较好	8	0.7033
		X20标识的与环境风格整体统一	3.7477	较好	6	0.7281
		X21标识的历史文化印象	3.5514	较好	14	0.8493
		X22标识的地域文化印象	3.5514	较好	14	0.9136
		X23标识的记忆度	3.7504	较好	5	0.7985
		X24标识的可识别度	3.5173	较好	15	0.8047
		X25景观装饰标识	3.7570	较好	4	0.6271
		X26标识系统的总印象	3.6449	较好	11	0.6182

（3）西安地铁2号线标识系统使用后综合评价研究问卷（九级量表）

指导语：

亲爱的乘客，您好！我们想了解您对西安地铁2号线寻路标识的主观印象，以便知道您的评价，为我们今后改善寻路标识提出宝贵意见。我们设定的评价分值为9个等级，1、3、5、7、9分别为很差、差、一般、好、很好，2、4、6、8是介于之间的分值，您回答时请在您认为适当的评价分值上打钩。谢谢您的合作与参与！

问题	评价等级标准（九级）								
	最差 1	2	3	4	5	6	7	8	最好 9
1. 您认为地铁寻路环境的氛围如何？	1很差	2	3差	4	5一般	6	7好	8	9很好
2. 您认为地铁空间的复杂程度如何？	1很复杂	2	3复杂	4	5一般	6	7简单	8	9很简单
3. 您认为地铁寻路的难易程度如何？	1很困难	2	3困难	4	5一般	6	7容易	8	9很容易
4. 您认为标识的造型（形态）如何？	1很差	2	3差	4	5一般	6	7好	8	9很好
5. 您认为标识的尺度大小如何？	1很差	2	3差	4	5一般	6	7好	8	9很好
6. 您认为标识采用的色彩如何？	1很差	2	3差	4	5一般	6	7好	8	9很好
7. 您认为标识采用的字体如何？	1很差	2	3差	4	5一般	6	7好	8	9很好
8. 您认为标识的版面信息排列组合如何？	1很差	2	3差	4	5一般	6	7好	8	9很好
9. 您对于站名字前的小图标的设计感觉如何？	1很差	2	3差	4	5一般	6	7好	8	9很好
10. 您认为标识的材质、工艺如何？	1很差	2	3差	4	5一般	6	7好	8	9很好
11. 您认为标识信息的准确程度如何？	1很差	2	3差	4	5一般	6	7好	8	9很好
12. 您认为标识信息多余、重复的多吗？	1很多	2	3多	4	5一般	6	7有	8	9没有
13. 您认为标识引导信息的连续性如何？	1很差	2	3差	4	5一般	6	7好	8	9很好
14. 您认为标识的清晰度如何？	1很差	2	3差	4	5一般	6	7好	8	9很好
15. 您认为标识的信息数量合理吗？	1很差	2	3差	4	5一般	6	7好	8	9很好
16. 您认为标识设置的位置合理吗？	1很差	2	3差	4	5一般	6	7好	8	9很好
17. 您认为标识设置的间距合理吗？	1很差	2	3差	4	5一般	6	7好	8	9很好
18. 您认为标识的交通引导可达性如何？	1很差	2	3差	4	5一般	6	7好	8	9很好
19. 您认为标识的实用性如何？	1很差	2	3差	4	5一般	6	7好	8	9很好

续表

问题	评价等级标准（九级）								
	最差								最好
	1	2	3	4	5	6	7	8	9
20. 您认为标识与环境风格整体统一的如何？	1很差	2	3差	4	5一般	6	7好	8	9很好
21. 您认为标识的历史文化印象如何？	1很差	2	3差	4	5一般	6	7好	8	9很好
22. 您认为标识的地域文化印象如何？	1很差	2	3差	4	5一般	6	7好	8	9很好
23. 您认为标识给您留下的记忆程度的强弱怎样？	1很弱	2	3弱	4	5一般	6	7强	8	9很强
24. 您认为标识的可识别程度如何？	1很弱	2	3弱	4	5一般	6	7强	8	9很强
25. 您对景观装饰标识的喜爱程度怎样？	1很差	2	3差	4	5一般	6	7好	8	9很好
26. 您认为标识系统的总印象如何？	1很差	2	3差	4	5一般	6	7好	8	9很好

（4）西安地铁2号线标识系统使用后综合评价研究问卷（9级量表）分值结果

分类	公共因子名称	变量	平均值	评语	排列顺序	方差
1	地铁寻路环境的品质因子	X1地铁寻路环境的气氛	6.8000	好	11	1.0306
		X2地铁空间的复杂程度	6.1000	有点好	23	1.2959
		X3地铁寻路的难易程度	6.3667	有点好	21	1.1592
2	标识设计品质因子	X4标识的造型（形态）	6.6333	好	15	0.8899
		X5 标识的尺度	6.6667	好	14	0.8442
		X6标识的色彩	7.1333	好	8	0.8996
		X7标识采用的字体	6.7667	好	12	0.9714
		X8标识的排版	6.6000	好	16	0.8550
		X9站名图形感知	7.2000	好	7	0.9248
		X10标识的材质（工艺技术）	6.4667	有点好	19	0.9732
3	标识信息设置因子	X11信息的准确性	6.5000	有点好	18	0.9002
		X12信息的重复性	6.3000	有点好	22	1.1188
		X13信息的连续性	6.4333	有点好	20	1.0063

续表

分类	公共因子名称	变量	平均值	评语	排列顺序	方差
3	标识信息设置因子	X14标识的清晰度	6.6000	好	16	1.0700
		X15标识的信息数量	6.5667	好	17	1.3309
		X16标识设置的数量	6.6667	好	14	1.2954
		X17标识设置的间距	6.7333	好	13	1.2847
		X18交通引导可达性	6.6000	好	16	1.0700
4	审美品质因子	X19标识的实用性	7.1000	好	9	1.0289
		X20标识的与环境风格整体统一	7.5000	好	4	0.8610
		X21标识的历史文化印象	7.7333	很好	1	0.9444
		X22标识的地域文化印象	7.5333	很好	3	1.1958
		X23标识的记忆度	7.3667	好	6	1.1592
		X24标识的可识别度	7.0667	好	10	0.9803
		X25景观装饰标识	7.6000	很好	2	0.7240
		X26标识系统的总印象	7.3000	好	5	0.8769

附录四：西安地铁 2 号线景观装饰艺术调查研究问卷（以凤城五路站为例）

指导语：

亲爱的乘客，您好！我们想了解您对西安地铁 2 号线景观装饰标识的评价，以便为我们今后改善标识提出宝贵意见。我们设定的评价分值为 9 个等级，1、3、5、7、9 分别为很差、差、一般、好、很好，2、4、6、8 是介于中间的值，您回答时请在您认为适当的评价分值上打钩。谢谢您的合作与参与！

站点及标题	特性分类	评价因素	评价等级标准（9级）最差 1	2	3	4	5	6	7	8	最好 9
《凤鸣朝阳》凤城五路站	A 美观性	A1 表现形式	1很差	2	3差	4	5一般	6	7好	8	9很好
		A2 材质工艺	1很差	2	3差	4	5一般	6	7好	8	9很好
		A3 色彩	1很差	2	3差	4	5一般	6	7好	8	9很好
		A4 尺寸大小	1很不合理	2	3不合理	4	5一般	6	7合理	8	9很合理
	B 舒适性	B1 图案识别度	1很差	2	3差	4	5一般	6	7好	8	9很好
		B2 彩度亮度	1很不合适	2	3不合适	4	5一般	6	7合适	8	9很合适
		B3 视觉整体舒适度	1很不舒适	2	3不舒适	4	5一般	6	7舒适	8	9很舒适
		B4 设置的位置	1很不合理	2	3不合理	4	5一般	6	7合理	8	9很合理
		B5 与环境空间的协调性	1很不协调	2	3不协调	4	5一般	6	7协调	8	9很协调
	C 功能性	C1 地下与地上周围空间呼应，体现本站站域的文化及地理特征，突出站点识别性（凤城是因西汉长安的凤阙而得名，因而设计以凤凰的羽翼为设计元素。）	1很差	2	3差	4	5一般	6	7好	8	9很好

续表

站点及标题	特性分类	评价因素	评价等级标准（9级）								
			最差								最好
			1	2	3	4	5	6	7	8	9
《凤鸣朝阳》凤城五路站	C功能性	C2体现西安历史文化特色，传播城市文化 （作品将凤凰羽翼抽象为圆形符号，并增加石油、电子、汽车、化工等经济及工业元素，寓意西安经济、文化的发展如朝阳一般生机勃勃、蒸蒸日上。）	1很差	2	3差	4	5一般	6	7好	8	9很好
		C3增添环境气氛，装饰空间	1很差	2	3差	4	5一般	6	7好	8	9很好
		C4享受艺术情感体验	1很差	2	3差	4	5一般	6	7好	8	9很好

您的情况：

性　　别：□男　　　　□女　　　　　　住址：□西安　　　□外地

年　　龄：□18-30　　　　□30-40　　　　□40-60　　　　□60-70　　　　□70以上

文化程度：□小学　　□初中　　　□高中　　　　□大学　　　　□硕士及以上

职业范围：□自由职业者　　□建筑/房地产　　□医疗/卫生/制药　　　　□教育/技工

　　　　　□财务/法律/金融　　□外来务工　　□公务员　　　　□军人/警察

　　　　　□经营管理　　□行政/人力资源　□待业　　　　□其他

你经常乘坐地铁吗?

　　　　　□每天　　　　□每周2至3次　　□周末　　　　□偶尔，不定期

附录五：西安地铁 2 号线标识系统可意象性评价研究

（1）西安地铁2号线标识系统可意象性研究开放式问卷

指导语：

　　亲爱的乘客，您好！我们想了解您对西安地铁2号线标识系统使用后情况的主观评价，以便为我们今后改善标识提出宝贵意见。您回答问题时请您根据您的感受自由发挥，谢谢您的合作与参与！

1　凭您的感觉，您认为地铁寻路环境的整体气氛怎样？
2　您认为钟楼地铁站有哪几部分组成？
3　当谈到钟楼地铁站标识牌时您的第一印象是什么？
4　您认为地铁标识牌设计最鲜明的特点是什么？
5　您认为钟楼地铁站什么位置最容易迷路（或走错路）？
6　您认为钟楼地铁站什么位置的标识设置的不合理？（平面指示图……）
7　从站外您通过什么方式找到地铁出入口？
8　您认为地铁标识中应当增加哪些方面的交通换乘信息？
9　您认为造成您在地铁站中出现寻路困难的原因是什么？
10　您认为咨询标识（贴墙平面指示图）应当包含哪些方面的信息？
11　您认为地铁标识体现了哪一时期的历史文化？
12　您认为地铁标识哪些方面体现西安地域文化特色？
13　钟楼地铁站中哪些艺术设计方面能够给您留下深刻记忆？
14　您对西安地铁站内景观装饰标识的印象如何？（壁画，柱子上的装饰图案……）
15　认为钟楼地铁站中对卫生间的标识设置合理吗？
16　您说说对钟楼地铁标识设计的总体印象？

（2）西安地铁2号线寻路标识可意象性研究问卷结果统计

问题	回答	人次
1. 您认为地铁寻路环境的整体气氛怎样？	不错，还可以	30
	一般	18
	寻路较困难	11
	较好，易通过标识找到正确的路	8
	地上空间、出入口标识较少	6
	标识指示不够醒目、不够清晰	5
	标识清晰易辨识	5
	人多时寻路环境混乱，人少时可以	3
	不好	2
	现代	2
	不知道	1
2. 您认为钟楼地铁站有哪几部分组成？	不知道	34
	出入口	15
	地下通道	15
	售票区	12
	候车及休息区	11
	列车轨道	6
	检票闸机口	6
	卫生间	6
	商铺	5
	站厅	5
	乘车区	4
	电梯	4
	站台	2
	咨询处	1
	墙面广告标识	1
	艺术装饰景观墙	1
3. 当谈到钟楼地铁站标识牌时您的第一印象是？	没深刻印象	17
	简洁明确很合理	11
	红色的地铁入口标识	10
	红色城墙logo的特色	8

续表

问题	回答	人次
3. 当谈到钟楼地铁站标识牌时您的第一印象是?	西安古城特色	7
	不鲜明,不醒目,没方向感	6
	钟楼站名图形标识	5
	蓝色的色彩	4
	标识设计感强	2
	不熟悉的人易把地下通道与地铁混淆	1
	挺大的	1
	没注意	1
	只对颜色和壁画有印象	1
4. 您认为地铁标识设计最鲜明的特点是?	清晰、明确、易辨识	28
	颜色	17
	具有地域文化性	11
	没印象	
	引人注意,易记忆	6
	红色的入口标识颜色	6
	城墙状的地铁logo的设计	4
	站名图形标识	4
	图案	2
	简单大方	1
	每个出入口很有特色	1
	现代感	1
	实用性	1
	标识牌设计突出	1
5. 您认为钟楼地铁站什么位置最容易迷路?	地面方向出入口	35
	钟楼地下通道	12
	下电梯出口处	6
	商场出入口	4
	没印象,不知道	4
	分岔路口,转向位置	4
	从过检票口到等候地铁这段路	3

续表

问题	回答	人次
6. 您认为钟楼地铁站什么位置的标识设置的不合理？	没迷过路	3
	地下每个位置	2
	出站台后不知方向	2
	没去过	1
	不知道	17
	出入口	11
	还好	9
	没有	7
	卫生间	5
	出地铁时的路面方位指向	4
	地下通道	4
	贴墙平面指示图不明确	3
	下沉广场	2
	出站口通往地面方向	2
	由售票口到乘车处	2
	贴墙平面指示图略少	1
7. 从站外您通过什么方式找到地铁出入口？	看导视牌	41
	询问路人	15
	看地铁口的色彩及红色标牌	8
	跟随人流	6
	地下通道入口	5
	找地标	4
	电话上网查询	3
	看地铁标志	2
	看公交信息	2
	靠记忆力	1
	在环型通道里转圈	1
	看广告标识	1
8. 您认为地铁标识中应当增加哪些方面的交通换乘信息？	公交换乘信息及开往方向	32
	周边路面上标志性建筑物	12
	出租车	9
	不知道	9

续表

问题	回答	人次
8.您认为地铁标识中应当增加哪些方面的交通换乘信息？	周边著名景点的换乘	6
	交通枢纽的换乘及地点	5
	机场大巴	4
	道路交通信息	4
	目前不错，较方便	3
	方向指示	3
	出口位置	2
	大屏幕的指示	1
	路线信息	1
	大的指示性标牌	1
	公交站牌	1
	较醒目的立柱	1
9.您认为造成您在地铁站中出现寻路困难的原因是？	方向不明确	15
	标识牌太少	11
	标识牌标注内容不明确	8
	标识不醒目	8
	人流量太大，导视牌遮挡	7
	对道路及周围环境不熟悉	6
	不知道	5
	出口太多	4
	导视系统连续性不够好	4
	自身方向感差	4
	导向标识太复杂	3
	地形构造复杂	2
	标识牌放置位置不明显	2
	没觉得寻路难	2
	找不到标志性建筑物信息	2
	字体太小	2
	广告信息较多	1
	指示牌都为平面的，应增加立体效果	1
	贴墙平面指示图信息不明确	1

续表

问题	回答	人次
10. 您认为贴墙平面指示图应当包含哪些方面的信息？	出入口位置指示	19
	周边道路、环境场所及位置方向信息	16
	当前所在位置	14
	地面周围建筑（超市、商场、银行、餐饮、医院、停车场、文教等）	13
	方向指示	11
	地铁线路图	11
	公交指示信息	10
	交通换乘及位置信息	9
	卫生间的位置	7
	地面上的平面图，不仅仅是文字，因很多人方向感不强	4
	地铁站内平面图	3
	旅游观光景点	3
	运行时刻表、票价等各项规定	2
	详细的路线指引	2
	中转站信息	2
	设置立面指示图	1
	各站点周边特色信息	1
	除指示、文字，再附上周边环境的图片	1
11. 您认为地铁标识体现了哪一时期的历史文化？	唐朝	38
	秦汉	17
	不知道	12
	不明显	7
	近现代	6
	汉唐	3
	明朝	1
	大唐及现代	1
12. 您认为地铁标识哪些方面体现西安地域文化特色？	颜色	17
	大红色Logo城墙设计	14
	站名图形标识	14
	壁画浮雕	11
	装饰图案	11

续表

问题	回答	人次
12.您认为地铁标识哪些方面体现西安地域文化特色?	没印象	6
	没注意	6
	造型	5
	站内装修	2
	设计方面手法	2
	材质	2
	车站站点设计	1
	书法	1
	全部方面	1
	无体现	1
	站名字	1
13.钟楼地铁站中哪些艺术设计方面能够给您留下深刻记忆	壁画	38
	没印象	14
	颜色	7
	地铁logo城墙设计	4
	站名图形标识	4
	立柱上唐三彩贴片	4
	都还不错	3
	没去过	2
	书法	1
	与周围环境结合很好	1
	标识设计醒目	1
	材质的运用很大胆	1
	装修干净	1
	具象与抽象结合	1
14.您对西安地铁站内景观装饰标识的印象如何?	很有历史气息,有西安古城特色	20
	挺好看的	11
	一般	11
	没注意	10
	还好	9
	柱子上的图案肌理好看	4
	风格统一大气,有代表性	3
	壁画不错,有视觉冲击力	3
	有艺术感	2

续表

问题	回答	人次
14.您对西安地铁站内景观装饰标识的印象如何？	高雅、内涵、雅俗共赏	2
	艺术性太少	1
	印象很深	1
	广告太多	1
	有些装饰过于高雅，欣赏不了	1
	商业文化较多，历史文化宣传不多见	1
	时尚又古老	1
	每站都有自己特点，但站与站之间没联系	1
	不商业化	1
15.您认为钟楼地铁站中对卫生间的标识设置合理吗？	合理	23
	不合理	12
	一般	6
	没印象	6
	没去过	6
	太偏僻，不好找	6
	指示较少	4
	应从售票处就标明其方位	1
16.请您说说对钟楼地铁标识设计的总的印象	不错	18
	还可以	15
	印象不深	11
	一般	11
	较能体现西安古都特色，好看	10
	地域文化体现较少，特色不明显	7
	还有待改进	4
	不好找路，缺乏更合理的引导	3
	空间立体感强	2
	体量上应再大一些	2
	简洁明确，有设计感	2
	整体定位不清晰，标识感不强	2
	没注意	2
	被商业化环境掩盖，相对弱	1
	应多加入艺术元素，享受美的魅力	1
	有点混乱	1

附录六：西安地铁 2 号线站名图形标识调查研究问卷

尊敬的朋友，您好！我们想了解您对西安地铁2号线站名标识的评价，以此完善西安地铁导视系统，为您今后的出行带来更多的便利。谢谢您的合作与参与！

1 您认为导视牌上的站名图形的意思是否一目了然？
　　□非常直观　　□直观　　□一般　　□不直观　　□非常不直观

2 您认为站名图形有没有体现西安市的城市特征？
　　□非常有　　□有　　□一般　　□较没有　　□没有

3 您认为每一站的站名图标大小是否合理？
　　□非常合理　　□合理　　□一般　　□不合理　　□非常不合理

4 您认为站名图形在整个导视系统中是否统一？
　　□非常一致　　□合适　　□一般　　□不统一　　□混乱

5 您觉得地铁站名图形的设计有没有创新性和美感？
　　□非常有　　□有　　□一般　　□较没有　　□没有

6 您对地铁站名图形形式的记忆清晰度感觉如何？
　　□记忆清晰　　□记忆提示　　□一般　　□记忆模糊　　□没有印象

7 您能根据站名符号指示信息很快确定站名站点吗？
　　□非常快　　□快　　□一般　　□慢　　□非常慢

8 您看到地铁站名图形的设计是否体现了时代的要求？
　　□体现　　□一般　　□没体现

您的情况：

性　　别：□男　　□女　　　　　住址：□西安　　□外地

年　　龄：□18–30　　□30–40　　□40–60　　□60–70　　□70以上

文化程度：□小学　　□初中　　□高中　　□大学　　□硕士及以上

职业范围：□自由职业者　　□建筑/房地产　　□医疗/卫生/制药　　□教育/技工
　　　　　□财务/法律/金融　□外来务工　　　□公务员　　　　　□军人/警察
　　　　　□经营管理　　　　□行政/人力资源　□待业　　　　　　□其他

9 你经常乘坐地铁吗？
　　□每天　　□每周2至3次　　□周末　　□偶尔，不定期

附录七：针对西安地铁 2 号线使用者对地铁熟悉度的调查

尊敬的朋友，您好！我们正从事一项关于西安地铁使用人群的调查研究，您的回答对我们的研究非常重要，谢谢您的合作与参与！

| 访问时间： | 访问员： | 访问地点： |

1 您对西安地铁站熟悉吗？
　□经常来，比较熟悉　　　□一般熟悉　　　□不熟悉

2 您上次来这里是什么时候？
　□从未来过　　□一周以内　　□一个月以内　　□半年以内

3 您此次坐地铁出行的目的区域属于下列哪种？
　□通勤区域　　□购物/休闲区域　　□公共交通转换区域
　□日常生活区域　　□旅游区域　　□城市中心区域

4 西安现在已经开通了几条线路？
　□1号线　　□2号线　　□1号线和2号线

5 下列属于换乘站的是哪个？
　□钟楼　　□北大街　　□小寨　　□五路口

6 西安地铁的全程票价是多少钱？
　□2元　　□3元　　□4元

7 你觉得在地面上找地铁站的入口好找吗？
　□容易　　□较容易　　□不容易

8 在地铁站周围和站内会遇到什么困难？
　□找出入口　　□购票　　□换乘　　□乘错方向

9 您觉得出站之后找自己要去的地方容易吗？
　□很容易能到想要去的地方　　□有一点难找　　□很难找出站后不知道方向

10 您对西安地铁的整体环境了解吗？
　□了解　　□一般了解　　□不了解

11 你能顺利地找到所需搭乘的地铁车站吗？
　□能　　□不能　　□有些困难

12 您能在地铁车站内顺利找到所需目的地吗？
　□能　　□不能　　□有些困难

13 你有在地铁站域内（500米内）的商圈购物的经历吗？

　　□有　　　　　　□没有

14 您对钟楼站周围的商圈了解吗？

　　□了解　　　　　□一般了解　　　□不了解

15 您认为地铁站内与商业空间衔接的导向标识明确吗？

　　□明确　　　　　□不明确　　　　□介于两者之间（不太明确）　　　□没注意过

16 您能根据导向标识快速地找到目的地（特指商业区域）吗？

　　□能　　　　　　□不能　　　　　□介于两者之间（有些困难）　　　□没找过

17 在地铁站内找周边的商业区有无迷路、折返等情况？

　　□有　　　　　　□没有　　　　　□没找过

18 当您需要通过地铁站地下通道到达您所需的购物中心有无困难？

　　□有　　　　　　□没有　　　　　□有些困难，但能找到　　　　　　□没找过

19 您因为购物而搭乘地铁的概率是

　　□30％以内　　　□30％—60％　　□60％—90％

20 在钟楼地铁站内出口B方向是什么购物中心？

　　□新世界百货　　□大洋百货　　　□民生百货　　　□开元商场

21 在地铁站乘车时是否见过特殊人群？

　　□有　　　　　　□没有

22 您最常遇见需要帮助的属于哪一类人群？

　　□老人　　　　　□孩子　　　　　□孕妇　　　　　□残疾人

23 所遇到的特殊人群在乘地铁的时候最常遇到的问题？

　　□无法使用无障碍设施　　　　　　□没有人员帮助　　□购票困难

　　□进出站台层困难　　　　　　　　□出站困难

24 您所注意到的特殊人群能够顺利地搭乘地铁吗？

　　□能　　　　　　□不能　　　　　□基本能，但有些困难

后记

这本书是在我的博士论文基础上修改而成的,从开始酝酿到最后完稿,用了三年时间。写作过程的艰辛,犹如人生的一次历练,但也让我更加敬佩那些在学术研究上锲而不舍的智者,能静下心来读阅其文、坐享其思的我,感到从未有过的精神满足和充实。

2014年11月6日,当论文答辩会顺利结束时,我深深叹了口气,感到无比的轻松,同时也为这本书的前程开始担忧,一位从事设计实践的教育工作者出版一本探究理论方面的学术专著,谈何容易。但是,我自认为是幸运的,因为有那么多的师长、朋友们一直关注着我的成长,并时刻给予我真诚的鼓励和支持。

感谢我的导师杨豪中教授,自2008年以来,带领本人共同主持和参与了西安地铁1、2、3号线导向标识系统和人文景观艺术的设计创作和制作工作,先生用学术力量推动着社会的进步,同时也用社会实践引领了学术的研究方向,在具体实践过程中,让我积累了第一线专业知识。先生广博的学术胸襟、勤勉的态度、独到的洞察分析力,孜孜不倦的指导和教诲,使我在顺利完成学业的同时,也有了对此书的构思。在此,深深感谢先生引领学生踏上这个学术之路,让这个不知名的我,能有机会为地铁建设贡献微薄之力。

感谢在撰写过程中适时匡正我思路的老师们。乔征教授,以渊博的知识和丰富的轨道交通工作经验,提出从地下建筑空间视觉特性上,引入艺术文化空间的概念,对本书研究起到重要的指向意义;蔺宝钢教授,提出从公共艺术的视角洞悉地下建筑空间,对明澈思路起到极为重要的点化作用;李志民教授,提出从地铁站域空间的角度切入,引入站域空间的概念,对站内外整体性研究具有重要的决定意义；王军教授，提出从格式塔心理学角度研究车站空间环境行为，对展开具体研究起到了重要的方向指引作用；霍小平教授，提出从"体系研究"的角度将使得本书的整体结构更加严谨；导师杨豪中教授，提出要从项目工程的角度走出来，站到形而上的层面重新审视思考，对研究方法的推进起到了质的变化。本书的研究成果倾注着诸位老师们的大量心血和学术思考，在此谨向给予过大力支持和帮助的老师们表示深深的敬意和衷心的感谢。

感谢接受我访学交流的中央美术学院设计学院许平教授。我特别怀念、留恋和珍惜在许老师工作室里的那段学习经历，无论从理论研究上还是教学经验上，都让我获得了前所未有的感悟和思考。因为有了这次学习机会，我在学术研究上开阔了视野，更加敬佩我们学术界和设计界的精英们。许老师精深的学术洞察力和强烈的社会责任感，是鞭策和鼓舞我奋发图强的精神力量，令我启悟深远。

此时，我不由得想起引领我踏上从事建筑环境设计的启蒙老师、西安交通大学建筑系周若祈教授。在我博士论文写作中，周老师特别给予过悉心指教。他年逾古稀因病离世，这让许多敬仰和爱戴他的学子们感到悲伤、遗憾和怀念。感谢周老师在我学术之路上对学子的支持和鼓励，遗憾的是再不能看到我在工作中的努力求索，如今，谨以此书来表示告慰。

另外，特别感谢在写作过程中，西安美术学院设计系的郭线庐教授、彭程教授、刘西莉教授、周维娜教授、刘时燕教授的关注和支持，他们为博士论文和本书的成稿提供了许多建设性意见，使我受益匪浅。

同时，感谢新加坡国立大学建筑学博士、厦门大学建筑系韩洁和王量量助理教授，为我提供了许多重要的英文参考文献，为资料收集给予了大力帮助。感谢深圳广田集团股份有限公司北京轨道交通建筑装饰工程分公司的领导和华西区设计总工袁俊雅女士，为我提供了宝贵图片资料。

感谢我的同事岳士俊、张晓瑞、张楚凡、李宁、王海军等老师，在数不尽的通宵达旦中，共同携手探讨设计方案，完成了工作任务，感谢大家付出的艰辛劳动。还要感谢我的几届研究生们，特别是2010届到2017届，同我一起携手投入工程实践以及调研和资料整理的同学们，他们为工作付出了辛勤劳动。感谢工作室里的张倩、苏婧为、陈航、李园青和张月晓同学为本书资料整理工作付出的心血，在此对他们的支持表示深切的谢意。

最后，深深地感谢我的亲人们。感谢我的丈夫李路葵先生，全力以赴支持我的学习和写作工作，在我寂寞的治学之路中给予我的所有理解和关爱。感谢我青春年少的女儿，对妈妈工作、学习上的理解和支持，牺牲了太多陪伴女儿的时间，使我内心深深愧疚，但是，女儿是一位坚强的孩子，常鼓励我，要和妈妈一样努力学习，共同成长，这令我倍感欣慰和骄傲。感谢我们双方的父母亲，他们虽年逾八旬，仍健康明达，他们的健在就是我心灵的港湾，时时分享着我的快乐和忧伤，他们的牵挂和无私的爱，给予我莫大的安慰、鼓励和动力。在此，特别感谢我的姐姐，离开自己家乡，远涉千里为我担负起家务工作，让我能够潜心投入写作……在这里我由衷地感谢你们！

更加要感谢中国建筑出版社的张幼平编辑和我院校领导的大力支持，这才使得这本书得以最快的速度呈现于读者面前。

记于西美工作室

2017年10月19日